キリスト教の再定義のために

荒井 献
ARAI, Sasagu

新教出版社

装丁　桂川　潤

目次

目次

キリスト教の再定義のために

1　安藤仁一郎《にいちろう》

秋田県の中央よりもやや南によった山麓に神代《じんだい》という村がある。七月も下旬になれば、さすがの北国にも夏が訪れ、田圃《たんぼ》は緑一色になる。農民は田の草取りを終えて、ホッと息をつく。ちょうどこのころ、この地方には全く珍しい儀式が行われていた。この村の一隅に倚った柏林開拓組合の組合員とその家族全員七九名が洗礼を受けたのである。現代における集団洗礼の是非については議論をしばらく措くことにしよう。とにかく、この日、昭和二五年七月二五日には、式を司る牧師をはじめとして、その前に敬虔な祈りをささげる組合員一人一人は、キリストの恵みと、この恵みに身をもって彼らを導きながらも、この日を待たずに天に召された安藤仁一郎への感謝の想いで満たされていた。福音が農民の中に種を宿し実を結ぶことは、とくに日本という不毛の地においては例外的出来事ではなかろうか。以下に紹介する安藤仁一郎は、その例外中の一人であった。

安藤仁一郎は明治二九年三月二八日、秋田県仙北郡大曲《おおまがり》町大曲字開谷地《ひらきやち》部落において、ごく貧しい小作農家の長男として生まれている。当時の義務教育である小学校四年を終え、直ちに田に降り立った。しかし、すでにこの頃から、小学校四年間を常に一番で通したという彼の鋭利な頭には、働けば働くほど地主の搾取の対象になるという農民生活のはらむ矛盾が、はっきりとやきつけられていた。長ずるに従い、この矛盾はますます明らかになってくる。ただ黙々と地主の搾取にわが身を委ねていて、それでよいのであろうか。二〇歳も半ばを越すとともに、彼のこの疑問は、その純真な魂を駆り立てて、遂に彼を農民運動の渦中に投げ出したのである。

ちょうどその頃、大正の末期から昭和の初めにかけて、中央においては、大山郁夫指導のもとに、労農党が結成されつつあった。安藤は、北国の僻地において、単身同党と連絡を保ちながら、ひんぴんとして起こる小作争議の解決にかけ廻って歩いた。しかし、もともとこれは解決などできる争議ではなかった。官憲は常に地主側に立ち、小作農民への弾圧は日に日に激しくなるばかりであった。彼が指導者と頼む労農党も、中央にあって、より苛酷な迫害にあっていた。そして、これらの党員が逆に、迫害を東北に逃れ、秋田県に入り、遂に開谷地にまでおちのびてくる。当然安藤は、これらの人々をかくまうことになる。問題は、ここにおいて表面化するのである。

官憲の圧迫と地主の圧力に堪えかねていた部落民は、目先の利益に縛られて、彼らのために苦しい運動を続けてきたはずの安藤を村八分にする。彼は党員と部落民の間に挟まれてハタと困った。党員をかくまい続ければ、村が潰される。村を立てれば、党員に対して裏切り者となる。この困惑はやがて絶望へと変っていく。――俺は結局誰をも愛しえないのだ。殺されても愛と信念を全うする勇気を持たないのだ。

大正も終った秋の一夜、安藤は悄然と部落を出た。彼は秘かに自ら死を選ぼうと決意したのである。

死地に赴くために、安藤は大曲の街を通る。その時、ふと彼の目にとまったのが「大曲日本基督教会」という字の書きつけた提灯であった。冥土の土産にヤソの話でも聞いてやれ、と思った彼は、何の気なしに教会の敷地を跨いで驚いた。教会とは名ばかりの六畳一間きりの下宿屋にすぎなかった。ともかくここで安藤は、ちょうどその頃赴任したばかりの青年牧師と相対した。昭和元年一一月の夜半。彼は初めのうち、この青くさいヤソ坊主に何が分るかと昂然と構えていたのだが、知らず知らずのうちに牧師の言葉と人格にひきつけられ、結局、彼のこれまで歩んできた道と、自分のこれから遂行しようとする目的まで打ち明けてしまった。その直後に、牧師が語った言葉が安藤の一生を支配したのである。

「人間は愛することも生きることもできない。にもかかわらず、愛も生も人間には赦されている。否、人間にはすべてを赦されている。しかし、本当にすべてを赦されていることを知った人間は、自らの死を選ぶことをしないであろう」。

安藤はこの言葉に憑かれたという。これ以後、彼は、すべてを赦す自由の根拠を探り出すことになる。

幸か不幸か、安藤が不可思議な思いに満たされて再びわが家に帰ったときには、党員たちはすでに、彼と部落の迷惑を思ってか、他の地に逃げのびた後であった。このこともあって、安藤の身辺には一応緊張がとける。彼は、これまでの彼のエネルギーを全部、自由の主体探求へと向けるのである。すなわち、彼はほとんど毎日のように、聖書を懐にして牧師のもとに通い続ける。彼の前には、雨も風も吹雪もない。このようにして、求道生活が五年も続き、昭和五年一〇月二六日、自由の根拠キリストに出合ったしるしとして、洗礼を受けた。

この間には、いかにも安藤らしいエピソードがいくつも残っている。その中の一つを紹介しておこう。――安藤とて生身の人間である。この頃の農村の風習のまま、彼もまたこよなく酒を好み、娼婦のもとに通った。ある日、泊りこんだ一軒の娼家から牧師のもとに手紙を持たせた。曰く、「この人々こそ救いを求めている。それなのに、牧師はなぜここに来て福音を伝えないのか」。牧師は即座に返事を書いた。「小生もまた一個の人間。まことに不馴れにして、そこに参じて道を説くの自信なし。大兄、代って福音を伝えよ」。この風変りな問答があってから後は、安藤の登楼には常に聖書が伴い、しかもその目的が娼婦にそれを読み聞かせるだけに変ったという。

受洗後の安藤は、真のキリストの証人たるべく、自分の家に牧師を招き、週に一回は必ず集会を開く。また、礼拝・祈禱会には二里の道もいとわず一回も欠席したことなく、これには決って身内の者を連れて行った。その上、乏しい生活費をさいてオルガンまで買いこみ、自ら立って部落に日曜学校を開く。音痴の彼が讃美歌を指導するので、子供たちに混り、部落の大人たちまで見物に集まったという。昭和七年には、賀川豊彦・杉山元治郎両先生の指導下に大阪で開催された第一回農民福音学校に出席し、福音と農民の結びつきの問題を究め、その視野を広くした。このとき彼は、田に立つ野良着そのままの姿で上阪したが、そのままでは登壇して報告演説もできず、賀川先生の服を借用し、更衣室などというものも知らないので、便所の中で着換えたという話である。その翌年、すなわち受洗後三年にして彼は大曲教会の長老に選出された。こうして安藤は、奇しくも彼と同じ頃求道し、一緒に受洗し長老となった医師古田将彦とともに、牧師を助け、信者を励まし、今の日本キリスト教団大曲教会の土台を築いたのである。

とくに当時の教会づくりは、なみたいていの努力ではできるものでなかった。天皇はようやく神格化され、中央におけるいわゆる神学者と言われる人々の信仰さえ、まことに曖昧なものであった。地方にもこの影響が強くあらわれ、教会の有力者の中にも、神と天皇を混同した言辞を弄する者が出てきた。祈禱会の奨励などで、このような調子が少しでもでてくると、安藤は断固としてそれをさえぎり、「それなら一体、初代教会の殉教の意味はどうなるのだ」と、血相をかえてくってかかったという。また街頭伝道などで牧師が不敬罪に問われて警察に拉致されたりすると、決って安藤が単身警察にどなりこみ、「お前たちに何が分るか。先生を誰だと思う。この安藤がひきとりにきた」とわめきちらし、警官の狼藉を尻目に、悠々と牧師を連れて帰った。安藤の面目躍如たるものがある。

しかし、キリスト者とて、この世のきずなから解きはなたれえない。その間にも、開谷地部落はますます疲弊していき、地主と部落民の対立は日を追って激化していった。もちろん安藤は、今までにも増して、しかし、世間の目には今までとどこか違った安藤として、地主との交渉を続けていった。にもかかわらず、権力の前には結局彼とて、鮫にてむかう小魚にすぎなかった。それに加えて、部落自体の水源が不足し、部落民の同士討ちが各所に起りだす。ここまでくると、もう彼一人の力をもってしては如何ともすることのできない様相を呈してきた。しかも、安藤家自体が破産に瀕する。教会は、主として古田将彦長老の力で援助の手をさしのべるが、これとて焼石に水にすぎない。今や彼のもとに残されたものは、「にもかかわらず赦されて生きる」という信仰のみであった。

ちょうどその頃、日本の帝国主義政府は、大東亜共栄圏確立の美名のもとに、次第に中国をおさえ、同時に、国内経済の矛盾解決の手段の一つとして、日本農民の満州への移民、開拓を奨励していた。分村なしには共倒れの一歩手前まで来ていた開谷地部落にとって、この満州移民は残されたほとんど唯一の自活手段であった。日本政府の姿勢には常に反感をもって戦って来た安藤も、ついに矢折れ刀尽きて、止むを得ず、満州移民に踏み切ることになる。牧師は極力これに反対したが、結局はそれも抽象論にすぎない。安藤が開谷地の七家族を連れ、秋田県全体からこれに加わった移民と共に日本を発ったのが昭和一四年一一月二日であった。

こうして、当時の満州国浜江省五常県に秋田開拓団矢留《やどめ》部落が成立した。ところが、安藤を部落長とするこの部落は他の部落と全くその生活態度が異なっていた。彼は部落訓を作ってこれを部落民全体に徹底させたのである。その一つに、「日本人も満人も等しく同じ人間なのであるから、お互に審くことなく尊敬し合うこと。この尊敬の印としていかなる人をも呼びすてにしないこと」という一項がある。このような掟は、今から見れば別にもの珍しくもなく、特に「人を呼びすてにしないこと」などはむしろ滑稽に響くくらいのものであるが、当時としては、しかもいわば日本の占領国同然の満州においては、ほとんど未曽有のものであった。果せるかな、この部落民は、そして特にその指導者たる安藤は、満人から非常に慕われ尊敬され、何処に行っても、「廟さん」(神様の意)と呼ばれたほどであるという。もちろん彼は遠くハルピンから牧師を招き、決った日の礼拝を欠かさなかった。

このようにして建てた安藤の徳は、昭和二〇年の終戦と共にあらわになる。満人は各地において蜂起し、日本人部落を襲ったが、矢留部落だけは何の被害もこうむらなかった。そのためにこの部落に避難する日本人が数を増し、まるでここが治外法権地域の様相を呈したという。しかしそれも束の間、この部落にも試練の時が来た。先ず、ここが当時の八路軍と重慶軍(今の中共軍と国府軍)の戦場と化したのである。八路軍の場合は軍規が保たれていたが、重慶軍の場合はそれが紊乱しており、一旦この軍の治下に入ったら、ほとんどの日本の婦人はそのままですまされなかったという。矢留部落もその例外ではない。ある日、小学校の一女教師が彼らに拉致された。安藤は単身戦火をくぐってその後を追い、一五日間の泊り込みの交渉の末、遂に彼女を救って部落に帰ったという。このような例はその数を知らなかった。しかも、救助の成功はほとんど満人の助力によったものであると言われる。

第二の試練は引揚げである。安藤は、はじめのうち、この地に留って一農夫になり、自分の罪の償いをすると主張してゆずらなかった。しかし、この希望もいれられず、止むなく引揚部隊の一中隊長となって、主として老若男女を導き、満州の荒野を南に下った。そのほとんどを徒歩で通したと云われる。その間あるいは満人に襲われ、あるいは重慶軍に掠奪されて、病に倒れる者、遂に死する者、その数を知らず、いわば死の行軍であった。

一夜、ローヤリ附近で野宿をするの止むなきに至った。ところが夜半から雨が地をついて降り出し、遮ぎるものとてない。全員うつぶせになって手をとり合い、ただ泣くより外に術がなかったという。この時安藤はただ一人見張りの役に立ち、泣きたてる子供をあやし、病人を看護し、不安におののく老人をなぐさめ、全く休みなく人々の間をかけめぐった。しかし、雨はますますその激しさを加え、安藤一人の手ではこの惨状をいかんともすることができなかった。彼はついに泥中に膝をつき、あの節くれだった指をがっしりと胸に組み、目を天に上げて祈ったという。

「父よ、あなたにはできないことがありません。どうか、この杯を私からとりあげて下さい。しかし私の思いではなく、御心のままになさって下さい」。——東天が白みはじめると共に雲が次第に切れ、朝の太陽が満州の野を美しく照らし出す。人々は歓呼して立ち上り、神に感謝の祈りをささげる。しかし安藤は、はれやかな顔にも苦痛の皺を浮かべ、皆の喜びを制して、先ず、その夜のうちに亡くなった人々の葬儀を執行し、とむらいの祈りを丁重にささげることを忘れなかった。死せる者をほうり出して、先ず自分の保身をはかる人々の中にあって、これはまた何という美しい姿であろうか。

昭和二一年の末、牧師は、火の気のない教会の片隅で一人感謝と懺悔の祈りをささげる年老いた安藤の姿を七年ぶりに発見した。その後彼は部落民をつれて再び開谷地部落に帰ったが、もちろん生活は成立しなかった。引揚げの疲れを休める暇もなく、直ちに彼は秋田県当局と交渉をはじめ、先に言及した神代村の一部柏林に入植をする許可を得るところまでこぎつけた。しかも入植には自分の部落民のみならず一緒に引き揚げて来た他の部落の人々をも参加させることにまで骨折ったのである。しかしその疲労は極に達し、遂に病の床に倒れ、柏林開拓組合の鍬入れ式へも出席できず、昭和二二年一〇月二九日、牧師に見守られ、自ら祈りつつ感謝をもってこの世を去ったのである。

その後、安藤の遺志を継ぐ組合員たちは、その遺族を中心として、神代村柏林の荒地を掘り起して村づくりを続ける。その間に何度もその勤勉さのゆえに県から表彰を受けながら、遂に全員そろってキリスト者となり、安藤を追ってキリストに従う人々となったわけである。

私は帰郷の折、よく牧師についてこの部落を訪れたが、その度ごとに、安藤の遺族を中心に結びつき合ったこの部落の、地についた素朴な信仰生活にふれて深くうたれるのである。自分の家庭にさえ福音を伝えることは困難なことであるのに（安藤の妻、三人の娘は古くからのキリスト者として柏林にあり、安藤の実弟もまた敬虔な信徒として今もって開谷地の中心人物の一人である）、たとえ三十余年にわたって地道に大曲で伝道を続けた一牧師の導きがあったにせよ、自分の部落全体をキリストにまで導いた安藤の信仰の大いさは、驚異に値するものでなかろうか。しかも、彼の場合、言葉によるよりもむしろ全人格を通じて信仰を証したのである。そしてこのすべてを支えたのが、安藤の祈りであったと云えよう。

私は今でもはっきりと憶えている。――私がまだ幼なかった頃、私はよく母とその頃私の家に手伝いに来ていた安藤の長女「たつさん」の間にはさまって、祈禱会の席につらなったものである。会衆が祈っている間、私は退屈してしまってこっそりと目を開け、みんなの顔を順ぐりに見ていく。その時見た安藤の姿である。節くれだった大きな指を胸の上にがっしりと組み合わせ、口もとには微笑さえ浮かべているが、閉じられた目は長く切れてその両端に深い皺が続き、しかもその中から涙がにじみ出ているのであった。それが苦しみの涙か喜びの涙か知る由もない。おそらくその両方が緊張し合ったものであろう。土の匂いのしみこんだ福音の姿である。いずれにせよ、私はいつも、この人の祈りの姿を見ると、どうしても再び目を閉じて、心の中で神に共に祈りをささげないではいられなかったのである。

安藤仁一郎の中には、めずらしく、福音が実を宿した、しかも、彼が死んで部落全体が生きたのである。多年の労苦がむくいられて、柏林では今年はじめて水田の植えつけに成功したという。今ごろは若稲が緑の波をうっているであろう。

『福音と世界』（新教出版社）、一九五八年七月号

2　グノーシス派
——新約聖書正典成立史上の位置づけ

新約正典の内容が現在の二七の文書にほぼ限定されたのは、二—四世紀にかけてであるとすれば、これは、ちょうどグノーシス派がその隆盛を見た時期と重なる。この時期に、成立しつつあった正統的教会は、彼らに固有な教会政治的・神学的立場（「初期カトリシズム」）から、それに反すると判定したキリスト教内「分派」を「異端」として排斥し、異端的聖書解釈に反駁を加えると共に、異端のもとに流布していた聖文書を彼らのいわゆる「正典」から排除していった。後世「外典」と言われる諸文書の大半は、この「異端」の出自である。

ところで、これら異端的分派の最古最大のものがグノーシス派である。ただ、同じ「グノーシス派」といっても、それ自体の中に多数の分派があり、それぞれの立場やそれに基づく神話論にはかなりの相違がある。この相違と、相違を貫く基本的立場（いわゆる「グノーシス主義」）とについては後述することにして、われわれはまず、当時いかに多くの諸文書が内容的には「正典」と同一の価値を有するとの要求を掲げ、主として「異端」のもとに流布していたかを確認しておく必要がある。

もっとも、「外典」を「正典」と共に、あるいは後者を超える聖文書として奉じた「異端」は、グノーシス派に限られるわけではない。このほかにも、マルキオン派やエビオン派あるいはナザレ派などが存在した。確かに、当時「異端」を反駁した教父たち（いわゆる「反異端論者」）の中には、これらの諸派をもすべて「グノーシス派」に含め、一括して反駁の対象とした者もあったし、現在でも、たとえばマルキオン派をグノーシス主義の一形態とみなす学者たちもいる。

しかし、まずエビオン派（「エビオン」はヘブライ語で「貧者」の意）とナザレ派（「ナザレ」――正確には「ナジル」――は誓願を立て律法を特別厳格に遵守した「聖者たち」のヘブライ語呼称）について言えば、これらはいずれも、いわゆる「ユダヤ人キリスト教」に所属する。ユダヤ人キリスト教は、広義ではエルサレムに成立した最初期のキリスト教、あるいは民族的にも神学的にもこれに連なるキリスト教の意であり、その指導者はイエスの弟、「義人」と言われたヤコブであった。その神学的特徴は、イエスを「キリスト」（メシア）と信じつつも、ユダヤ教の儀礼と律法に忠実であったことにある。ただし、狭義の「ユダヤ人キリスト教」は、第一次ユダヤ戦争によるエルサレム神殿崩壊（七〇年）前後にエルサレムからヨルダン東岸の町ペラに遁れ、ここを中心としてその後四世紀頃まで存続した混交主義的キリスト教のことを指す。シリア、小アジアからローマを中心として西方に成立しつつあった正統的教会は、このユダヤ人キリスト教をもエビオン派またはナザレ派の「異端」として排斥したのである。その特徴は、律法遵守という点では広義のユダヤ人キリスト教の伝統に連なるが、極端な禁欲主義と「養子説的キリスト論」（人間イエスがその倫理的行為により神の養子としてキリストとされたとする説）を奉じ、このほかにも部分的にグノーシス的要素をも包含する。これが、グノーシス派に入れられた所以である。しかし、あとで下すグノーシス主義の定義から見て、またその歴史的系譜から判断しても、エビオン派やナザレ派は本質的にも歴史的にもグノーシス派から区別されるべきであろう。

次にマルキオン派についてであるが、これに関しては次章で詳論されるので、ここではグノーシス主義と関連する限りにおいて一言するにとどめる。マルキオンが旧約の創造神を「義の神」としてイエスの「愛の神」と対立的に捉え、前者を後者の下位に貶めた点においては、マルキオン派はグノーシス派と共通するところがある。しかし、マルキオンは、人間の救済を信仰のみによると主張し、グノーシス派のように「信仰《ピスティス》」を「認識《グノーシス》」の下位に位置づけてはいない。これに加えて、特に新約正典成立史上重要な点は、聖書の解釈原理がマルキオン派とグノーシス派とでは根本的に異なることである。グノーシス派の聖書解釈原理については後ほど述べるが、いずれにしても、マルキオン派が聖書「正典」を少数の文書（マルキオンの改訂によるルカによる福音書とパウロの一〇通の手紙）に限定したのに対し、グノーシス派はそれを無限に拡大した事実だけをここで指摘しておこう。この点から見ても、われわれとしては、マルキオン派をグノーシス派から区別しなければならない。

第一節　グノーシス派「外典」

さて、われわれはここでまず、グノーシス派「外典」を瞥見しておこう。ただ、すでに言及したように、正統的教会が「異端」として排斥したのは、グノーシス派だけではなく、マルキオン派やエビオン派あるいはナザレ派でもあった。したがって、正統的教会によりその「正典」から排除された「異端の書」――後世の「外典」――には、グノーシス派のみならずその他の諸派も「聖なる書」として奉じていた諸文書も含まれている。それだけではない。「外典」には、「異端の書」だけではなく、かつて正統的教会においても――一定の時代、あるいは一定の地域で――「正典」的位置を与えられておりながら、後世――その成立年代や内容上の問題性などにより――「外典」に格下げされた文書も存在する。

このような「外典」の多義性を踏まえた上で、新約「外典」に一応の定義を下しておくと、ほぼ次のようになるであろう。――新約聖書外典とは、正典から排除された、あるいは正典的位置から格下げされた諸文書であるが、内容的には正典と同一の価値を持つとの要求を掲げ、伝承様式・文学形式上正典に類似するか、あるいはこれを補足する傾向を有する諸文書のことである（従って、このような要求を自ら掲げることをしない諸文書――たとえばいわゆる「使徒教父文書」――は、たとえその一部が、ある時期ある場所で、正典的地位を占めていたものであっても、現代においては「外典」

から区別されて、別に扱われることになっている）。

さて、以下に主な「外典」を一括して表示しておく。これらはその大部分が二―四世紀に成立したものであるが、少なくともその中に含まれる伝承が一世紀後半にまで遡る文書も若干は存在する。これをグノーシス主義「外典」に限らなかったのは、外典全体の中にそれが占める位置をも確認しておくためである。

表示の説明

一　外典諸文書の分類と配列順序は、原則として、荒井献編『新約聖書外典』講談社、一九九七年、五一六―五二五頁所収の「新約聖書外典一覧」に従った（ただし、以下の表示では上述の「一覧」に若干の修正が加えられている）。

一　各文書の写本、成立地、成立年代、内容説明について、より詳しくは、右の「一覧」、およびこれに若干の修正を加えアイウエオ順に配列し直した「新約聖書外典一覧」（日本聖書学研究所編『聖書外典偽典』別巻補遺Ⅱ、教文館、一九八三年、五六四―五六八頁）を参照されたい。

一　以下の表示では、題名不明のパピルス類は削除されている。

一　表示に用いられている記号の意味は左記の通りである。

G　グノーシス派
J　ユダヤ人キリスト教
M　マルキオン派
NH　ナグ・ハマディ写本（一九四五年にエジプトのナグ・ハマディで発見された、グノーシス諸文書を含むコプト語写本）

①　福音書

ナザレ人福音書　J
エビオン人福音書　J
ヘブル人福音書　J
エジプト人福音書
ペテロ福音書
ニコデモ福音書
使徒たちの書簡　J
イエス・キリストのソフィア　G（NHにも）
教主の対話　G（NH）
ピスティス・ソフィア　G
イェウの二つの書　G
ピリポ福音書　G（NH）
トマス福音書　G（NH）
闘技者トマスの書　G（NH）
マッテア福音書
ユダ福音書　G
ヨハネのアポクリュフォン　G（NHにも）
ヤコブのアポクリュフォン　G（NH）

マリアの質問　G
マリアの福音書　G
マリアの「ゲンナ」
ケリントス福音書　G
バシリデス福音書　G
マルキオン福音書　M
アペレス福音書　M
バルデサネス福音書　ややG
マニ福音書　G
ヤコブの原福音書
トマスによるイエスの幼児物語
アブガルとイエスの往復書簡
コプト語エジプト人福音書　G
② 使徒行伝
ペテロ行伝
パウロ行伝
ヨハネ行伝　G
アンデレ行伝　G
トマス行伝　ややG
ペテロと十二使徒の行伝　（NH）
③ 書簡
ラオデキア人への手紙
セネカとパウロの往復書簡
テトスの手紙
ヤコブのアポクリュフォン　G（NH）
復活に関する教え　G（NH）

ピリポに送ったペテロの手紙　G
（NH）

④　黙示録

イザヤの殉教と昇天
ペテロ黙示録
パウロ黙示録
トマス黙示録
エルケサイ黙示録　J
シビュラ託宣
コプト語パウロ黙示録　G（NH）
ヤコブ黙示録（Ⅰ）　G（NH）
ヤコブ黙示録（Ⅱ）　G（NH）
アダム黙示録　G（NH）
コプト語ペテロ黙示録　G（NH）

⑤　詩歌

ナハシュ派の詩篇　G
ソロモンの頌歌　ややG

⑥　祈禱

使徒パウロの祈り　G（NH）

⑦ 教え

ペテロの宣教
ペテロの宣教集 J
真理の福音 G(NH)
三部の教え G(NH)
アルコーンの本質 G(NH)
この世の起源について G(NH)
魂の解明 G(NH)
聖なるエウグノストス G(NH)
真正な教え G(NH)
われらの大いなる力の概念 G(NH)
大いなるセツの第二の教え G(NH)
シルヴァノスの教え (NH)
メルキセデク G(NH)
真理の証言 G(NH)
グノーシスの解釈 G(NH)
ヴァレンティノス派の解明 G(NH)
三体のプロテンノイア G(NH)

第二節 グノーシス派の「聖書」解釈原理

右に表示した「外典」諸文書は合計七三の数に上る。このうち、グノーシス主義「外典」は四一である。とすれば、二―四世紀に成立した外典の中でグノーシス主義「外典」はその半数以上を占めていたことになる(もっとも、右の表にはキリスト教と無関係なグノーシス文書は入れなかったので、もしこれらの文書——『雷、全きヌース』『セームの釈義』『セツの三つの柱』『ノレアの思い』『マルサネス』『アロゲネス』『ヒュプシフロネー』など、いずれもNH所収、⑦の「教え」に属する——もキリスト教グノーシス派の中で正典視されていたとすれば、その数は更に増加する)。この数を見ただけでも、正統的教会の反異端論者たちが、「異端」の中でも、とりわけグノーシス派を危険視した理由が分かるであろう。実際彼らは、このような主としてグノーシス派による「聖文書」の無制限な拡大作業に直面して、彼らの「信仰の規律」あるいは「真理の規準」に照らしてその内容が「正統」と認定された文書のみを「正典」に採用し、その他の文書の「異端」性を暴露することにより、「聖書」諸文書の数を限定する必要に迫られたのである(もっとも、正典の結集をこのような意味における限定作業にのみ帰することはできない。正統的教会は、もう一つの「異端」マルキオン派に対しては、——次章以下で明らかにされるように——「聖書」諸文書をむしろ拡大する必要に迫られた)。

とすれば、ここで当然問われるべきは、グノーシス派がこれほどまでに「聖文書」を拡大していった根拠は何かという問題である。しかもグノーシス派は、正統的教会がそれのみを「正典」とみなした諸文書を決して排除したわけではない。彼らはむしろ、これら諸文書を彼らに固有な解釈原理によって自己の聖文書に採用しながら、なおかつそれ以外の聖文書をも多量に産出し、彼我の間に本質的差異を認めなかったのである。——このような「根拠」、あるいはグノーシス派の解釈「原理」は、当然のことながら、グノーシス主義の本質に即応する。

「グノーシス派」とはキリスト教の「分派」のことであるから、キリスト教の「正統」思想がまずあって、それを奉ずる正統的教会より「異端」として排斥された思想に固執するセクトのことである。したがって、グノーシス主義は先行したキリスト教と異教あるいは異思想（たとえばオリエントの宗教やギリシア思想）との事後的混交宗教思想であり、グノーシス主義からその基盤となったキリスト教の要素をとり去れば、これは無に帰する。

以上のグノーシス観は、正統的教会の反異端論者以来の、グノーシス主義に対する伝統的見方であり、今日でもこの見方に固執する学者たちもいる。確かにキリスト教グノーシス派とその思想は、キリスト教を前提する限りにおいて、キリスト教よりも事後的に成立した。それは、一世紀の後半以前には遡らないであろう。しかし、グノーシス主義そのものが元来キリスト教とは無関係に成立した独自の宗教思想であったこと、それが事後的にキリスト教――より正確には、キリスト教のテキスト――に自己を適応させて「キリスト教グノーシス主義」を形成したこと、――このことは、とりわけナグ・ハマディ写本の発見により、どうしても承認されなければならない。なぜなら、ナグ・ハマディ写本には、キリスト教グノーシス文書のほかに非キリスト教グノーシス文書が含まれているばかりではなく、一つの文書が次第に自らをキリスト教的要素に適応させていく過程が同一文書（たとえば『ヨハネのアポクリュフォン』）の複数の異本によって跡づけられるからである。

ただし、すべてのキリスト教グノーシス文書が、非キリスト教グノーシス文書を「キリスト教化」することによって成立したわけではない。逆にキリスト教の本文（旧約や新約）が事後的に

「グノーシス化」されることによってキリスト教グノーシス文書となった場合もありうる。『トマスによる福音書』をはじめとして、『ピリポによる福音書』『真理の福音』『魂の解明』『真正な教え』（いずれもＮＨ）などがこの中に入るであろう。しかし、これらの文書に非キリスト教的グノーシス文書が先行しないということと、これらの文書の前提となっているキリスト教の本文をグノーシス的解釈の対象としたグノーシス的「現存在への姿勢」（この概念については後述）が右の本文に事柄として先行する、ということとは別問題であろう。いずれにしても、グノーシス主義そのものは、時代的にキリスト教の成立以前とは言えないとしても、キリスト教とは独立に存在した、ということである。

それでは、グノーシス主義とは何か。それは、端的に言えば、人間の本来的自己と、宇宙を否定的に超えた究極的存在（至高者）とが、本質的に同一であるという「認識」（ギリシア語の「グノーシス」）を救済とみなす宗教思想のことである。したがってこれには、人間の「現存在」――身体→この世→宇宙→宇宙の支配者たち（星辰）→宇宙の形成者（デーミウールゴス）――に対する拒否的な姿勢が前提されている。このようないわゆる「反宇宙的現存在への姿勢」は、「自己」の属する現実世界が、世界を包括する宇宙全体をも含めて、宇宙の支配者、その形成者によって疎外されているという極端なペシミズムの起こる時代と地域に、いつ・どこででも成立しうるものである。これを古代末期に限って見れば、これは、ローマ帝国の圧倒的支配下にあって、政治的経済的社会的に宇宙内の世界のいずれの領域にも自己を同一化できる場を奪われた属州（具体的には、パレスティナ——とくにサマリア地方——、シリア、エジプトなど）の民の間に成立した。

しかし、このような「反宇宙的現存在への姿勢」だけでは、未だグノーシス主義そのものは成り立たない。それは具体的には、この「姿勢によって担われた、存在の根元的解釈」（H・ヨナス）によって自己を表現する。しかもそれは、現実世界を否定的に超えた場に自己を同一化する表現なのであるから、必然的に「神話論」的象徴言語によらざるをえない。これを「理念型」的に構成してみると、ほぼ次のようになろう。

——初めに上界に、至高者（「原父《プロパテール》」「父《パテール》」または「霊《プネウマ》」）があった。彼は女性的属性（「思い《エンノイア》」「知恵《ソフィア》」または「魂《プシューケー》」）と対《つい》をなし、彼らの「子」と、いわば「三位一体」を形成していた。女性的属性は至高者を離れて、上界から中間界へと脱落し、ここで「諸権威《エクスーシアイ》」あるいは「支配者たち《アルコンテース》」を産む。彼ら——とりわけその長《おさ》なるデーミウールゴス——は、至高者の存在を知らずに、「母」を陵辱し、下（地）界と人間を形成する。こうしてデーミウールゴスは「万物の主」たることを誇示し、中間界と下界をその支配下におく。しかし至高者は、女性的属性を通じて人間にその本質（霊）を確保しておく。デーミウールゴスの支配下にある人間は、自己の本質を知らずに、あるいはそれを忘却し、「無知」のとりことなっている。人間は自力でこの本質を認識することができない。そこで至高者は、下界にその「子」を遣わし、人間にその本質を啓示する。それによって人間は自己にめざめ、自己を認識して、「子」と共に上界へと帰昇する。中間界と下界（宇宙全体）は解体され、万物は上界の本質（霊）に帰一し、こうして「万物の更新」が成就する。——先に断わったように、右の神話論は、実際にわれわれのもとに伝承されている——多数の、しかもその細部において相異なる——グノーシス神話から「理念型」的に構成されたものである。実際には、至高者が自ら「啓示者」の機能を果たす場合もあるし、その女性的属性が「啓示者」にもなる場合もある。要するに、右のように単純な神話論は現実には存在しない（これに最も近い神話は『ヨハネのアポクリュフォン』や『魂の解明』に前提されている）。

それでは、現実に存在するグノーシス神話はどのようにして形成されたのであろうか。それは、右のごとき神話論を担う「反宇宙的・未来的自己の認識」をいわば「解釈原理」として、既存の諸宗教に固有な神話、ないしはそれらの神話を内含するテキストを解釈し、それをグノーシス神話に変形することによって形成されるのである。

たとえばキリスト教グノーシス主義の場合、キリスト教に正典として受容されつつあった旧約聖書（七十人訳聖書《セプトゥアギンタ》）と、結集途上にあった新約聖書諸文書とが、グノーシス主義に固有な解釈原理によって解釈され、その結果旧約聖書に前提されている創造神話やキリスト神話が修正補完されて、キリスト教グノーシス神話なるものが言表される。その際、旧約聖書の創造神はデーミウールゴスとして至高者の下に格下げされ、啓示者の機能を担う至高者の「子」は「神の子」イエス・キリストに置き換えられる。——グノーシス主義の聖書解釈とその結果成立するキリスト教グノーシス神話の具体例は、次節で論述の対象となるが、いずれにしても、グノーシス主義そのものは、自らに独自な民族（あるいは民俗）神話を持つことなく、「グノーシス神話」なるものは、既成宗教に固有な民族（民俗）神話に依拠し、それを修正・補完することによって成立したものであることが重要であろう。この意味で、グノーシス神話は本質的に「創作神話」なのである。

ところで、グノーシス主義の解釈原理が反宇宙的・本来的自己の認識にあるとすれば、これは必然的に、至高者と人間の間に救いを仲介する救済手段としてのこの世の絶対的権威を、承認しないことになる。実際グノーシス派は、救済機関としての教会制度、これを排他的に担う聖職制（とりわけ単独司教制）、これによって正統性を保証される特定の使徒伝承を、これらが客観的絶対性を主張する限りにおいて相対化していった。注意すべきは、グノーシス派は——若干の例外を別とすれば——右のような教会の業《わざ》を頭から拒否したのではないことである。これらが自己を歴史的・客観的に絶対化した限りにおいてである。だからこそグノーシス派は、正統的教会が「正典」化しつつあった聖書諸文書をも自らの聖文書として採用することができた。だからこそグノーシス派は、正統的教会がその名によって伝承の正統性を確保しようとしたペテロをはじめとする十二使徒、あるいはパウロの名によって、自らの福音書や黙示録を著わすことができたのである。

しかし、他方グノーシス主義の側からすれば、——すでに指摘したように——啓示は元来直接的・無媒介的たるべきものである。したがって、ペテロやパウロは啓示の受け手・伝え手以上の機能を持たないのである。しかもグノーシス派によれば、啓示は万人に対して無差別に顕示されるものではなく、特定の宗教的達人、知的エリートに秘かに伝授されるものである。とすればグノーシス派にとって、伝承（秘教）の正統性が十二使徒やその直弟子、あるいはパウロの名によってのみ保証される必然性はない。しかもグノーシス派の場合、人間の「救わるべき」本質は――すでに見たように――女性として表現されていた。ここから、当時正統的教会において「娼婦」とみなされていたマグダラのマリアにペテロを批判的に超える最高の地位が与えられ（『トマス福音書』『ピリポ福音書』など）、イエスから直接彼女に、しかも秘かに啓示された内容を伝える福音書（『ピスティス・ソフィア』）、あるいは彼女の名による福音書（『マリア福音書』）が著わされる。また、啓示の超越性と直接性を確保するために、グノーシス派の福音書はしばしば、その内容が、地上のイエスによってではなく、復活のキリストによって啓示されたという文学形式によって伝えられている（『ピスティス・ソフィア』『ヨハネのアポクリュフォン』など）。

いずれにしてもグノーシス派の場合、啓示内容（伝承）の伝え手は、彼（または彼女）が啓示者によってその資質が認められ選ばれた者であるならば、十二使徒やパウロに限定されはせず、原則的には、彼（女）は無制限に拡大されえたのである。だからこそ、秘教の伝え手は、グノーシス諸派の創設者（ヴァレンティノス、バシリデス、ケリントスなど）でもありえたのである（もっともこの場合は、グノーシス派が啓示の超越性・無媒介性・秘教性を主張しながらも、現実には地上に一つの共同体・教派を形成せざるをえず、各派の創設者の名によって各派に固有な教えの正統性を裏づけざるをえなかったという要因も考慮に入れるべきであろう）。

こうしてみると、グノーシス派において聖文書が、正統的教会によって正典化されつつあった諸文書と並び、これを補完し、さらにそれを超えるかたちで、無制限に拡大されていった事実は、ほかならぬグノーシス派の解釈原理に促されたのだ、ということになろう。

ところで、正統的教会がグノーシス派に直面しても最も困惑したのは、グノーシス派が正統的教会をアプリオリに拒否したからではなく、それ――とりわけヴァレンティノス派――が自派を「まことのキリスト教」と主張し、正統的教会を自派の下位に、しかもなお真実の救済に至る可能性を有する存在として位置づけたからである。グノーシス派によれば、正統的教会は「至高者」の存在を知らずに、創造神（デーミウールゴス）に対する信仰に、しかも現実には信仰に基づく行為を救済の条件としており、しかも地上の見ゆる教会を救済機関とみなしている。人間は救済の条件としての倫理的行為や救済機関としての教会、さらにこれらの一切が帰因する創造神に対する信仰そのものから、本来的自己の出自なる至高者の認識《グノーシス》によって解放されなければならない。もっとも、「信仰」さえ持たぬ輩から見れば、正統的教会には、信仰から認識に至る可能性はより多く確保されている。イエスをはじめとしてパウロもヨハネも、実はこのような認識による人間の解放と自由を説いたのだ。にもかかわらず、現実にはキリスト者の大衆（正統派）は今なお信仰と行為の奴隷となっている。――これがグノーシス派による正統的教会批判の要点となろう。この立場から聖書を解釈していけば、具体的にはどのようになるであろうか。

第三節　グノーシス派の「聖書」解釈

1　旧約聖書

一時代前までは、グノーシス派は旧約聖書を創造神や律法と共に拒否したとの説が一般的であった。しかし、これはマルキオンやグノーシス派中のごく一部の急進派（たとえばマルコス派）に引きずられたグノーシス観であって、現在は、――とりわけナグ・ハマディ写本の発見以来――グノーシス派は、もちろんその解釈原理によって適当な修正を加えた上で、旧約聖書を受容した、あるいは少なくとも彼らの解釈の対象としたと見るのが定説になっている。

実際、グノーシス派の創造神話は、多くの場合創世記一―三章の釈義によって展開されている。――デーミウールゴスはアルコーンたちと共に、自分のかたちに人を、男と女とにつくった（創世記一・二七）。この場合、「人」は単数であるから、人は元来両性具有であった、と解釈されることになる。女《イブ》が男《アダム》から離れたとき（三・二二）、死が生じた。彼女が再び男《アダム》に入りこみ、彼が彼女を受け入れれば、死はないであろう（『ピリポ福音書』七一。七八をも参照）。このような男女の原初的統合をもたらすために、イエスが来臨したのである（七八）。

あるいは、オフィス派によれば（「オフィス」はギリシア語で「蛇」の意）、ヤルダバオト（＝

造物主《デーミウールゴス》）が土のちりでアダムをつくったが、アダムは立ちあがることができなかったので、命の息をその鼻に吹き入れた（創世記二・七）。次いでヤルダバオトは、アダムから力を取り去るためにイブをつくった。しかし、ヤルダバオトの母ソフィアは、アダムとイブを誘惑し、ヤルダバオトが食べることを禁じていた木の実を食べるように勧めた。イブはアダムを説得し、二人はこれを食べ、こうして彼らは万物の上にある「父」（＝至高者）を知った。そこで、ヤルダバオトは二人をパラダイスから追放したのである（創世記二・二三―三・二四）。

この「蛇」が、『この世の起源について』と『アルコーンの本質』では「獣」として、『ヨハネのアポクリュフォン』では「鷲」のかたちをした「エピノイア」として登場する。注目すべきは、『ヨハネのアポクリュフォン』の最新の本文（NHⅡ）では、右の「エピノイア」が「キリスト」と等置されていることである。つまりここでは、旧約の蛇がキリストの先在形態として解釈され、創造神と蛇にかかわる価値観が逆転されているのである。

ちなみに、『真理の福音』と『ピリポによる福音』では、「命の木」（創世記三・二二）が「十字架」の予型として解釈されている。

次に、旧約「律法」に対するグノーシス派の姿勢であるが、グノーシス派は律法を造物主《デーミウールゴス》に由来すると見る限り、これに対しては必然的に否定的、少なくとも消極的評価を下すことになる。実際、正統派の反異端論者が非難を込めて報告するのは、シモン派やオフィス派、とりわけカルポクラテス派の反律法主義（あるいは放埒主義）であり、ナグ・ハマディ写本でも、たとえば『大いなるセツの第二の教え』では、律法の救済史的意味は――モーセを含めて――完全に否定されている。

しかし、無視されてならぬのは、プトレマイオス（ヴァレンティノス派）の律法観であろう。彼は、律法を神（＝至高者）によって与えられたと主張する正統的教会の立場と、逆に律法はイエスの愛の神（＝至高者）に反逆する義の神（＝悪神）に由来するとみなすマルキオン派、あるいはグノーシス派の一部の立場とを同時に排し、旧約の律法とりわけ十戒は、イエスの律法に対する立場に即して、いわばキリスト論的に解釈すべきことを勧めている（『フローラへの手紙』。フローラは正統的教会に属する女性の信徒。プトレマイオスはこの手紙によってフローラに自派への「改宗」を勧めている）。もちろんプトレマイオスは、一人のグノーシス主義者として、律法の出自を至高者にではなく、その下位に立つ造物主に帰している。しかし彼によれば「グノーシス」を得た者（真の救済を得たキリスト者）は、この世にあって「グノーシス」を保持していくために、律法の真意に従うべきである。このように、救いの条件としては律法を否定するが、救われた状態をこの世で持続していく手段として律法の効用を認めるグノーシス派の立場（これはパウロの律法観に近い）は、ナグ・ハマディ写本によっても裏づけられるのである。この意味で、われわれはグノーシス主義を直ちに無律法主義と同定する正統的教会の偏見から自由になるべきであろう。

このような「律法」に対するグノーシス派の両義的《アンビバレント》立場は、グノーシス派の「預言者」観、あるいは預言書の解釈にも妥当する。そもそもグノーシス派の解釈原理が反宇宙的・本来的自己の認識であるとすれば、福音を預言の成就としてとらえ、預言者を救済史的に評価することは、この派の「原理」になじまない。実際、正統的教会の反異端論者たちによって報告されているグノーシス諸派において、預言者は、多くの場合造物主から霊感を受けた存在として批判の対象とされている。また「私は主である。私のほかに神はいない。一人もいない」というイザヤ書(四五・六、四六・九)における「神」の独一性の宣言は、エイレナイオスによるバルベロ・グノーシス派に関する報告のみならず、ナグ・ハマディ写本所収の『ヨハネのアポクリュフォン』『この世の起源について』『アルコーンの本質』などにおいても、「父」(至高者)の存在を知らない「ヤルダバオト」(造物主)の傲慢の証しとして否定的に解釈されている。『トマスによる福音書』(五二)では、二四人の預言者は「死者」であり、『真理の証言』では、イザヤは「身体のテュポス」であり、とりわけ『大いなるセツの第二の教え』では、一二人の預言者とりわけ洗礼者ヨハネがアルコーンたちに促されて登場した存在として「もの笑い」の対象にされている。

ただし、ヴァレンティノス派の場合は、すでに見たこの派の律法観に即応して、「最後の預言者」洗礼者ヨハネにも中間的位置づけが与えられている。後で詳述するように、たとえばヘラクレオンの場合、洗礼者ヨハネは「魂的人間」の象徴であり、イエスの「福音」を預言する「声」として比較的に高く位置づけられている。グノーシス主義者ユスティノスや『ピスティス・ソフィア』においても、預言者は決して否定の対象とはされていない。

この意味で注目すべきは、『魂の解明』における聖書解釈であろう。ここでは、いずれも「彼の中で主が言われた」という定式に導かれ、エレミヤ書三・一―四、ホセア書二・四―九、エゼキエル書一六・二三―二六が、「魂《プシューケー》」の「淫行」の、他方イザヤ書三〇・一五、一九―二〇がその「悔改め」の、いわゆる「裏づけ引用句」として用いられているからである。そして、この引用は――後ほど言及するように――パウロの手紙、福音書、さらにはホメーロスの「オデュッセイア」からの引用と全く同目的・等価値なのである。

以上要するに、グノーシス派の「旧約聖書」解釈には、各派、各文書によって、かなりの多様性があるということ、その際グノーシス派がその解釈原理を直接的に、しかもラディカルに前景に押し出すところでは、創造神、律法、預言者などが否定の対象となるけれども、他方これらはグノーシス的「解釈」によって「原理」の中にとり込まれることもできた、ということになろう。

2　共観福音書

グノーシス派の創立者の名による「福音書」が存在したことは事実である。しかし、その内容は残念ながら明確なかたちで伝えられていない。たとえば「バシリデスによる福音書」もその例外ではない。もっとも、バシリデス派によれば、十字架にかけられて死んだイエスは、実際にはイエスではなく、それはイエスに代わって十字架を担ったキュレネのシモンであった（つまりこの時点でイエスとシモンが入れ替った）、イエスは十字架のかたわらに立って刑吏をあざ笑っていた、と言われる。これが『バシリデスによる福音書』の内容の一部であったかどうかは分からない。

しかし、『ペテロの黙示録』にほぼ同様の記事があるので、このようなグノーシス派によるイエス受難解釈が実際に流布していたことは事実であろう。

他方、ヴァレンティノスが「真理の福音書」を著わした、と伝えられている。そして、ナグ・ハマディ写本所収のいわゆる『真理の福音』をこれと特定する学者たちがいる。しかし「真理の福音」は書名ではなく（同書に表題はない）、本文冒頭の言葉にすぎず、また内容から見ても、同書はいわゆる「福音書」というよりは、むしろ「福音」にかかわるグノーシス的説教である。しかも、これをヴァレンティノス自身に帰するための決め手もない。――いずれにしても、同書の著者が少なくともマタイ、ルカ、ヨハネの各福音書、パウロの手紙の一部、ヨハネの黙示録を知っていた可能性はある。

注目すべきは、同書におけるイエスの十字架死に対する解釈であろう。すでに言及したように、ここで十字架は「命の木」と等置され、イエスはこの「木」に「父」（至高者）の命令を掲げた、その意味でイエスの死は命である、と言われる。つまり、ここでは――バシリデス派の場合と対照的に――イエスの「死」が「福音」の不可欠な前提となっている。ただし、他方同書でも、イエスの死は「ぼろ切れ」（肉体）を脱ぐ行為、肉体の解消と意味づけられている。『ピリポによる福音書』でも、イエスのからだは「霊の肉体」であって、受難することはなかったことが示唆されている。

グノーシス派の「反宇宙的」解釈原理から見れば、人間の身体性は宇宙に帰属するものとして負に評価されるのは必然である。ここから、地上のイエスは上界のキリストが仮の姿で現われたものにすぎないという、いわゆるキリスト仮現説が出てくる。確かに、グノーシス派の福音書解釈において、人間イエスに重点が置かれていないことは事実である。その視座はあくまで神の子キリストにある。しかし、地上のイエスを「仮象」とみなし、キリスト仮現説を徹底させるのは、グノーシス派でもむしろ例外であって、多くの場合「肉において来臨したイエス」の証言、つまり正統的教会に受容されている「福音書」のイエスの言葉を——適当な修正・加筆の上——提示し、間接的にそれの真意に即した「解釈」を迫る。——その好例が『トマスによる福音書』であろう。

この福音書は、一一四のイエスの言葉から成る。このような「語録福音書」という文学形式は、とりわけグノーシス派がイエスの「福音」を伝達する表現手段に適用したものと思われる。そもそもグノーシス主義が反宇宙的現存在への姿勢に担われて成立したとすれば、いずれにしても「言葉」が語られた史的状況は二次的となり、むしろ歴史を超えた「言葉」の意味こそが永遠の真理なのであるから。実際、『トマスによる福音書』の冒頭に、「この言葉の解釈を見出す者は死を味わわないであろう」と明言されている（語録一）。しかも、常に「解釈」の対象となる、イエスの譬話《たとえばなし》が多いのである。

さて本書には、新約聖書に記されていないイエスの言葉、いわゆる「アグラファ」のほかに、福音書正典とりわけ共観福音書に並行する言葉が収録されている。これらが全体として福音書正典の本文を前提しており、それがグノーシス主義の立場から修正・加筆されたものであるのか、あるいは、これらが多くの場合福音書伝承と並ぶそれより古い本文の型を示すのか、——この問題については学者たちの意見が分かれている。いずれにしても、主としてアグラファと、福音書に並行する言葉の中で明らかにトマスによる修正・加筆と想定される部分（いわゆる「編集句」）から判断して、この福音書の最終編者（これを「トマス」としておく）の思想は、ほかならぬグノーシス主義と見て間違いなかろう。

まず救いは、人間の本来的「自己」と「父」（至高者）との本質的同一性の認識《グノーシス》にある。この認識の支配領域が、「父の国」あるいは「国」と呼ばれる（三、九、二〇、七六、九三、一〇七、一〇九参照。——「神の国」という呼称が避けられるのは、至高者と創造神とが混同されないためであろう）。したがって、認識を得た者にとって、「国」はすでに到来している（五一）、あるいは、われわれの眼前に拡がっている（一一三）。それが完全に実現される日に、「天」と「地」は解体されるであろう（一一一——ここから「天国」という呼称も避けられる）。いずれにしても、「国」において分裂（たとえば男女の区別）は原初的統合に還帰し（二二）、人間は「単独者」となる（七五その他）。しかし、彼もまたこの世にある限り迫害の対象となる（六八）。彼らは結束し、「兄弟」を自分の「魂」あるいは「ひとみ」のように愛すべきである（二五）。

イエスは、人間に認識をもたらすために、父から遣わされ、「肉体において」この世に来た（二八）。この「生けるイエス」は、父とその本質を共有する（六一）。イエスを介して認識を得た者は、父の本質に与る。したがって覚知者《グノーシス》とイエスとの間にも究極的区別はない（一〇八）。これが、イエスの「福音」を伝えるトマスがイエスの「双子《デドモ》」と呼ばれる所以である（序）。こうしてみると、イエスは元来人間のうちに、さらには万物に遍在しているのだ（七七）。

トマスにとってイエスは、本来的自己の啓示者という機能を担うが、それは人間に外在して人間を変革するものではなく、彼はあくまで自ら本来的自己として人間に内在する原理である。トマスはこれを解釈原理として「イエスの言葉」の原意に即した「解釈」を読者に迫る。したがって、「キリスト論」は本書における救済の条件とはならない。それが啓示の機能を担う者であれば、原理的には取り換え可能なのである（『トマスによる福音書』に関して詳しくは、拙著『トマスによる福音書』講談社参照）。

実際、ナグ・ハマディ写本所収の若干の「キリスト教化しつつあるグノーシス文書」（拙著『原始キリスト教とグノーシス主義』一五八頁以下、同『新約聖書とグノーシス主義』二四二頁以下、いずれも岩波書店参照）において、元来のグノーシス神話における救済者像が自らをイエスないしはキリストに適応させていく過程が確認されるのである（たとえば『ヨハネのアポクリュフォン』の場合——「子」ないしは「ソフィア」からキリストへ、『聖なるエウグノストス』と『イエス・キリストのソフィア』の場合——男女的《おめ》「子」からキリストへ、『われらの大いなる力の概念』の場合——「大いなる力」から「ロゴス」キリストへ、『エジプト人の福音書』の場合——「セツ」からキリストへ、『三体のプロテンノイア』の場合——「プロテンノイア」からキリストへ）。そして、右の「キリスト教化」は、多くの場合啓示の言葉を枠づける部分でなされており、イエスと弟子（たち）との対話形式になっている。しかも、イエスとの対話者としてしばしばヨハネが登場するのである。

こうして、グノーシス派における「福音書」のイエスは、その「言葉」の解釈に重点が置かれ、その歴史性はあくまで二次的であるから、「福音書」といっても、それは「啓示の書」の性格を帯びる。そのために、文学形式としての「福音書」と「黙示録」との区別は流動的になってしまうのである。

3　ヨハネによる福音書

『トマスによる福音書』にも、ヨハネによる福音書との並行関係が想定されるイエスの言葉が若干存在する（二七、六九、七八等）。『真理の福音』『三体のプロテンノイア』その他のグノーシス文書の場合も同様である。ただし、これらの比較的初期に成立したグノーシス文書――より正確には、これらの文書に採用された伝承資料――には、ヨハネによる福音書からの引用句は極めて少ない。その理由は、ヨハネによる福音書がパウロの手紙や共観福音書よりも成立年代がかなり遅いこと（一世紀末）、また、この福音書は最も後期に正典に入れられた聖書諸文書の一つであったことと関連するであろう。

他方、グノーシス文書は総じてその思想的傾向が事柄として
ヨハネによる福音書に並行する。「この世」に対する消極的評価、光と闇、真理と偽り、霊と肉などの二元論、サマリアの女やマ

グダラのマリアに対する積極的評価、とりわけ「神の子」キリスト論と現在的終末論がそれである。これは、ヨハネによる福音書が聖書諸文書の中で最もグノーシス主義に接近している事実から見て、むしろ当然であろう（もっとも、ヨハネによる福音書の思想がグノーシス主義そのものであるとは思われない。この福音書には至高神と創造神との分離は認められないし、ここではキリスト論が人間の救済の前提となっており、それは人間の本来的自己を啓示によって認識せしめる単なる機能ではないからである）。

いずれにしても、比較的後期の出自ではあるが、オリゲネス（二五三／四年歿）がその『ヨハネによる福音書注解』の中で伝えている、ヘラクレオン（ヴァレンティノス派）のヨハネによる福音書の釈義は、グノーシス派の聖書解釈を知る上で極めて重要である。今のところ、グノーシス派による聖書釈義でこれ以上の規模にわたるものは残されていないし、何よりもこの釈義を通してヴァレンティノス派の人間論と救済論を知ることができるからである。

もっとも、この「釈義」も断片的にしか伝えられていない。しかもそれは、オリゲネスが反駁の対象として引用しているのであるから、オリゲネスが反駁のためにその中から読み取ろうとするヘラクレオンの「釈義」の意味と、ヘラクレオン自身が「釈義」において意図したところを、慎重に区別していかなければならない（オリゲネスによればヘラクレオンは、人間をその「本性《フュシス》」に従って三つの「種族」に区別し、「霊的な人々《プネウマティコイ》」は上界への救済に、「魂的な人々《プシューキコイ》」は中間界への救済に、「泥的な人々《コイコイ》」は下界への滅亡に、それぞれ創造のはじめから決定されている）。われわれは、とりあえずここでは、次の六つの章句に対する釈義を瞥見するにとどめざるをえない。

①プロローグ（一・一―一八）

プロローグのうち三節と四節ａの釈義が重要である。――「万物は、これ（言葉《ロゴス》）を介してできた。一つとしてこれなしにはできなかった。これにあってできたものは命であった」（日本聖書協会訳その他は「できたもの」〈ὃ γέγονεν〉を「ひとつとして……できなかった」〈ἐγένετο οὐδὲ ἕν〉にかけるが、これを「命があった」〈ζωὴ ἦν〉の主題ととり、右のように訳すことも可能である。ヘラクレオンのみならず、オリゲネスもこのようにとっている）。ヘラクレオンによれば、「万物」は「この世」である。この世は全体として悪に染まっているのであるから、言葉《ロゴス》から（ὑπό）直接的に生み出されるはずはない。それの直接的出自は「創造神《デーミウールゴス》」である。それ故にここでは、万物は言葉《ロゴス》からではなく、それを介して（διά）できた、と言われているのである。いずれもしても、創造神は自ら生み出す能力はない。「一つとしてこれ（言葉《ロゴス》）なしにできなかった」と言われる所以である。「これにあって」（ἐν αὐτῷ）とは、「言葉《ロゴス》を範例として」の意であり、「命であった」「できたもの」とは「霊的な人々」のことである。要するに――ヘラクレオンによれば――この世にある人間はすべて言葉《ロゴス》を介してつくられたが、「命」があるのは「霊的な人々」だけである。これをとらえてオリゲネスはヘラクレオンを、創造のはじめから人間の一種族のみが本質的に救いに決定している、と非難する。しかし、少なくともヘラクレオンは、この「命」を人間の運命を決定する「本性」

というよりは、むしろ救いの可能性と見ていることは、以下の「釈義」において明らかである。

②洗礼者ヨハネ（一・六―八、一五、一九―三六）

ヨハネは「主の道をまっすぐにせよと荒野で呼ばわる者の声」である（二三節）。ヘラクレオンはここで、「言葉《ロゴス》」と「声《フォネー》」と「響き《エーコス》」とを区別する。「言葉」に聴き従う者には「命」があり、彼らは「霊的な人々」である。「声」は「言葉」を予告するもの以上ではありえず、「声」に従う者はヨハネの弟子、彼らは「魂的な人々」である。これに対して、「響き」には内容がなく、これにつく者は旧約の預言者からの徒、「泥的な人々」である。つまり、ヨハネは「創造神」の象徴的存在ということになる。したがって、ヨハネはイエスの「くつのひもを解く値うちもない」（二七節）。この「くつのひも」とは「この世の秩序」すなわち「身体」のことである。ヨハネは、イエスがその中にある「この世の秩序」を解消して、その本質を開示する資格はない。彼はイエスを「見よ、この世の罪を取り除く神の小羊」（二九節）と特徴づけうるにすぎない。「神の小羊」とは、イエスの「身体」の意であり、それが「この世の罪を取り除く」という認識は、未だ、イエスのうちなる神の言葉《ロゴス》性の認識をもたらすには至らない。

③宮浄め（二・一三―二二）

一四節の「宮」（ἱερόν）は――ヘラクレオンによれば――「至聖所」の意味であり、これは、宇宙論的には霊の充溢領域（プレーローマ、つまり上界）を、人間論的には人間の本性としての霊、あるいは「霊的な人々」を象徴する。これに対して、「宮の前庭にすわり込んでいる」商売人は、霊にとって「異質なもの」、この世性や身体性を意味する。イエスは「なわのむち」すなわち「十字架の力と聖霊」によってこれらをすべて追い出した（一五節）。――この「教義」で注目すべきは、第一に、人間浄化――霊性の具現――の業はイエスのみに保留されていること、第二に、ここでは「霊的な人々」もこの世にあって「異質なもの」に汚染されている事実が前提されていること、つまり、彼らははじめから「本性によって」救われる存在ではない、ということである。

④サマリアの女（四・一―三八）

この女は「霊的な人々」の隠喩である。ただし、彼女もイエスに出会うまでは「ヤコブの井戸」から水をくんでいた（六―七節）。この「水」は「この世の」水である。ここに再び、「霊的な人々」もこの世性に染まっていることが前提されている。これに対して、イエスが与える「水」は、「霊と力」から成り、「永遠の命に至る水」である（一四節）。女はイエスの言葉を信じて、「その水を私に下さい」と願い出る。ヘラクレオンはここに示された女の信仰を「彼女の本性に即した信仰」と釈義する。オリゲネスはこれをとらえて、ヘラクレオンがイエスに対する「女の同意を彼らの自然的資質に帰する」ことによって信仰から決断の自由を排除したことを非難する。確かにヘラクレオンによれば、女の信仰は意志の決断に拠るものではない。しかし彼は、――オリゲネスが批判するごとく——女の信仰が創造のはじめに与えられた「本性」によって決定づけられている、とは主張していない。ヘラクレオンにとって信仰は、イエスとの出会いによってはじめて起こるのである。こうして、いわば潜在的に与えられていた「本性」が顕在化されるのである。ヘラクレオンがここで「本性に即した信仰」を強調するのは、信仰が本性によって決定されていること（信仰決定論）を言い立てるためではなく、むしろ信仰がロゴス・キリストの恩恵によってひき起こされること（恩恵論）を明確化するためなのである。そして、もしこのことが「霊的な人々」のみならず「魂的な人々」にも妥当するとすれば、なおさらのことであろう。実際、ヘラクレオンは、女が「町に出て行き」、人々——「魂的な人々」——にキリストの恩恵を宣教したこと（二八節以下）、そしてイエスが「永遠の命に至る実を集めている」（三六節）事実を強調する。次に見るように、「魂的な人々」は「しるしと奇跡とを見なければ信じない」（四八節）。その限りにおいて、彼らの救いは中間界止まりである。しかし彼らにも、「サマリアの女」の宣教を介して、イエスの恩恵に与り、「霊的な人々」とされる可能性は残されている。

⑤カペナウムの役人（四・四六—五四）

「役人」は原語（βασιλικός）に従えば「小王」、つまり「小国を治める王」にすぎない。これは「中間界」を支配する「創造主」である。彼の「子」は「魂的な人々」のことである。イエスは役人の願いをいれて、その子に命を与えた。しかし、この種の人々は、「しるしと奇跡を見ない限り、決して信じない」（四八節）。したがって「創造主」に本質的な信仰は、奇跡を見ることを契機として下される決断に拠っている。決断に依拠する信仰者は、救われても、「中間界」への帰昇を許されるだけである。

⑥イエスとユダヤ人（八・三一―四七）

ユダヤ人がイエスの言葉を聞くことのできない原因――「あなたがたは自分の父、すなわち、悪魔から出てきた者であって、その父の欲望どおりを行おうとしているから」（四四節）――を、ヘラクレオンは、「悪魔の本質から出てきた者であるから」と解釈し、イエスはこうしてユダヤ人の本性をあらわにした、と付言している。オリゲネスはここでもヘラクレオンを、彼は「泥的な人々」が本性において滅亡に決定されているとみなしている、と批判する。しかし、「プロローグ」の釈義においてすでに解説したように、ヘラクレオンによれば、産出能力を有するのは「神」（至高者）のみであって、悪魔（的存在）にそれはない。したがって、「悪魔の本質から出てきた者」（悪魔と本質を共有する悪魔の子）と言われる場合の「本質」と「子」は、いずれも比喩的表象なのである。真実の意味において「父」と「本質」を共にし、「子」と呼ばれる存在は「霊的な人々」以外にはない。「泥的な人々」が「悪魔の子ら」と呼ばれるのは、彼らが悪魔と共に「神」に対して無知であり、悪魔に対する「功績」によって自己を立てうるという迷妄に陥っており、その意味で悪魔との主従関係において「本質」を等しくするからである。いずれにしても、このような「本性」があらわにされるのは、「泥的な人々」の場合も、イエスとの出会い——イエスの言葉の拒否——においてである。なおヘラクレオンは、「悪魔から出てきた者」と「その父の欲望どおり行おうとする者」とを区別し、後者を「魂的な人々」と釈義している。ヘラクレオンによれば、「魂的な人々」は、その「意志」によって自らを「悪魔の子ら」とその運命を共にすることもできるのである。

要するに、ヘラクレオンのヨハネによる福音書「釈義」によると、「霊的な人々」「魂的な人々」「泥的な人々」という「三種族」が創造のはじめから「本性的に」それぞれ異なる運命に決定されているわけではない。はじめに「言葉《ロゴス》」からつくられ、「命」という本性を与えられたのは、確かに「霊的な人々」のみである。しかし、彼らがその本性を顕在化され、上界へと救われるのは、イエスとの出会いにより、その恩恵を全的に受けいれたときであった。「魂的な人々」も「創造神の子ら」という本性をあらわにされるのも、イエスとの出会いのときにおいてである。彼らは総じて信仰の「決断」と「意志」により、中間界への救いを保証される。しかし彼らには、恩恵の受容によって上界へと救われる可能性と、それを全的に拒否し、悪魔への功績を示すことによって、「泥的な人々」と破滅の運命を共にする可能性とが残されている。——要するにヘラクレオンの「本性」概念は、決定論というよりはむしろ「恩恵論」の範疇に入れられるべきであろう（同様のことが、プトレマイオスのいわゆる「三種族説」に対するエイレナイオスの批判にもほぼ妥当する。これについては拙著『新約聖書とグノーシス主義』三九六頁以下参照）。とすれば、少なくともヴアレンティノス派の聖書解釈は、ヨハネを越えてパウロの立場に近づくことになる。

4　パウロの手紙

ヨハネによる福音書の場合とは異なり、パウロの手紙（ただしテモテへの第一の手紙、テモテへの第二の手紙、テトスへの手紙を除く）は、グノーシス諸派によって比較的初期の時代から彼らの説教の裏づけとして示唆されているだけではなく、手紙の一部が引用されている（ナグ・ハマディ写本では『レギノスへの手紙』『魂の解明』等）。反異端論者の代表的存在の一人テルトゥリアヌスが皮肉を込めて言うところによれば、パウロは当時（二世紀後半）「異端者たちの使徒」であった。これは、パウロの一〇通の手紙とルカによる福音書のみを「正典」視したマルキオンのみならず、グノーシス諸派にも妥当する。

グノーシス派がパウロの言葉に自派の教説の裏づけを見出した理由には、まず――すでに見た――この派の律法観を挙げることができるであろう。たとえばパウロは、律法の二次的性格を明らかにするために、律法は「天使たちを通し、仲介者の手によって制定されたものにすぎない」という（ガラテヤ三・一九）。この言表は、律法の出自をめぐるグノーシス派の思弁にとって絶好の裏づけとなる。なぜなら、グノーシス諸派にほぼ共通する神話論によれば、律法は創造神《デーミウールゴス》に由来する「諸権威《エクスーシアイ》」あるいは「支配者たち《アルコンテース》」によって与えられたものだからである。もちろんパウロは、グノーシス派のごとくに至高神と創造神を区別し、後者を前者の下に――多くの場合否定的に――格づけするようなことはしていない。この限りにおいて、パウロの神観とそれに対応する律法観はグノーシス派の場合と決定的に異なる。しかし、救いは律法によらず、キリストの恩恵に基づく信仰――グノーシス派の場合は認識《グノーシス》――のみによるという立場そのものは、両者において共通する。

他方パウロは、救いの条件としての律法を否定しつつも、信仰者がこの世において救いの恵みを保持する手段として律法の有効性を是認した。一時代前までは、グノーシス派がこの意義における律法の有効性までも放棄し、放埒主義に陥った点で、パウロとグノーシス派の律法観は根本的に異なると言われてきた。しかしこの種の見解は、反異端論者のグノーシス観にひきずられた偏見であることが、とりわけナグ・ハマディ写本によって立証されている。たとえば『この世の起源について』によれば、「認識《グノーシス》」と、認識をこの世で保持していく手段としての「行為《プラークシス》」とは不可分の関係にある。この関係は、律法の両義性をイエスの言葉のみならずパウロの言葉によって裏づけた――前述の――プトレマイオスだけではなく、『トマスによる福音書』をはじめとする多くのナグ・ハマディ文書によっても支持される。その好例が『魂の解明』であろう。この文書については、われわれはすでにグノーシス派の旧約聖書「解釈」の項で、一部その内容を見た。その後半で著者は、魂《プシューケー》の「淫行」、「花婿」（「父」の「子」）との「結婚」、そして「再生」への過程を物語る。そして、「こうして魂は、再生によって救われるであろう。しかしこれは、苦業の言葉によっても、技能によっても、教程によっても、もたらされるのではない、そうではなくて、それは〔父〕の恩〔恵〕である。そうではなくて、それは真〔理の霊的〕賜物である」ことを確認する（一三四・二八―三三）。しかし、同時に著者は、「使徒たち」とりわけ「パウロ」の名によって「私たちの戦いは血肉に対するものではなく、……この闇の世の主権者、悪の霊に対する戦いである」（エペソ六・一二）ことを想起せしめている（一三一・九―一一）。このような「恩恵」ないしは「賜物」としての救済と倫理的行為との関係は、パウロとグノーシス派における終末論の両義性にも対応する。すなわち、両者にとって終末（救済）は、信仰者ないしは認識者においてすでに実現しているが、他方彼らがなおこの世と肉体のうちにある限りにおいていまだ完全には実現していない。確かにグノーシス派にとっては、総じて終末の現在性に強調点がより強く置かれている。しかし、とりわけナグ・ハマディ文書において現在性と将来性の緊張が保持されていることも事実なのである。たとえば『トマスによる福音書』の場合、――すでに見たように――「国」はこの世においてすでに実現しているが、天地の解消は将来に待望されている。

次に問題となるのは、パウロとグノーシス派における霊肉二元論の類似である。たとえば、「肉と血とは神の国を継ぐことができないし、朽ちるものは朽ちないものを継ぐことができない」（第一コリント一五・五〇）は、グノーシス諸派がその復活論との関わりにおいて最もしばしば引き合いに出すパウロの言葉の一つである。しかし、ここで見逃してはならぬのは、パウロの人間観に基づく復活観とグノーシス派の場合との基本的相違であろう。パウロは確かに霊と肉とを、朽ちないものと朽ちるものとして二元的に区別する。しかし、パウロにとって復活とは、グノーシス派のごとく肉を脱いで裸となること（トマス福音書三七）ではない。パウロによれば、「それを脱いでも、わたしたちは裸のままではおりません」（「ギリシア語新約聖書」修正第三版＝「聖書　新共同訳」による）というのである（第二コリント五・三）。また、たとえ『レギノスへの手紙』の著者が、キリストとの共死・共生の思想を「使徒」パウロの手紙（ローマ八・一七、コロサイ二・一二、エペソ二・六）によって裏づけ、「魂的なものをも肉的なものをも飲み込む」本性としての「霊の復活」を強調しても（四五・三九―四六・二）、これはパウロ自身の復活観に妥当するものではない。パウロによれば、復活はむしろ「朽ちるもの」が「朽ちないもの」に「変えられる」こと（第一コリント一五・五〇―五二）、「肉のからだでまかれ、霊のからだによみがえる」ことである（四四節）。この意味で、「からだ」そのものは復活以前も以後も持続する。この意味における「死人の復活」は、グノーシス派にあっては原理的にありえない。――「『人はまず死に、それからよみがえる』という人々は間違っている。人が生きている間に復活を得ないならば、死んでも何も得ないであろう」（ピリポ福音書九〇）。

　同様のことが、パウロとグノーシス派における始原論にも妥当するであろう。――「最初にあったのは、霊のものではなく肉のもの（正確には魂的なもの《プシュキコン》）であって、その後に霊のものが来るのである」というパウロの言葉（第一コリント一五・四七）は、多くの場合グノーシス派により、最初に「魂的なもの」として形成されたアダムに、その後に「霊」の息が吹き込まれた、という人間形成神話の裏づけとして引き合いに出される。しかし、パウロはここで、アダムに象徴される救済以前の人間を全体として「肉のもの」と表現しているのであり、その後に来る「霊のもの」では、肉を霊に変えるキリストを示唆している。グノーシス派の基本的立場に即して言えば、この関係はむしろ逆である。――「（肉として）成った前に（霊として）在った者は幸いである」（トマス福音書一九）。

もう一つ、グノーシス派が好んで引き合いに出すのは、パウロによって言及されている「キリストにあるひとりの人」の神秘体験（第二コリント一二・一以下）である。――「この人は……第三の天にまで引き上げられた。……この人がパラダイスにまで引き上げられ、そして口に言い表わせない、人間に語ってはならない言葉を聞いたのを、私は知っている」。『パウロの黙示録』はこの箇所によって発展されているのであるが、いずれにしても、啓示の秘義性に固執するグノーシス派にとって、この文言が絶好の裏づけとなることはむしろ当然であろう。これは、啓示の無媒介性を主張するパウロの立場（ガラテヤ一・一、一一―一二）に組するグノーシス派の場合と共に、グノーシス派の好む「黙示録」という文学形式にまで影響を与えている例となろう。ただし、パウロ自身はここでも、少なくとも右の神秘体験に基づく秘教性そのものを排他的に評価しているわけではない。――「私はこういう人について語ろう。しかし、私自身については、自分の弱さ以外に誇ることをすまい」（第二コリント一二・六）。

最後に、パウロの教会論ないしは共同体論に対するグノーシス派の極めて積極的な評価を確認しておこう。これは、ナグ・ハマディ写本所収の『グノーシスの解釈』の中で展開されている。

この『解釈』はグノーシス派の聖書「解釈」を知る上で貴重な文献だが、そのテーマは共同体論、とりわけ「霊」の「賜物」と教職との関係にある。本書は二部から成り、第一部で著者は主としてマタイによる福音書によってイエスの愛の教えと受難の意味を説き、第二部に至ってローマ人への手紙、ピリピ人への手紙、コロサイ人への手紙、エペソ人への手紙、とりわけコリント人への第一の手紙の「解釈」により、理想的教会の一致を勧めている。ここで著者は、具体的には教会の成員（正統的教会とグノーシス派とを含む）相互の妬みを戒めているのであるが、彼は、「霊の賜物の保持者」（グノーシス派）に対する正統的教会の妬みに対してだけではなく、前者の「無知なる者」（正統的教会）への蔑視に対しても、同時に警告を与えている。特にグノーシス派に対しては、「大いなる」キリストがいかに自らを「低くして」（ピリピ二・八）「小さな兄弟」に父の愛を示したかを説き聞かせる。次に著者は、パウロの「からだと肢体」の比喩（第一コリント一二・一二以下、ローマ一二・三以下、エペソ四・一一以下）を引き合いに出し、それを「からだ」（教会）の「かしら」としてのキリストのイメージ（エペソ五・二三）と結びつけ、教会の成員はそれぞれ「肢体」として「同じからだ」と「同じかしら」に与っていることを想起させる。各自が受けている「霊の賜物」は異なっているけれども、すべてが同一のキリストの恩恵に与っている。

もちろん著者の基本的立場はグノーシス主義にある。たとえば、「妬み」は「創造主《デーミウールゴス》」に、「愛」は「父なる神」（至高者）に、それぞれ由来するという。このような立場そのものは、パウロの場合と根本的に異なる。しかし、正統的教会の教職位階制が漸く成立し、聖職者と平信徒とが本質的に区別されていく時期（二世紀後半）において、自らの高慢と共に正統的教会の妬みを戒め、賜物としての教職の機能的差位を認めながら、キリストの恵みに基づく信徒の一致と平等を説く著者の聖書「解釈」は、この時代においては比較的よりパウロの精神に近いのではないか。

以上のグノーシス派によるパウロ「解釈」から明らかなように、この派は、パウロの手紙の中でも主としてコリント人への第一の手紙と第二パウロ書簡（コロサイ人への手紙とエペソ人への手紙）を自説の裏づけとして用いている。このことは、コリント人への第一の手紙の場合パウロが論争相手のいわゆる霊的熱狂主義者の用語と表象を自らかなりの程度採用している事実と、他方第二パウロ書簡――とりわけエペソ人への手紙――の場合その宇宙論的キリスト理解がグノーシス主義に接近している事実とに、それぞれ関わるものと思われる。これに対して正統的教会のパウロ「解釈」は、どちらかと言えば牧会書簡（テモテへの手紙とテトスへの手紙）の立場からなされていると言えるであろう。しかしこの問題は、本章における論述の領域を越える。

付記　本章の原稿は、その締切日に合わせ、一九八二年一二月に脱稿された。それが事情によって今日まで出版されなかったため（本書「編者あとがき」参照）、本稿の一部（本書八八―一〇三頁）が、その間に出版された拙著『隠されたイエス――トマスによる福音書』（講談社、一九八四年）の一部（七九―九四頁）に利用されている。そのため、両部分の叙述に重なりが出たことを諒解いただきたい。

（一九八七年一〇月）

『新約聖書正典の成立』（日本キリスト教団出版局）、一九八八年

3　学問と信仰

今日、ここに集まって来られた皆さんの大半は、この春に敬和学園大学に入学された学生たちだと伺いました。これから皆さんは、それぞれ自ら選んだ、たとえば、英米の文学であろう、あるいは国際関係に関する学問であろう、とそれぞれ専門を選んで勉強をしていく、大袈裟に言いますと、学問に関わっていくという、その出発点にあると思います。ただ、皆さんも先刻ご承知のように、敬和学園大学はキリスト教の精神を基盤として創立した大学であると伺っています。ですから、当然、キリスト教の信仰と、それから学問がどういう風に関わるのかということを、もちろん、それを自覚的に問う人たちは少ないかも知れませんけれども、やはり、そういう関心が当然出てくるはずであろうと思います。詳しくは伺っておりませんけれども、恐らく、キリスト教に関連する授業も、少なからず大学で開かれていると思います。今日は、そういうところから、北垣宗治学長からの命令を受けまして、「学問と信仰」、あるいは「知ることと信ずること」の関係に関して、私の考えをできるだけ分かりやすくお話したいと思います。

私は、今ご紹介いただきましたように、ここの大学で言いますと山田耕太先生と同じ、新約聖書が学問の研究の対象であります。と同時に、私は、比較的真面目に教会に通っているクリスチャンでもあります。ですから、この「学問と信仰」というのは、私自身が自らに問わざるを得ない問題でありまして、そういうことで、私の体験を踏まえて皆さんと問題を共有してみたいと思う次第です。

一般的に言いまして、研究とかあるいは学問というのはその対象を、勉強する場合はその対象を、認識し、知り、それを自分のものとして捉えるということであろうと思います。誰でも、勉強する場合には勉強の対象を持っているわけですから、英文学なら英文学、あるいは国際文化なら国際文化、という勉強の対象を持っています。その対象を十分に知り、その対象を自分のものとして捕らえる、これが恐らく、学問の目的であろうと思います。

それに対して信仰というのは、ある意味では学問とは非常に対照的になっておりまして、信仰の対象に、つまり、信ずる対象に自分を引き渡して、対象によって自分が捕らえられることだろうと思います。つまり、学問、あるいは研究は、対象に対してポジティヴに、つまり、能動的に、しかも、理性的に関わる。理性というのは、ギリシア語で「ロゴス」と言いますね。ロゴスと申しますと、これは元来、「言葉」という意味ですけれども、学問はロゴスに則して関わる。それに対して信仰というのは、対象に対してパッシーヴに、つまり、受動的に、あるいは誤解を恐れずに申しますと、感覚的に、感性を通して関わることだと言えるのではないかと思います。

といたしますと、「学問と信仰」というのは、いかにも対照的な領域に属する事柄であって、両立しないのではないか、と一般には言われると思います。つまり、理性に即して対象を認識する場合、対象によって捕らえられるなどという、そういう事柄は排除しなければならない。それに対して、対象によって捕らえられるということが信仰の真髄であるならば、その対象を認識するなんていうことは排除しなければならない。そういう意味で、学問と信仰はいかにも相矛盾する対照的な事柄ではないか、と言われます。

しかし、よく考えてみますと、学問を通して対象を知ることが対象に関する客観的な認識のレベルにとどまる限り、その対象は、学問をする者が、つまり、研究者が自らの知的欲求を満足させるための手段とする場合が多いのではないか、そういう反省が学問をする側から、特に現代、提示されているのではないかと思います。つまり、対象に関する知識をいくら増やしていっても、対象に関するデータを積み重ねるにとどまって、対象が分かる、あるいは対象を理解することにはならない場合が多い。むしろ、そうすることによってかえって対象が見えなくなってしまう場合もあるのではないか。学問の領域において、特に人文科学の場合、しかも、これは決して人文科学だけにとどまるのではない。自然科学の場合でもそうだと思います。特に医学の場合は私はそうであると思いますけれども、私の学問の領域である聖書の研究の場合も、人文科学の中に入るわけですけれども、学問の領域においても知ること、つまり、知識というのは、分かること、つまり、理解にまで高められなければならない、あるいは深められなければならないと思います。

知るということと、分かるということとは、切り離すことはできません。けれども、区別されなければなりません。相手に対する知識をいくら積み重ねても、相手が分かったことにはならないのです。

理解すること

ところで、この、分かることとの条件、つまり理解の条件は、相手との出会いを媒介とする、相手によって引き起こされる感動、あるいは相手に対する共感と、相手に対する信頼に基づきます。共感と信頼なしに相手を理解することはできないと私は思います。しかし、信仰というのは、ギリシア語で「ピスティス」と言いますが、「ピスティス」というのは元来、「信頼」という意味ですね。いわゆる、宗教学の領域では「信仰」と訳されますけれども、しかし、一般的な、特に哲学的な領域におきましては、「信頼」と訳される場合が多いのです。つまり、「ピスティス」という単語は元来、「相手に対する全的な信頼」の意味です。いささか逆説的に申しますと、相手によって捕らえられている、相手を信頼しているからこそ、なおかつ、相手を知ろうとする、あるいは捕らえようといたします。

相手をより深く分かろうとする、より深く理解しようとする。よく例に引かれることなんですけれども、たとえば、結婚を前提として男女が付き合っている場合、ある男性がある女性に対して、その女性に関する客観的な知識をいくら増やしたって、その女性を分かることにはならないでしょう。逆の場合も、ある女性がある男性と付き合っている場合、いわゆる興信所を使って、いろんな調査をして、男性に関する知識をいくら増やしても、その男性と結婚するまでには至らないでしょう。知識を増やせば増やすほど、かえって相手が分からなくなる場合もあるんですよね。両方が本当に分かりあって結婚までに至るという場合には、やはり出会いを大切にする必要がある。それから、お互いによって引き起こされた感動を大切にする必要がある。出会いとか、感動とかいうものを伴わないでいくら相手に対する知識を増やしても、それは相手が分かったことにはならないと私には思えます。

皆さんが四年後に、たとえば、卒業論文を書くといったような場合（ここの大学で卒論が義務付けられているかどうかを聞くのを忘れておりましたけれども）、卒業論文とまでいかなくても、書く人にとってはかなり重みのあるリポートでも結構ですが、卒論あるいはリポートの題を先ず選ぶでしょう。たとえば、英米文学の場合に、英米の文学史上の特定の人物・文学者を対象として選ぶといたします。その際に選んだ対象、たとえば、シェイクスピアならシェイクスピアで結構ですけれど、シェイクスピアに対する知識をどんなに増やしても、そのリポートあるいは卒業論文を書く人にとって固有で新鮮なシェイクスピア像なんか出てくるはずがないです。それには、シェイクスピアに関わった動機が大切なのです。つまり、学問なんかする前に、シェイクスピアならシェイクスピアと出会って、そのシェイクスピアの作品によって感動を受ける、その感動を踏まえて、より深くシェイクスピアを理解しようとする、その理解の軌跡をリポートあるいは卒業論文に書く。そういう仕方で自分との、あるいは自分の生き方との循環がなければ、新しいシェイクスピア像なんて出てきません。人文科学とはそういうものですよね。

さっき、自然科学だって必ずしもその例外ではないということを言いました。たとえば、医学の場合はそうではないかと申しました。つまり、医学の対象というのは人間なんですよね。その人間に関する部分的な知識をどんなに増やしたって、本当の意味で病気を癒すことにはならないという反省が非常に深くなされていますよね。やっぱり、患者と医者との出会い、お互いによって引き起こされる感動がないと、本当の意味で対象を全体として知るわけにはいかないんです。そういう意味で、私は自然科学においてもそういうことが言えるんじゃないかと思います。ですから、私は、かなり一般的なことを申し上げているつもりです。

「捕らえること」と「捕らえられること」

先ほど、学長先生に聖書の、『フィリピの信徒への手紙』の三章一二節を読んでいただきました。これは、皆さんも大学に入って、キリスト教の授業を取った場合に、きっと出てくる箇所の一つであろうと思いますけれども、これは、キリスト教をユダヤ教の内部のセクトから世界的な宗教にまで普遍化していくのに重要な役割を演じたパウロという人物が書いた、フィリピという町に住んでいるキリスト教徒宛ての手紙です。そこのところを、ちょっと前後を含めてもう一度読んでみます。こういう風になっています。『フィリピの信徒への手紙』の三章一〇節以下ですが、

わたしは、キリストとその復活の力とを知り、その苦しみにあずかって、その死の姿にあやかりながら、何とかして死者の中から復活に達したいのです。

これが、前の文脈です。それに続いて、先ほど読んでいただいた箇所が出て参ります。

わたしは、既にそれを得たというわけではなく、既に完全な者となっているわけでもありません。

「既にそれを」と言った場合の「それを」というのは、これは前の文脈から申しますと、「(イエス・)キリスト」であるか、あるいは「復活」であるか、そのいずれかであろうと思いますが、もっとも、この『フィリピの信徒への手紙』というのがギリシア語で書かれておりまして、ギリシア語の原文には目的語がないんですね。ですから、「わたしは、得たというわけではなく、既に完全な者となっているわけではありません。」というのが原文に忠実な訳です。しかし、文意・

文脈から言って「何を得たのか」ということを補わないと日本語にならないものですから、「それを」というのを入れて訳しているわけです。結局、「(イエス・)キリスト」あるいは「(イエス・)キリストの復活」と考えて差し支えないだろうと思います。「復活を媒介として知りえる(イエス・)キリストの実態そのもの」と言ってもいいかも知れません。いいですか。これは、キリスト教の成立にとって非常に重要な役割を果たした、パウロという人物の言葉です。

わたしは、既に(イエス・)キリスト(あるいはイエス・キリストの復活)を得たというわけではなく、既に完全な者となっているわけでもありません。何とかして捕らえようと努めているのです。

「(イエス・)キリスト」を自分が、あるいは「(イエス・)キリストの復活」ということを分かろうとして努めているのだと。そして、その後に理由句が続きます。

自分がキリスト・イエスに捕らえられているからです。

いいですか。純粋に理論的に言いますと、「捕らえられているから捕らえる」というのは矛盾です。「捕らえられている」なら「捕らえる」必要はないですよね。しかし、ここでパウロが言っているのは、「（イエス・）キリスト」によって「捕らえられている」からこそ、自分は「捕らえよう」として追い求めているんだという、そういう文言です。確かに、客観的には矛盾しますけれども、しかし、相手を本当に分かること、相手を本当に認識することは、相手に対する全的な信頼に媒介されるということを言っているのです。そういう意味で「捕らえられて」いなければ、「捕らえる」ことができないと言っているのです。

話がちょっと抽象的で難しいかも知れませんけれども、よく考えてみて下さい。いずれにしましても、研究者の、あるいは勉強する者の、対象に対する（相手に対する、相手を知ろうとする）能動的な姿勢は、対象に己の身を開く（相手によって逆に知られているという）受動的な姿勢に転換される必要があると思います。本当に相手を知るためのこの転換が、宗教的レベルでは「回心」に当ると思います。実際、パウロという人物は元来、ユダヤ教の中でも物凄く熱心なユダヤ教徒で、キリスト教徒を迫害しておりました。その迫害に行く途中で、イエス・キリストに出会ったという宗教的体験を媒介として、自らを回転・転換いたします。そして、今まで迫害の対象にしていたイエス・キリストによって捕らえられ、捕らえられたからこそ相手を本当に知ろうとして、自分の全生涯を傾けたと考えて差し支えないんじゃないかと思います。

しかし、これは決して特殊なケースではない。極めて一般的にも言えることではないかと思う。つまり、端的に申し上げますと、対象を自分の力で捕らえようとしても、対象が人格である場合、それは不可能なのです。対象によって捕らえられること、転回、あるいは回心によって初めて対象を理解の対象として捕らえることができる。これは、人文科学に関しては一般的に言える命題なのではないかと私には思えます。

対象からの呼びかけ

話が少し抽象的になりましたので、新聞とか本とかで、私の関心から非常に面白いと思った二つの文章を紹介したいと思います。

一つは、二年前なんですけれども（そういう意味ではもう古い記事ではありますが）、朝日新聞の夕刊に「余白を語る」というコラムがありました。これは、かなりの年配に達した年長者が人生の余白を語るという、比較的長い新聞のコラムです。そのシリーズの中に、細見綾子さんという、俳句で有名な方が（いわゆる、俳人ですね。句集などもたくさん出していますので、知っている方もいるかも知れません）、次のような文章を書いておりました（文章を書いたというよりも、これは新聞記者の質問に答えて新聞記者がまとめたものだと思いますけれども）。こういう風に語っています。

死ぬということを別にすれば、年取って生きていくということは、とても素敵なことだと思うんですよ。いろんなことが見えてきたり、分かったり、理解ができて、素晴らしいじゃないですか。年を取れば取るほど、発見があります。数年前に『存問』という句集を出しました。『存問』というのは、いつも私が分からないところを問いかけていたからなんですけれども、だんだんと年を取ってくると、向こうが私を見つけてくれるような気がしだしたんです。自然が、というか、人間も含めた対象が、私に呼びかけてくれる、という感じを持つようになりました。

俳句の対象は多くの場合、自然ですよね。もちろん、人間を含めた自然です。今まで、自然を対象として句作をして（俳句を作って）いたんだけれども、だんだん年を取ってきたら、向こう側から呼びかけられて、向こう側からこの俳句を作らされているという感じを持つようになってきたと、細見さんは言うのです。もう少し読みますと、

今までだと、私が探してこっちへ引っ張ってきたのですが、今度は向こうが私を呼び寄せてくれる、そんな感じがするんです。朝起きても、自然の何というか、鳥が鳴いている、花が咲いている、そういうものに対する感じが深くなって、新鮮になって、向こうが私を引っ張ってくれているような気がします。森羅万象の中に自分が入っていけるとか、私が探して入っていくとかいうよりも、向こうが私に呼びかけているのじゃないか、とようやく思うようになりました。横着な、甘ったれた考え方かも知れないとは思いますけれども、そんな気

がいたします。これも、長く生きてきたお陰でしょうか。

俳句を作るということは、今までは、自分が自ら自然に対してポジティヴに関わっていく、その関わりの過程を句にすることだったわけですね。自分が自然の中に入って、自然を自分の方に引きつけて俳句の素材にしようと思っていた。しかし、だんだん年を取るにつれて、むしろ関係が逆になってきた。自然の方が細見さんを捕らえて、自然がむしろ細見さんの俳句を作らせるんだという感じになってきた。つまり、自然と細見さんとの関係がポジティヴな関係からパッシヴな関係に転換してきたというわけです。つまり、こういう転換を通して、本当の意味で細見さんは自然を知るようになったと言っているのです。だからパウロと、論理的には違わないと思います。こういう話を感動を持って読み取るというのは、自分がやっぱり年を取ったからかも知れませんけれども、しかし、この「余白を語る」というコラムは、「対象が私を呼んでくれる感じ」というタイトルになっておりました。これは、決して俳句を作る境地だけのことではなくて、恐らく学問の境地にも妥当するのではないかと私は思います。

「アルプス体験」

それからもう一つ、これは私自身が翻訳した本で、宣伝になって申し訳ないんですけれども、私よりも一世代下の、現在ドイツのハイデルベルク大学の新約聖書学の教授をしているタイセンという学者の本です。日本で比較的有名なのは、これも私が翻訳者の一人になっていますけれども、『イエス運動の社会学』という本です。これはイエスが引き起こした最初期のキリスト教の運動を社会学的に分析した本です。タイセンは新約聖書を広い意味での社会学的な研究の対象として次々と研究成果を上げている、私から見れば比較的若い、新進の新約聖書学者です。私も彼に何度も会いました。

このタイセンさんが自らの信仰の論理を著した本に、『批判的信仰の論拠』という本がありますす。これは岩波現代選書の中に入っていて現在でも買うことができますので、ぜひ一度読んでいただければ幸いです。いささか難解なところがありますけれども、この本の中には現在のドイツの若い新約聖書学者の知性と信仰の関係が非常によく出ています。このタイセンさんも、私と同じようによく誤解されるタイプでありまして、「学問によって信仰を否定している」と言われる。私などもよくそのように非難されます。タイセンさんも長い間、小学校や中学校や高校の先生をしておりました。大学の先生になる前です。ドイツは国立大学しかありませんので、国立大学の神学部というのは、その地域の教会によって支えられているものですから、信仰的に問題があると疑われた人は、なかなか神学部の先生にはなれないのです。タイセンさんも長い間、大学の先生になることができませんでした。しかし、彼は決して学問の名によって信仰を否定するような、そういう単純な論理を持っている人ではありません。それはこの本を読むとよく分かります。

この本に、タイセンさんが「アルプス体験」と名付けた物語を引用しています。先ほどご紹介いただきましたように、私は秋田県の出身です。母の郷里の新発田を別とすれば、大学に入るまで秋田県を出たことはありませんでした。しかも、私の郷里の大曲という所は、かまくらで有名な横手のすぐ隣町で、豪雪地帯です——ただし最近は雪があんまり降らなくなって残念なんです、残念なんて言うと秋田にいる人には大変申し訳ないんですけれども。ですから、少なくとも私が子供の頃は、冬はどこを訪問するにもスキーを履かないとほとんど生活できませんでした。私は秋田中学とその後秋田高校に、汽車通学をしていました。私は、親父が牧師だったもので牧師館に住んでいましたが、そこから駅まで歩いて三〇分くらいかかります。冬は、そこをスキーで行ったんです。特に朝早いと歩いて行けない。ですから、朝はスキーで駅まで行って、駅にスキーを預けて、そして帰りは荷馬車の後ろにくっついて（夕方になると雪が固くなって道路がカチンカチンになるのです。そうすると、スキーを履いて荷馬車にくっついていますとスーッと引っ張って行かれて……）、そういう仕方で往復スキーで家と駅の間を通いました。そういうわけで、私にとって、スキーの思い出が色々ありますので、タイセンが紹介する「アルプス体験」という物語は、私にとっては非常によく分かる物語です。北国の人はぜひ共感をもって聞いてほしいと思います。皆さんもそういう意味では比較的同じ環境にあるのではないかと思いますので、あるいは、現在はあまり雪が降らないのでちょっと理解しにくいかも知れませんけれども、こういう物語をタイセンさんは、彼の書いた本の中で紹介しています。

ある人が休暇を取って、休養のため、雪に覆われたアルプスへ向かった。差し当たっては、アルプスの風景は彼にとって目的の手段であった。彼は、この風景が休養と気晴らしのために好条件を与えてくれるものと望んでいる。

つまり、休養を取るための手段として、これからアルプスの風景の中に入っていくわけです。

しかし、スキーを履いて、朝早く、人が足を踏み入れていない雪景色の前に立った時、彼は、ある呼びかけを感じた。それは、「雪の中に好き勝手にカーブを描くのではなく、誘惑する美しさを持った周囲の風景にマッチした、美しい波のようなカーブを描くように」という呼びかけであった。以前に抱いていた期待は影を潜め、色あせたものになった。今や、もっと正確に言わなければならないであろう。彼は、「周囲の自然が自分に寄せる期待を感じ取っているのだ」と。アルプスの風景は、既にもう、彼の関心を満たすための手段ではない。むしろ、彼自身が自分の関心もろとも風景の一部になってしまっている。その中で、風景が自己を自覚し、自己を実現したがっているのだ。

なかなか含蓄の深い物語じゃないでしょうか。こういう体験をした人がいますでしょうか。人間が休養を取るとか気晴らしをするとかの手段として、自然を利用するのではなくて、自然の呼びかけに人間が答えるような仕方で自然にマッチしている、これが本当に自然と関わる仕方だと思います。しかも、これは、いわゆる現代の環境問題にもフィットする譬話《たとえばなし》ではないでしょうか。この話は、私たちの人生にも比較することができると思います。

私たちは、この現実の世界を見て、自分の関心事を満たすために進んでいきます。しかし、私たちの身の上に、転回・回転が起こります。回転が起こりますと、我々にとって現実の世界が、あの、アルプスの風景と同じようになるはずです。つまり、回転・転回によって、我々自身の関心事は突然色あせます。そして、ただ一つの関心事が残ります。その関心事とは、我々の消えゆく人生をもって、周囲の現実世界全体の問いかけに対して、一つの答えを示すこと、我々が一つの美しいシュプールを、私たちが消え去らなければならなくなる前に、跡に残しておくことです。私たちにとって、聖書からの問いかけに対して、どういうシュプールを描くのか。このシュプールが、研究であり、学問であり、学習の営みであるのではないかなと最近私は思います。

母の醒めた目

最後に、私の母に関してちょっと触れてお話を終わらせていただきたいと思います。私の母は理科の教師でありました。少なくとも科学者であることを志しておりました。と同時に一人の信仰者でもありました。この母が私自身の人生の上に残していった一筋のシュプールに言及させていただきたいと思います。

先ほど、北垣先生から私の著書に関して紹介いただきましたけれども、『イエス・キリスト』というタイトルの本があります。これは、ソクラテスとか、プラトンとか、あるいは毛沢東とか、古代から現代に至るまでの間に歴史を動かした人物に関してそれぞれの専門家が一冊ずつ担当する、講談社の「人類の知的遺産」というシリーズの中に書いた、かなり大きな単行本です。担当者から「どうしてその人物と関わるようになったかということを、第一部の第一章で書くように」と言われ、このシリーズの編集方針に従って、第一章「イエス・キリストとの出会い」に、私の少年時代に言及しました。そして、かなりのスペースを用いて、牧師であった自分の父親に関してかなり批判的に書きました。そこでは母に関してはほとんど触れておりませんが、この本は、前書きの終わりに記しましたように、母に捧げられているのです。そこにはこういう風に書きました。

本巻を、昨年（一九七八年）の夏に逝った母に捧げる。母は極めて地味に牧師夫人の生涯を全うしたが、私はこの母の優れて醒めた目を継承し、今後も歴史と現実の実相を見極めていきたい。

先ほどの紹介にもありましたように、母は新発田市――当時は町だったと思いますけれども――に生まれて、幼くして、故あって親戚に預けられ、一人寂しく少女期を過ごしたようです。当時の新発田女学校（現在の西新発田高校）の頃に、恐らくこの寂しさをキリスト教の信仰によって克服したようです。親戚に預けられてかなりつらい思いをして、女学校はかろうじて出してもらえましたが、それ以上の高等教育は進むべくもありませんでした。ところが、成績が比較的良かったために、その頃の奈良女子高等師範学校（今の奈良女子大学）に町の給費生として入学を許されたようです。ここでは博物を専攻しました。博物という科目は現在はありませんが、生物とか化学とか、理科に当たると思います。母親が残したノートがたくさんありまして、それを見ると、現代の分類で言えば、生物学だったようです。そして、卒業後、新発田に帰らないで――つらくて帰れなかったようです――創立間もない秋田県立大曲女学校に博物の教師として赴任いたしました。ここで、やはり赴任間もない青年牧師と出会います。お互いに感動したようです。後に知ったことですけれども、大恋愛の末に新聞沙汰にまでなりました。今で言えばオウム真理教の教祖に取られたと考えるほどの大事件だったらしいんですけれども、大恋愛の末に結婚いたします。父は牧師職以外の道で生計を立てることをかたくなに拒んで、母は結婚と同時に女学校の先生を退職いたしました。そして、それ以来牧師夫人として教会に仕え、その余力の一切を子供たちの教育に捧げました。つまり、現在の教育ママの走りですね。私たちはその被害をモロに受けたわけです。私にはすぐ下に弟がおりまして、今は大曲市で医者をしており、また一二歳離れた妹は筑波におり、科学者の連れ合いになっています。

あれは一九四四年、つまり、今から五〇年前、終戦の前年の一二月、教会の日曜学校（最近は教会学校と呼ぶようです）のクリスマス祝会が開かれる予定の夕方の出来事でありました。当時、キリスト教会は敵性宗教の拠点として、世間の指弾を受け、日曜礼拝に集う信徒はほとんどなく、ただ日曜学校だけ、私ども兄弟の学友数人で細々と続いているのが現実でありました。ところが、その日の午後の三時頃から、日頃、教会や牧師館に投石を繰り返していた悪童たちによって、教会の玄関前にピケが張られて、クリスマスの祝会に集まってきた男女の学友たちが会堂に入ることを阻止されました。午後の五時頃に私はついに我慢ができずに、会堂から飛び出てピケを指揮していたガキ大将に組み付きました。これは、剣道部の主将だった阿部君と言って、今でも郷里に帰るとよく飲みますが、その彼と雪中で乱闘となりました。私は彼の敵ではなく、顔を積った雪の中につっこまれる形で組み伏せられました。くやし涙で顔の下の雪がカサッカサッと溶けていく。その音のことを今でもよく憶えています。

こうして、私どもにとって年中で最大の楽しみであったクリスマスの行事が中止されたわけです。大曲教会の七〇余年の歴史の中で、クリスマス祝会が中止されたというのは、この一回だけではないかと思います。父親は不機嫌に書斎にこもります。母親は会堂の中央に据えられたストーブの残り火で、私の服を乾かしています。私と弟は声もなく、その側でストーブに手をかざしています。しばらく沈黙が続いた後、母がポツリと声を漏らしました。「この戦争は負ける」と。

この頃になりますと、戦災を知らない秋田県にも、アメリカの艦載機が飛来しておりました。ラジオも「海行かば」のメロディーに続いて、連日、南の島での日本軍の「玉砕」を報じておりました。一般大衆は、戦争が日本に不利に展開していることに気付いていました。それでも、誰一人日本の敗戦を口にする者はいなかったのです。皆、「日本は必ず勝つ」と信じておりました。礼拝に集まる者は皆無に近く、常時、特高（特別高等警察という、思想を取り締まる警官）に付きまとわれていた父でさえも、ほとんど家族だけの礼拝の中で、日本の必勝を涙ながらに祈願しておりました。「必ず勝つ」、「勝たせて下さい」と祈る。そのような時代に、母は子供たちの前で、はっきりと日本の敗戦を予言したのです。しかも、母による敗戦の予言は、日本の戦況が悪化していったこの時が初めてではありませんでした。開戦当初日本が連戦連勝し、連日旗行列に酔っていた頃のある日、母は、開戦直前まで父が取っていたアメリカの雑誌のページをめくりながら、やはり私ども兄弟に向かって、「この雑誌の内容はともかく、このように良質な紙で雑誌を出している国と戦うという、そういう戦いは勝つはずがない」と申しました。やっぱり当時の日本においては、非常に科学的な思考の持ち主であったんじゃないかと思います。

母は、大袈裟に言えば「女予言者」であったと思います。しかも、母の日頃の振る舞いは極めて地味でありましただけに、この予言には凄味がありました。私は、このような母の醒めた目を継承したいと思っています。信仰に酔うことはいたしません。信仰はかえって、逆に対象を客観的に認識させる目をはぐくむものだと私には思えます。そうでないと、信仰は狂信になります。

そして、今後も、歴史と現実の実相を見極めていきたいと、今でも願っている次第です。
以上で、私の話を終わります。ご静聴ありがとうございました。

（一九九五年度敬和学園大学新入生歓迎公開学術講演、一九九五年四月八日、新発田市民文化会館にて）

『リベラル・アーツの挑戦』（敬和カレッジ・ブックレット3）、一九九七年

4　原始キリスト教史研究二〇年の動向

昨年（一九九六年）一一月に、木田献一・荒井献監修『現代聖書講座』全三巻（日本基督教団出版局）が完結した。これは、第一巻「聖書の風土・歴史・社会」、第二巻「聖書学の方法と諸問題」、第三巻「聖書の思想と現代」から成り、一九六八年に完結した『聖書講座』全五巻を質的に超える内容になっている。『聖書講座』は一九八〇年代前半まで版を重ねているので、『現代聖書講座』には、ここ一〇―二〇年間の研究動向が現われている。すなわち、この間に公刊された新発見の史料や新しいデータをとりいれ、従来よりも共時的視座が重視されるようになり、自然の問題やフェミニズムの立場が注目されている。

「新発見の史料」には、まず「死海文書」がある。もっとも、この文書の主要部分（1Q）は、すでに一九六〇年に邦訳されているが（『死海文書』日本聖書学研究所編訳、山本書店）、4Qを含む全文書が（マイクロフィッシュで）公刊されたのは一九九二年であった。このような本文公刊の遅延に、「新約聖書――あるいはキリスト教会それ自体――の権威が失墜することを恐れたため」

といういわれなき理由をつけて、クムラン共同体の創立者「義の教師」はイエスの兄弟ヤコブであったとか（M・ペイジェント、R・リー『死海文書の謎』、高尾利数訳、一九九二年、柏書房）、「義の教師」は実は洗礼者ヨハネで、彼によって批判されている「邪悪な祭司」がイエスであったとか（B・スィーリング『イエスのミステリー――死海文書の謎を解く』高尾利数訳、NHK出版、一九九三年）、われわれからみると「奇説」としか言いようのない仮説が、わが国のマスメディアでまことしやかに喧伝された。

もっとも、このような「奇説」を反面教師として、その後に『現代聖書講座』第一巻所収の塚本明廣「聖書と死海文書」など、まともな論稿や書評が公刊されると共に、学問的に信頼できる死海文書関係著書の邦訳が続々と刊行されている（E・M・クック『死海写本の謎を解く』土岐健治監訳、教文館、一九九五年、J・C・ヴァンダーカム『死海文書のすべて』秦剛平訳、青土社、一九九五年、J・H・チャールズウァース編『イエスと死海文書』山岡健訳、三交社、一九九六年）。中でもチャールズウァースは編著の「序説　クムラン文書と学問的コンセンサス」と「第一章　死海文書と史的イエス」の中で、とりわけ次の点を「学問的コンセンサス」として確認している。

（一）エッセネ派の一部によって形成されたクムラン共同体は、前二世紀中葉から後六八年まで存続した。（二）死海文書の中でイエスやイエスの弟子たちに言及している箇所は皆無である。（三）イエスは洗礼者ヨハネを介してエッセネ派の影響を受けた可能性はあるが、彼自身はエッセネ派の人間ではなかった。（四）キリスト教に対するエッセネ派の影響は、イエスや彼の弟子たちの間でよりも、彼らの第二、第三世代（第二パウロ書簡、マタイやヨハネ福音書などの著者たち）において大きかった。

このような「コンセンサス」は、たとえば筆者が一九七〇年代の前半にクムラン共同体と原始キリスト教の史的関係について想定した事柄（『原始キリスト教とグノーシス主義』一九七一年、『イエスとその時代』一九七四年、いずれも岩波書店）を大筋において支持することになる。

さて、「新発見の史料」の第二は、「ナグ・ハマディ文書」、とりわけ同文書所収の「トマスによる福音書」である。この「福音書」が実はイエスの語録集であったことが、マタイとルカがそれぞれの福音書を執筆する際に資料の一つとして用いたと想定されるイエスの語録資料（いわゆるQ資料）に関する仮説を増幅した。すなわち、たとえばB・L・マック『失われた福音書――Q資料と新しいイエス像』（秦剛平訳、青土社、一九九四年）によれば、Q資料はその背後にこれを担った共同体（Q教団）が想定されるだけでなく、「失われた福音書」としてマルコ福音書以前の時代に実在しており、この資料の最古層からその思想と行動形態において「犬儒派」に近いイエスの実像が復元される。他方、J・D・クロッサンは、トマス福音書の中に、正典福音書の伝承経路から独立した、またQ資料の「最古層」と同様の知恵文学的なイエスの原初的言辞の集積を見て、これらの中から真正な「イエスの言葉」を復元する（『イエスの言葉』秦剛平訳、河出書房新社、一九九五年）。これに対して、すでに一九八八年にQ資料を旧約預言者の伝統に位置づけた大著をドイツ語で公刊している佐藤研（M. Sato, Q und Prophetie. Studien zur Gattungs- und Traditionsgeschichte der

Quelle Q, Mohr, Tübingen）が、『現代聖書講座』第二巻所収の「Q文書」の中で、次のように批判している。――「私は、トマスによる福音書の中に、正典の福音書語録とは相対的に独立した伝承の存在することは認めるが、同時にトマスによる福音書には、共観福音書の言葉を前提とした語録が存在することも否定できないと思われる（荒井献『トマスによる福音書』、講談社学術文庫、一九九四年参照）。ましてや、非終末論的イエスなるものを想定し、その第一の反映をトマスによる福音書に見る立場は、観念的構築物としか思えない」（二八七頁）。

最後に、一九九〇年代からわが国にも漸くその地歩を占めた「フェミニスト視点」による聖書解釈、あるいはそれに基づく原始キリスト教史再構築の試みについて一言する。その嚆矢はE・S・フィオレンツァ『彼女を記念して――フェミニスト神学によるキリスト教起源の再構築』（山口里子訳、日本基督教団出版局、一九九二年）であり、同書の原著をテキストに筆者が開講していた学部のゼミに参加した絹川久子と山口里子が、それぞれアメリカの大学に、マルコ福音書およびヨハネ福音書の女性像とそこから想定される原始キリスト教史上の女性の役割に関して学位論文を提出しており、絹川の論文はすでにアメリカで公刊されている（その日本語版『女性たちとイエス』も本年三月に日本基督教団出版局から刊行）。H. Kinukawa, Women and Jesus in Mark: A Japanese Feminist Perspective, Orbis Books, New York, 1994. S. Yamaguchi, Re-visioning Martha and Mary: A Feminist Critical Reading of a Text in the Fourth Gospel, Submitted in partial fulfillment of the requirement for the degree of Doctor of Ministry, Episcopal Divinity School, Boston, May 10, 1996.

絹川は『現代聖書講座』第三巻でも、「聖書テキストのフェミニスト解釈」を執筆している。私はこの巻の編集者「解説」の中で絹川論文に対し、志のある日本人男性の先行業績とも積極的に対話することを希望しておいた（三五二頁）。同講座の第二巻の編集者である木幡藤子もまた（木幡自身、同講座第三巻に「旧約聖書における性差と性差別」を執筆）、第二巻の「解説」の中で、フィリス・トリブルに代表される「フェミニズムの立場からの問題提起」に触れ、次のように記している。――それは「新鮮でかつ重要であるにもかかわらず、旧約学全体への浸透はあまり進んでいない。その理由のひとつは、従来の研究への接触が極めて少ないことにあると思われる」（三九五頁）。

『地中海の二十年』（地中海学会二〇周年記念、地中海学会）、一九九七年

5　教育の改革と教育意識の変革と

少子化社会が進行し、あと一〇年足らずのうちに、高校の卒業者数が大学の収容定員数を下回る事態が到来すると言われる。教育制度の抜本的改革は、この時がチャンスであろう。その時に向けて次の提言をあえてしたい。

①現在のセンター入試を高校卒業資格認定試験に改組する、②この試験に合格した者は全員大学入学資格を持つ、③東大をはじめすでに大学院に研究・教育の重点を移している大学はすべて大学院大学とし、学部を廃止して研究機関とする、④一般の大学は、大学の理念とそれに基づくカリキュラム、更には教師の研究・教育方針と業績を公告する、⑤大学入学希望者は公告を参考にして大学を選択する、⑥学生に二年後他大学に移る可能性を与える、⑦各大学は卒業資格試験を実施する。

もちろん、このような教育改革は、教育に直接間接に関わる者の「意識」改革の裏打ちがあってはじめて実現可能となろう。

私は、現在「学長」として勤務している女子大で、一年生選択必修の「教養演習」を担当している（テーマは「生きることの意味、学ぶことの意味」）。ところが、この演習の中で、学生たちからすでに数回、彼女らが受けてきた教育、とくに教育の成果を判断する親や教師などの「意識」について、次のような、怒りに近い不満が出された。――教育の目的は、私たちの個性にそれぞれ差異があることを認めた上で、各人に潜在している異なった能力を個性に即して引き出すことにある。しかし、これは大人たちにとってあくまで教育の建前であって、本音ではない。本音の部分では結局のところ、有名小学校・中学校→高校→大学→企業に入る手段として教育を位置づける「教育意識」から自由になっていない。

私はこのような不満に対し、以下のように応えてきた。――上昇志向実現の手段として教育効果を図る「教育意識」から解放されることなしに、学ぶ者の「人権」を認めた上での個性教育は実現不可能であろう。とはいえ、人間は悲しいことに、上昇志向の根にある「自己愛」から自由になることができない。問題はこの「自己愛」をどう活かすかにある。これは人間に「自立」を促す根でもあるのだから。ここで人というものは人々（隣人）の間でしか生き得ない社会的存在であることを考えてみよう。自立は共生なしにあり得ないのだ。とすれば、「自己愛」（自己を立てること）がひとりの人の中で「隣人愛」（他者を立てること）と共存していなければ、人はその「人間性」を喪失することになる。このような意味で「人間」となるために、教師と学生の双方が「教育意識」を変革しなければ、「教育改革」はいくら制度を変えても不可能であろう。

教育をどうするか。教育する者と教育を受ける者の双方が共に「学ぶ者」として「教育意識」を変え、相携えて抜本的「教育改革」の主体となることを提唱する。

『教育をどうする』(岩波書店)、一九九七年

6　光は暗闇に輝いている
——アウシュヴィッツを訪ねて

1

昨年の夏（一九九五年七月二五日—八月一三日）、私は妻と共に生まれてはじめて東欧の旅をした。その主たる目的は、チェコのプラハで開かれた Studiorum Novi Testamenti Societas（国際新約聖書学会）第五〇回大会への出席にあった。これを機会に、チェコからは比較的に近いポーランドのアウシュヴィッツにまで足を伸ばし、「戦後五〇年」の記念の一つにしよう、ということになったのである。

私共は大会（七月三一日—八月四日）終了後、主催者側で用意してくれた二日にわたるボヘミア観光ツアーに参加して、そのあとハンガリーのブタペストに二泊三日滞在、ブタペストからワルシャワ経由でカトヴィッツに飛んだ。アウシュヴィッツに行くには一番近い空港のある町と判断したからである（案内書ではポーランドの古都クラクフを観て、ここからアウシュヴィッツに行くコースを勧めているが、この夏、折悪しくクラクフ空港は閉鎖中であった）。私共はカトヴィッツに一泊して翌八月一〇日早朝に、前夜予約してあったタクシーに乗ってアウシュヴィッツに向かった。

こちらに来て無知を恥じたことがある。それは、アウシュヴィッツは元来ポーランドではオシフィエンチムと呼ばれ、現在でも現地ではこれ以外の名で呼ばれていない、ということである。一九三九年九月の戦闘のあと、オシフィエンチム市を含むその一帯がドイツ第三帝国の一部に編入され、同時にナチスはこの市の名をドイツ語でアウシュヴィッツに変更した。アウシュヴィッツはポーランド人にとって屈辱の市名なのである。この意味では、私共もアウシュヴィッツという呼称を使うのはやめるべきであろう。しかし、この呼称は今や、ナチスによるユダヤ人迫害の象徴的表現とさえなっている。以下、この意味で「アウシュヴィッツ」を用いることをゆるしていただきたい。

いわゆるアウシュヴィッツは、一・二・三号の三つの地域から成っている。一号は最初に収容所とされた中心地域で、これが狭義のアウシュヴィッツ（オシフィエンチム）である。二号はオシフィエンチムから三キロほど離れたブジェジンカ村に設置され、ドイツ語でビルケナウと名づけられた。三号はオシフィエンチム付近のモノヴィッツ村に建設されたが、三号の管理下に約四〇のミニ収容所が出来た。その殆どは囚人たちの労働力を利用した工場・鉄工所・炭鉱近くに設置されたものである。現在保存・公開されているものは、一号と二号で（これが一般には「アウシュヴィッツ」と呼ばれているが、より正確な呼称は「アウシュヴィッツ－ビルケナウ」）、両号併せて現在は「国立オシフィエンチム博物館」となっている。

もちろん私は、人並みに書物や映画を介して「アウシュヴィッツ」の何たるかを知ってはいた。しかし、実際に現場に立ち、数々のものを目の前にして、かつて経験したことのない、ものすごいショックに襲われた。――トランクなどの遺品の山、毛髪、毛髪で織られた絨毯、処刑台、地下牢（立ち牢や飢餓室）、ガス室、焼却炉などなど。

私がとりわけショックを受けたのは、アウシュヴィッツ二号（ビルケナウ）の収容所の室内で見たトイレの羅列である。収容所は煉瓦造りと木造のバラック群から成るが、いずれも室内には床がなく、地面がむき出しのまま土間になっている。その両側に三段ベッドが連なり、その上には腐った藁が撒かれただけである。ダブルベッドほどの広さの一段には、何と八人が寝かされていたと言われる。そして、部屋の中央の土間に、人が腰かけることができるほどの高さに煉瓦が積まれ、この煉瓦の上から下まで穴がくり抜かれ、上から見るとその穴が羅列している。私は一見して、その一つ一つが竈かと思ったのであるが、これが何とトイレだった。折り重なって寝ざるをえないベッドの下に羅列する、むき出しのままの、穴だけのトイレ。しかも、ここは女子用の収容所であった。一九四四年八月の点呼では、ここビルケナウだけで囚人の数が一〇万人に達したと言われる。

このような恐ろしい環境の中で、一九四〇―四五年の間にユダヤ人をはじめとする罪のない――女・子供を含む――人間が三百万人以上殺害された。このような「神なき者」による大量殺人（「ホロコースト」＝「ショアー」）の大罪がいったい赦されるものなのか。

実は、この年の四月に出た『群像』の特別号「大江健三郎」に、編集者の求めに応じて私は、「信なき者の救い」と題するエッセーを寄稿したばかりであった。私はこの中で、ドストエフスキーの『罪と罰』の主人公ラスコーリニコフとイスカリオテのユダを重ね、少なくともマルコ福音書においては、イエスの十字架刑を前にして師を捨てて逃げ去ったペテロをはじめとする一一人の弟子たちと共に、イエスを敵側に売ったユダも、イエスによる赦しのうちにある、というテーゼを世に問うた。このような、「信なき者」をそのままで赦す神の愛の思想に、アウシュヴィッツは根本的修正を、あるいはむしろそれの撤回を迫っているのではないか。

2

帰国直後、岩波書店の編集者が、その年の六月から出はじめている『新約聖書』シリーズ全五巻のうち小生担当分（第三巻『ルカ文書』中の「使徒行伝」）の校正刷りを持って私宅に来られた。仕事の打ち合せののち、談たまたま私のアウシュヴィッツ体験に及んだとき、彼が次のような情報を知らせてくれた。――ちょうどその頃岩波で出版準備中の高橋哲哉氏の論文集『記憶のエチカ――戦争・哲学・アウシュヴィッツ』の中で、「ショアー」はキリスト教的「赦し」の思想を拒否するという、キリスト教批判が展開されていると。高橋さんは、私のかつての同僚（東大教養学部助教授）で、中々ハンサムな若い哲学者である。この本はその年の八月の末に出版されたが、たとえばその第三章に次のような件りが見出される。

神の赦しについては、人間が人間に対して行った取り返しのつかない犯罪は神でさえこれを赦すことはできないと、言うべきだろう。再びレヴィナスを援用しよう。「全宇宙を創造し支える神も、人間が人間に対して犯す犯罪を引き受けたり、赦したりすることはできない」。「何びとも、神でさえ犠牲者にとって代わることはできない」。犠牲者の負った「現実の傷」が死であるとき、赦す権利をもつ「行為の唯一の犠牲者」がはじめから死者であるとき、加害者は赦しを得ることができないが、だからといって神がこれを赦すなら、つまり、起こったことを起らなかったことにし、死者たちの被った悪や不正を何ものでもないもの、「無にも等しいもの」にし、「記憶」のなかから「除き去」ってしまうなら、それは神による歴史の改竄、神のレヴィジョニズム（歴史修正主義）だと言わざるをえないだろう。

問題が深刻化するのは、キリスト教的反ユダヤ主義による迫害の犠牲についてである。〝キリスト殺しの下手人〟の汚名を着せてユダヤ人を虐殺した行為がキリストの名において赦される、その傷がキリストの死によって贖われるとしたら不条理だろう。そのように考え

ることは、むしろ迫害の完成（〝ユダヤ的なもの〟のキリスト教への回収ないし解消）にほかならない。（一三三頁）

九月に入って、私の勤務大学恒例の学生宗教部主催「サマーキャンプ」に参加した。この度の「課題図書」は、前年の『罪と罰』に次いで、偶然にもフランクル『夜と霧』であった。このウィーン在住のユダヤ人心理学者による「ドイツ強制収容所の体験記録」を私のアウシュヴィッツ体験に重ねて再読し、同僚や学生たちと二泊三日論じあったのち、この本の中で私の印象に残ったのは次の二点であった。

第一には、囚人の中で内面的・精神的拠り所を持つ者のみが過酷な運命に耐え得た、ということ。

第二には、被害者が加害者になり得る可能性を宿している、ということ。その例として、この本の中から二つの証言を挙げておこう。その一つは、収容所でドイツ人の看守に協力した「ユダヤ人特務班」（いわゆる「カポー」）の方が、ユダヤ同胞の囚人に対し、しばしばその「敵」であるドイツ人よりも残酷な仕打ちをした。その二つは、ユダヤ人が収容所から解放された直後、その数人が彼らに対する迫害とは何のかかわりもないポーランド農民が耕作した、麦の芽が出たばかりの畑を土足で荒らし回った。私がここに、後年イスラエル共和国を建国したユダヤ人が——今日にいたるまで——自らの権利拡大のゆえにパレスチナ人迫害の拳に出る萌芽が宿されているのではないかと思う。沖縄における少女暴行事件でも、加害者は三人とも、母国アメリカでは被害者の側にいる「黒人」であった。この意味で被害者が加害者になり得るということは、普遍的事柄なのである。

3

この視点に立って、私自身が加害者になり得るという可能性について考えてみたい。第一に、私が二、三年早く生まれていたら（私は中学三年生、一五歳のとき敗戦を迎えた）、十中八九戦争（殺人！）に直接加担していた。南京大虐殺、従軍慰安婦、七三一部隊に直接かかわらなかったのは、偶然でしかあり得ない。第二に、たとえ戦争に直接参加しなかったとしても、とりわけ戦争によってひき起される人間の悲惨に無関心であるという罪は残る。犠牲者の横を見て見ぬふりをして通り過ぎる者（殺人に対する無関心者）と殺人者との間に、どれほどの本質的差異があるというのか。いずれも本質的には「罪人」なのではないか。

この視点に立てば、そもそも人間は神の赦しなしに存在し得るであろうか。肉体的には存在し得るかもしれないが、精神的には存在し得ないのではないか。

この場合、「神の赦し」といっても、それは人間の罪業をすべて「水に流す」というものではない。それは、神の無限の赦しに答えて回心し、愛の行為に全存在を賭ける勇気をひき起すものである。したがって、この場合の神の赦しは、犯罪の可能性を内にはらむ人間存在を赦すことであって、その赦しとしての愛への応答を拒否する形で行われる犯罪行為そのものを「水に流す」ことではない。むしろそれは、このような犯罪行為を記憶し、明確化し、その責任を追及するものである。

アウシュヴィッツ（一号）の入り口の門の上にArbeit macht frei.（「労働は自由にする」）という「スローガン」が掲げられている。私がこれを現地で見た瞬間に、Die Wahrheit macht euch frei.（「真理は汝らを自由にする」）というイエスの言葉（ヨハネ福音書八章三二節）を思い出した。そして、ナチスはこのイエスの言葉をもじって、あるいはそれを戯画化して、あのスローガンを作ったのではないか、と思った。もしそうであったとすれば、このスローガンに基づいて大量殺人をあえて犯したナチス（とそれに協力した人間）の罪の責任は、徹底的に追及されなければならない。高橋哲哉氏は次の文章で『記憶のエチカ』所収の第三章を締めくくっている。

大小さまざまなショアーがあったし、これからもあるだろう。無数の災厄、無数の「絶滅」があったし、これからもあるだろう。世界の贖いは存在しない。歴史の傷、精神の傷は癒えない。世界の贖いがある、精神の傷が癒えると信じることは、死（者）の記憶を忘れるのでないかぎり不可能だ。

たしかに、生者のあいだには「希望」が残る。死（者）の記憶を保持し、死者に代わって

証言しつつ、生の「希望」を育むよりほかに途はない。（一三八頁）

私ならこれを次のように書き改めるだろう。「……それにもかかわらず、世界の贖いは存在する。歴史の傷、精神の傷は癒える。歴史の贖いがある、精神の傷が癒えると信じることは、死（者）の記憶を忘れることではない。むしろその記憶を喚起し、それを再び繰り返さないように自らの責任としてひき受けることだ」。

映画「戦場に架ける橋」で有名な、タイ・ビルマ国境の泰緬鉄道筋にあるという、捕虜収容所を再現した「戦争博物館」の入口に、次の言葉が掲げられていると言われる。――「赦します。しかし、忘れません」。

文章の内容が暗く深刻になってしまった。しかし、「光は暗闇の中に輝いている」（ヨハネ福音書一章四節）。この「光」を微かながら象徴していると思われるエピソードを紹介してこの稿を閉じたい。

アウシュヴィッツ（第二号＝ビルケナウ）を見学し終えて、入口からもう一度、広大な収容所の敷地内を見渡したとき、そこまで引き込まれている鉄道線が地平線に消える彼方に、恋人同士と思われる若い男女が手をつなぎ、片方の手でバランスを取りながら、二本のレールの上を――私共から見ると――前方に向かって、つまり解放されたユダヤ人をそれぞれの故郷に送り返す方向に歩いていた。もう一つ、目を敷地の外側に向けると、収容所を外界と仕切る有刺鉄線に添って、可憐な紫色の花々が群生していた。これは、イエスが「どのように育つか、注意して見なさい」と言われた「野の花」(マタイ福音書六章二八節)ではないのか。

(『キリスト教史学会会報』第一一三号、一九九六年二月、一―四頁より改稿の上、左に転載)

『"STURM und DRANG" ――一九五〇年・駒場から歩みはじめて』、一九九七年

7　剣をさやに納めなさい

一こう話し終えると、イエスは弟子たちと一緒に、キドロンの谷の向こうへ出て行かれた。
そこには園があり、イエスは弟子たちとその中に入られた。二イエスを裏切ろうとしていた
ユダも、その場所を知っていた。イエスは、弟子たちと共に度々ここに集まっておられたか
らである。三それでユダは、一隊の兵士と、祭司長たちやファリサイ派の人々の遣わした下
役たちを引き連れて、そこにやって来た。松明やともし火や武器を手にしていた。四イエス
は御自分の身に起こることを何もかも知っておられ、進み出て、「だれを捜しているのか」
と言われた。五彼らが「ナザレのイエスだ」と答えると、イエスは「わたしである」と言わ
れた。イエスを裏切ろうとしていたユダも彼らと一緒にいた。六イエスが「わたしである」
と言われたとき、彼らは後ずさりして、地に倒れた。七そこで、イエスが「だれを捜してい
るのか」と重ねてお尋ねになると、彼らは「ナザレのイエスだ」と言った。八すると、イエ

スは言われた。「「わたしである」と言ったではないか。わたしを捜しているのなら、この人々は去らせなさい。」九それは、「あなたが与えてくださった人を、わたしは一人も失いませんでした」と言われたイエスの言葉が実現するためであった。一〇シモン・ペトロは剣を持っていたので、それを抜いて大祭司の手下に打ってかかり、その右の耳を切り落とした。手下の名はマルコスであった。一一イエスはペトロに言われた。「剣をさやに納めなさい。父がお与えになった杯は、飲むべきではないか。」（ヨハネによる福音書一八章一―一一節）

イエスがユダによって裏切られ、逮捕される場面であるが、これをマタイ福音書の並行記事（二六章四七―五五節）と比較してみると、かなりの差異が見出される。

（一）イエスを捕らえるために派遣された集団が、マタイ福音書ではユダヤ人の「群衆」であるのに対し、ヨハネ福音書ではユダヤ人の「下役たち」とローマ軍「一隊の兵士」である。

（二）ユダとイエスのやりとりが両福音書では大きく異なる。マタイではユダの「接吻」を介して両者の会話が交わされるのに対して、ヨハネでは「わたしである」というイエスの文言が目立つ。これは出エジプト記三章一四節の神名啓示「わたしはある」に遡るイエスの神（の子）としての顕現定式であって、ヨハネ福音書に特徴的なものである。また、九節の「イエスの言葉」はヨハネ福音書で繰り返しイエスによって語られている（六章三九節、一〇章二八節、一七章一二節）。

（三）この場面で語るイエスの最後の言葉（マタイ二六章五三―五五節、ヨハネ一八章一一節後半）も両福音書では全く異なっており、それぞれに各福音記者に固有なイエスの受難理解が表出されている。

以上のように両記事にはかなり多くの差異が見出される。にもかかわらず、「剣をさやに納めなさい」というイエスの言葉（ヨハネ一八章一一節前半、マタイ二六章五二節前半）が一致していることは注目に価しよう。イエスの言葉が両福音書で一致している例は極めて稀なので、この言葉に関する限り、マタイとヨハネが共通して拠った伝承の古層、あるいはイエス自身に遡る可能性が高いのである。

もちろん、この言葉は直接的には、大祭司の手下に剣を抜いて打ちかかったイエスの弟子の「一人」（ヨハネ福音書では「ペトロ」）に向かって語られている。しかし、間接的には他の弟子たちのみならず、イエスを捕らえようとしているユダヤ人とローマの軍隊（ヨハネ福音書の場合）も聴衆として前提されている。とすれば、イエスはローマ軍に剣をもって反逆を試みるユダヤ人の聴衆に対しても、ユダヤ人を剣で統治しているローマ人の聴衆に対しても、「剣をさやに納めなさい」と命じていることになろう。

日本人の聴衆（読者）はこの言葉をどう受けとめるべきであろうか。戦後日本は憲法九条をもって剣をさやに納め、これに封印したはずである。しかし、この夏、日本政府はガイドライン（戦争協力）法を成立させることにより、さやの封印を解き、いつでも剣を抜く用意を整えた。この事態を憂えた米谷ふみ子（ロスアンジェルス在住の作家）の発言に耳を傾けたい（『世界』一九九九年一二月号、一五六—一五七頁）。——「或いはまた、国民の大半が軍国主義になっても良いと考えているのなら話は別だ。だが、その大半は軍国主義とは何なのかも知らないので、教育者がそれを説明する義務がある。教育とは人の命を大切にすること、人権について話し合い意見を述べさせて考えさせることだと私は思っている。日本の現政府とか連立三党の政治家の考えている道徳とは、どうも戦時中の修身の教科書的で『君に忠に』を道徳と教えたいのではないか。天皇陛下への忠誠のため、国のため命を捨てよと葉隠（「武士道と言うは死ぬことと見付けたり」）の精神を教えたいのだろう。それは世界に通じる道徳ではない。道徳とは人権を守り、人命を守り、どのようにして殺傷を避けるかということ、生きとし生けるものを育てることである。国が戦争で人の命を滅ぼそうという間違いを犯している時、それを質すことであると私は思う。」

（一九九九年一一月一七日）

『チャペル・トーク』（恵泉女学園大学）、二〇〇三年

8　二〇〇〇年／今、イエスに出会うことの意味

1

ご存じの方も多いと思いますが、北星学園と恵泉女学園は特別な関係にありまして、恵泉女学園の創立者・河井道が北星学園の第一回卒業生だそうで、そういう意味で共通の学風をもっているのではないかと思います。特に、平和ということに関しては、私どもの女子大学では平和研究入門という科目が一年生の必修になっています。こちらの大学でも、平和学や平和研究の授業があるとうかがいました。しかも北星では平和宣言なども出している、非常に自覚的に平和を探求するというのが建学の精神の根幹にあると承っています。私の女子大もそうです。

さて、この二〇世紀は戦争の世紀であったと言えるでしょう。そして今年がその最後の年に当たっていて、来年から二一世紀に入るという、いわば節目の年になっています。その二一世紀は

まさに我々の希求する平和の世紀でありたいというふうに願っているわけですけれども、この日本の今は、政治的に申し上げますと明らかに強さを志向しているということが言えるのではないかと思います。

たとえば昨年の夏、いずれも国家の強さ志向を暗示する法案が相次いで可決されました。日米防衛協力のための指針、いわゆる新ガイドライン関連法。それから通信傍受法。更には国旗・国歌法などが挙げられるだろうと思います。

第一のいわゆる新ガイドライン関連法の中で最も危険視されるべきは、周辺事態法なるものです。これは日本あるいはアメリカ周辺で——もっとも、政府はこの周辺というのは地理的概念ではないというふうに言い繕っていますけれども——有事つまり国際紛争が発生した場合に、日本はアメリカを日本の自衛隊をもって後方で支援するというものです。それはあくまで「後方」で、武器・弾薬などの輸送・運輸を担当するという行為であって、前線つまり戦線の前方での戦争協力ではないと言われますが、近代戦において武力行使は前方と後方の区別などはありえません。このことは最近のコソボ紛争におけるNATO軍によるセルビア攻撃などをみれば一目瞭然であります。この周辺事態法がある限り日本はアメリカ主導の戦争に巻き込まれることは必然でありましょう。これは明らかに戦争法であって、国際紛争を解決する手段としては武力行使の放棄を宣言した日本国憲法の第九条にどう言い繕っても反すると私は思います。

第二の通信傍受法というのは、実は盗聴の合法化を目的とする法律であり、政府は麻薬取締りなどの特殊犯罪に限って適用すると説明しています。しかし通信の盗聴を合法化すれば、それは事柄の性質上無限定に適用される可能性は充分にあり、過去においても日本国による侵略戦争に反対する者、いわゆる反戦論者の通信を傍聴するために最も有効に用いられました。その意味でこの盗聴法は、第一の戦争法を補完する役割を果す可能性を含むと思います。

最も問題になるのは、最近の入学式とか卒業式などで物議をかもしている第三の国旗・国歌法です。いわゆる日の丸・君が代というのは、従来日本では慣習的に国旗・国歌とみなされておりました。しかし、特に文部省は各都道府県の教育委員会を介して、学校長に対し学校行事、すなわち卒業式や入学式などにおいてこれを掲げ、歌わせるように教育指導要領をもって指導してきました。これに対して、現場の教員や生徒、保護者の一部が、それには法的な根拠がない、それを強行すれば個人の信教、思想の自由を侵害するという理由で反対しておりました。昨年採択された国旗・国歌法はまさに日の丸・君が代にこの法的根拠を与えようとするものでありました。しかも政府は君が代の「君」を、従来その解釈は歌う者個人の自由でありましたが、憲法第一条に規定されている「日本国民統合の象徴」である「天皇」に特定したわけです。

そもそも、日の丸・君が代は、何よりもまず日本のアジア侵略の象徴でありました。私が小学校や中学校で教えられた修身の授業によりますと、日の丸は万世一系の天皇の元祖である天照大神の象徴であって、君とはその末裔、当時の神君（神なる君主）今上《きんじょう》天皇、現在の昭和天皇でありました。この意味で日の丸を掲げ、君が代を歌いつつ、あるいはそれを掲げさせ、歌わせつつ、日本はアジア全域に侵略をくり返しました。一九四五年八月にポツダム宣言の受諾やむなしの状況下に至ってもなお天皇は、国体護持策を続行させ、広島・長崎に原爆が投下されました。奇しくも長崎に原爆が投下された記念の日に、つまり八月八日にこの国旗・国歌法が国会で可決されています。

戦後、天皇は自ら人間宣言をして神から人となりました。しかし、米国の対ソ戦略から天皇の侵略戦争責任は問われず、武力放棄（憲法第九条）の代替として象徴天皇制（憲法第一条）が憲法の中で認められました。この意味で「国体」は護持され、結果として「君」は、つまり天皇は「無責任」の象徴となりました。戦争をあおったマスコミも、その大半が戦争に協力したキリスト教も、少なくとも敗戦直後には責任をとらず、君が代・日の丸も生き延びました。

そして今、日本は、過去の記憶を消し去り、過去の正当化に踏み出しました。日の丸と君が代が侵略と戦争の惨禍の象徴であったにもかかわらず、戦後、天皇とともに日の丸・君が代を延命させたこと、このことがこの度の法制化の根本的な問題だと私は思うのです。

日本は戦後、平和憲法の制定により基本的には弱者の立場（憲法第九条）に立ちました。それにもかかわらずこの憲法には、戦前と制度を変えてではあれ、無責任にも本質的には強者の立場（第一条）が保存されました。今、日本は弱者の立場をなし崩しにして、強者の立場に向きを変えようとしています。

今年に入って、一月二〇日に第一四七回通常国会が召集されて、今申し上げました昨年の夏に可決された国会法の改正に伴い、国会に初めて憲法問題を専門的に議論する憲法調査会が衆参両院に設置されました。この調査会は五年間の調査の後、憲法改正を目指すものでありまして、その主たるターゲットである第九条を、集団的自衛権を合憲とする方向に改正し、昨年の八月に成立したガイドライン関連法案を憲法に合わせよう、適合させようとするものであります。同時にこれは、第九条改正に見合った形で、「天皇の国民統合の象徴規定」（第一条）についても、「国民が統合している実態を天皇が象徴する」という従来の解釈から、「天皇によって国民を統合することを意味している」という解釈の方向に持っていくことを目論んでいます。まさに国旗・国歌法はその先取りであったと思います。

いずれにしましてもこれは、強力な日本を立ち上げるために、自衛権確立のもとに戦争の遂行権と、それをイデオロギー的に支える国民統合の象徴としての天皇の権力を強化しようとするものです。

最近話題になりました石原慎太郎東京都知事の「三国人」発言とか、森喜朗総理大臣の「神の国」発言とかは、ものすごく極端な発言ではありますけれども、これらの発言も今の日本の政治的な強さ志向に沿った発言とみてさしつかえないのではないでしょうか。森首相は「日本は天皇を中心とする神の国である」という立場を表明いたしました。これに関しては、ちょうど今日の私の講演が終る頃から記者会見を開いて陳謝と説明をするということですので、その前に私が何か論評するのはちょっと良くないかもしれません。ですけれども、まあ一言だけ申し上げますと、これはやはり森首相に代表される非常に雑駁な宗教観に基づいた（「神の国」というのは、これはもともとキリスト教的概念ですから）、かつての天皇を中心とした「神々の国」としての日本を復権したという気持ちが、あるいは本音が漏らされたもので、それ以上でもそれ以下でもないのではないかと思われます。

さて、イエスが十字架上で息を引き取って二年ないし三年後に、それまでユダヤ人としての宗教的・政治的強さ志向のゆえにキリスト教を迫害していたパウロが、復活のイエスに出会うという体験を通してキリスト教に回心いたします。そのパウロは、「コリントの信徒への手紙二」の一二章五節―一〇節にかけまして、弱さの中にこそ神の恵みあるいはキリストの力が宿るのであるから、強さではなくむしろ弱さを誇ると述べています。この強さ、あるいは強さによって獲得される所有ではなくて、弱さ、あるいは弱い存在そのものの受容に価値基準を転換させたところに、私の考えではキリスト教の最大の特徴があると思います。そしてこれはパウロ自身のイエス・キリスト理解にも対応しています。

たとえば、「フィリピの信徒への手紙」の二章六節以下を読んでみますと、こういう文言があります。「キリストは、神の身分でありながら、神と等しい者であることに固執しようとは思わず」。この「固執しようとは思わず」というのは、必ずしも原語に即した訳ではないという批判が最近なされていますので、今すぐこの後お話したいと思いますけども、ともかく新共同訳聖書では「神と等しい者であることに固執しようと思わず、かえって自分を無にして、僕の身分になり、人間と同じ者になられました。人間の姿で現れ、へりくだって、死に至るまで、しかも十字架の死に至るまで従順でした。このため、神はキリストを高く上げ、あらゆる名に勝る名をお与えになりました。こうして天上のもの、地上のもの、地下のものすべて、イエスの御名にひざまずき、すべての舌が『イエス・キリストは主である』と公に宣べて、主である神をたたえるのです」というくだりがあります。

この文言の中で注目すべきは、先ほど指摘いたしました六節の「神と等しくあることに固執しようと思わず」の翻訳です。この「固執しようと思わず」と訳されているギリシア語は、最近の研究によりますと、これはフォレンヴァイダーというスイスのベルン大学の若い新約聖書学者で、一昨年開かれましたコペンハーゲン大学での新約学会で発表して、現在実は日本に来ておりまして一週間ほど前に日本聖書学研究所というところで同じ主旨の研究発表をしていろいろ討議をもったのですけども、私はこの彼の提案にかなり蓋然性があると思いますので、ちょっと紹介しておきたいと思うのです。ここはむしろ「奪い取るべきもの」「強奪物」と訳すべきであるというのが彼の提言です。そしてこの主張は、国際新約学会でもかなりの賛同を得ました。すなわち旧約聖書を含む古代オリエントの文献、それからギリシア・ローマの文献において「神と等しいものであること」神君の地位は武力によって奪い取るべきものと考えられておりました。実際、「ローマの平和」は多くの場合ローマ皇帝が武力をもって「奪い取った」ものであり、「神の子」イデオロギーによって維持されておりました。パウロのキリスト賛歌には、このような神君イデオロギーに対する強烈な批判、その逆転が見出されると言うのがフォレンヴァイダーの提言です。

ですからこの説を採用してここを訳し直しますと、「キリストは神の身分でありながら、神と等しい者であることを奪い取ろうとは思わず、かえって自分を無にして、奴隷の身分になり、人間と同じ者になられました」と訳すべきだと思います。ここでも、価値の基準が万能の神の身分から社会的には最も低次の奴隷の身分にされています。しかもキリストは死に至るまで、それも十字架の死に至るまで従順であった。それゆえにこそ、神はキリストを高く引き上げ、あらゆる名に勝る名をお与えになった。こうして、全ての舌がイエス・キリストは主であると告白して神をたたえるのである、というのがこの箇所の言わんとするところであろうと思います。

これと同じ種類のことを、私たちはマルコ福音書における「神の子」告白にも見出せるのではないかと思います。マルコ福音書ではこの箇所に至るまで、イエスが神の子であるという告白はなされておりません。ここで初めてなされます。「マルコ福音書」の一五章三三節から四一節までのイエスの死に関する描写の箇所ですけれども、この箇所でも、三四節で十字架上のイエスが「わが神、わが神、なぜ私をお見捨てになったのですか」という、神に対する絶望の言葉を残して息を引き取った。そのイエスを見てローマの百人隊長は「本当にこの人は神の子だった」と告白いたします。呪われた者として十字架にかけられ、神にも見捨てられて死に行く弱者の極みを具現するイエスこそが、最も強い神の子だという告白です。だからこそ、その後の復活の記事によりますと、神はこのイエスを死から「起こされた」。一六章六節ですね。「復活させられた」と一般には訳されていますけれども、直訳すればむしろ「起こされた」なのです。だからこそ、神はこのイエスを死から起こされたというふうに証言されているのです。

ここでもう一度、「コリントの信徒への手紙二」の一二章一〇節の言葉に戻ってみたいと思います。「私は弱い時にこそ強い」という言葉です。七節の後半からの文脈を読んでみますと、「わたしの身に一つの棘が与えられました」。棘とは病気のことですね。「それは思い上がらないように、私を痛めつけるために、サタンから送られた使いです。この使いについて、離れ去らせてくださるように、私は三度主にお願いしました。すると主は、「私の恵みはあなたに充分ある。力は弱さの中でこそ充分に発揮されるのだ」と言われました。だから、キリストの力が私の内に宿るように、むしろ大いに喜んで自分の弱さを誇りましょう。それゆえにわたしは、弱さ、侮辱、窮乏、迫害そして行き詰まりの状態にあっても、キリストのために満足しています。なぜなら、私は弱い時にこそ強いからです。」こういう文脈になっています。

この文脈から推定しますと、パウロが「私は弱い時にこそ強い」と言った場合、それは決して身体の弱さだけを言っているのではなく、「弱い時」とは「迫害された時」という意味も含んでいます。この手紙の一一章二三節以下を読んでみると明らかなように、パウロは実際にユダヤ人からもローマ人からも何度も迫害されていた。そういう経験を背景にして「弱い時にこそ強い」というふうに言っているとみてさしつかえないだろうと思います。

パウロをはじめとして初期のキリスト教徒はなぜ当時の国家体制から迫害されたのでしょう

か？ ローマ史側からみますと、一般的にはキリスト教徒が唯一の父なる神のみを神として、皇帝礼拝を拒否したからだと言われています。しかし、たとえばパウロは、そしてこの点においてはイエスもまた、ユダヤ人からも迫害を受けました。周知のようにユダヤ教徒もキリスト教徒と共に唯一の神を崇拝しています。私の考えでは、パウロをはじめとするキリスト教徒が迫害された大きな理由の一つに、価値の基準を、当時の国家体制が拠っていた「強さ」(所有)から、弱さ(存在)に、つまり所有価値から存在価値に転換して、それを現実生活に貫いたからだと思います。彼らにとってイエスに信従する、イエスを信じイエスに従うということは、イエスと共に「弱さ」あるいは「弱者」を受け入れることなのであり、結果として「強さ」あるいは「強者」と対決したからです。

この話の冒頭で言及した新ガイドライン法は、あるいは国旗・国歌法は、日本が再び「強さ」「強者」の側に立つ決意表明の法制化です。もし私たちがキリスト者として「弱さ」あるいは「弱者」の側に立つとすれば、「強さ」の物質化である武器の放棄を宣言した憲法第九条を護って、象徴というあいまいな形で、しかも実際には「無責任」性の象徴として残した天皇制、(憲法第一条)と対決せざるを得ないと思います。日本においては今もって天皇はタブーです。反天皇を訴えるということは迫害を覚悟しなければなりません。しかし私たちは、「弱い時にこそ強いのだ」という確信をもって、弱さの立場から強さを批判していかなければならないのではないでしょうか。これが、私の話の第一部です。

2

それでは第二部に入ります。その第一には「日本の『今』の教育的『付加価値』志向」という題をつけました。私は最近、大学の職員の一人に薦められて『授業を変えれば大学は変わる』というタイトルの本を読みました。北星学園大学ではすでに学生による授業評価を制度化しているそうですね。私はこの本を読んで、恵泉女学園大学にも学生による授業評価を制度として導入しなければならないという確信に達しました。

ただ、この本を読んでいて一つだけ気になったことがあります。それは、レジュメにも書いておきましたように、この本の中に「大学教育の目的は学生に「付加価値」をつけてやることだ」という意味の言葉が出てくることです。「付加価値」というのは、元来経済用語で、「生産過程で新たに付け加えられる価値」のことを言います。少なくとも、『大辞林』にはそう書いてありました。もちろんこの本では、「生産過程」を「教育課程」に置き換えているわけです。

教育には確かに、学生のみなさんに新しい価値を付け加えてあげるという側面があります。高校教育における付加価値の高低によって、偏差値の高い大学か低い大学に入学することになり、大学における付加価値の高低によって、大企業か中小企業に就職することになる。こういう傾向は事実として否定できません。しかしその結果、付加価値だけで人間を評価することがあたりまえになってしまっては人間であることの根本が崩れるのではないかと、少なくとも私は危惧いたします。

最近相次いで起こっている、一七歳前後の青少年による殺人事件ということも、この付加価値だけで人間を評価する大人社会に起因する人間崩壊の悲しい事例ではないかと思います。

一昨年スイスのチューリッヒ大学で学位を取って、昨年の三月に帰国した私のかつての大学院の学生で、廣石望君というのがおります。現在は私の大学などの非常勤講師をしていますが、その廣石君から聞いた話によると、チューリッヒのあるデパートの入り口に、ドイツ語で「Ich kaufe, also bin ich」というスローガンが掲げられているそうです。チューリッヒはスイスでもドイツ語圏ですから、ドイツ語でそう書かれていたということです。「Ich kaufe」というのは日本語で言えば「私は買う」、「購買する」ということです。「also bin ich」は「ゆえに我あり」。ですから、これは「我買う。ゆえに我あり。」ということになります。もちろんこれに類似した言葉を皆さん聞いたことがあるでしょう。ドイツ語で言えば「Ich denke, also bin ich」です。「我思う。ゆえに我あり」。これは近代哲学の祖と言われるフランスの哲学者デカルトの有名な言葉ですね。彼自身はラテン語で「cogito, ergo sum」というふうに書きました。これも皆さん耳にしたことがあるのではないでしょうか。

チューリッヒのデパートの経営者は、「我思う」というのを「我買う」と言い換えました。人間は購買することによって存在するというのです。これは極端な例です。しかし、付加価値あるいは所有価値は買い取られる、ということもまた事実です。ですから、これは現代資本主義の価値観を正直に言い表した表現なのかもしれません。まあ、人々の購買意欲が上がれば不景気も解消すると言われていますから。

しかし、付加価値を買い取ることのできない状態にある人間には、価値がないのでしょうか？修学以前の子供たちや、寝たきりの病人や障害者、あるいはお年寄り。私もだんだんこの領域に入りつつある、あるいは入っていますが。このような付加価値を買い取ることのできない人々にも、人間としての価値、人間として生きる基本的権利、つまり人権があるのです。否、人間以外の動物にも植物にも、生きとし生けるものすべてのものに、生きて存在していること自体に価値があると私は確信しています。これを私は「存在価値」と呼んでいます。

福音書には、人間の付加価値を評価するイエスの譬話《たとえばなし》もあるにはあります。たとえば「タラントンの譬」というのが一番典型的だと思います。しかしこれはタラントンの譬の「マタイによる福音書」バージョン（二五章一四―三〇節）で、「ルカ福音書」のバージョン（一九章一一―二七節）と比較すれば、この譬の原型は必ずしも付加価値を評価するものではない。しかし、原型の復元はいささか聖書学的になりすぎますので、ここでは深入りしません。とにかく、イエスの言葉にも付加価値を積極的に評価しているように見えるものもあるにはあります。ただし全体としてはですね、存在価値を重視するイエスの言葉が圧倒的に多いと私は思います。

その代表的な例に、「マルコ福音書」八章三六節―三七節を選びました。まあこの箇所も、意味をとるのがなかなか難しく、ちょっと時間が必要ですので、三六節と三七節だけを読みます。元来イエスの言葉はそれぞれ単独で伝承されていて、後で類似の言葉が編集されていって福音書ができたわけですので、もともと伝承されていた単独の言葉だけを読みます。「人は、たとえ全世界を手に入れても、自分の命を失ったら、何の得があろうか。自分の命を買い戻すのに、どんな代価を支払えようか」という言葉です。「全世界を手に入れる」というのは、これは最大の付加価値です。「自分の命」というのは存在価値です。命という存在価値は、どんなにお金を積んでも買い取ることはできないということです。

この存在価値ないしは命の大切さという観点から、最後にその一例として、福音書に数多く収録されているイエスの治癒奇跡物語の中から、「マルコ福音書」五章二五―三四節に収録されている「長血の女の癒し」を取り上げて、その現代的な意味を探ってみたいと思います。

そこで岩波書店から出版されている新約聖書の翻訳シリーズの中でマルコ福音書を担当している佐藤研君の訳をあげておきました。新共同訳聖書のこの箇所の訳は非常に悪い。ほとんど使い物になりません。ですから、佐藤訳を使わせていただきます。

二五節に、「十二年もの間、血が流れて止まらない一人の女がいた」とあります。これは異常な不正子宮出血です。子宮出血というのは、古代イスラエルではハンセン病のような重い皮膚病や性病とともに、祭儀的に不浄な病と考えられておりました。「レビ記」の一五章二五節から二七節によりますと、――ちなみに褒め合いはよくないのですけれども、山我先生が最近「レビ記」の翻訳を岩波書店の旧約聖書の翻訳シリーズから出しました。私の連れ合いが農村伝道神学校というところで旧約聖書を担当しておりまして、今年は「旧約聖書における浄と不浄」というテーマでゼミをしています。テキストは「レビ記」。まさにタイミング良く山我先生の翻訳が出てものすごく助かっているようですので、ここで公にお礼を述べておきたいと思います。特に注がいいそうです。ほとんどの注解書を見ても、推定的にしか説明がなかったり、ぼかして書いてあったりするのですが、山我先生は非常にはっきりと立場を表明しているようで、特に獣姦とか同性愛とか、そういうあまりキリスト教的には触れたくないものに対する、古代的な文脈における注が非常にいいそうです。ぜひ皆さんも買ってみてください。

それはともかくとして、「レビ記」一五章二五節から二七節によりますと、このような女性は自分が不浄なだけでなくて、彼女が触れるものすべてが汚れるし、更に彼女が触れたものに触れる人も、同じように汚れた人とみなされました。これは「レビ記」に明記されています。それで、一二年間もこうした社会的制約のもとに生きなければならなかった苦しみは、尋常を超えています。で、二九節と三四節に「苦しみ」という言葉が二度繰り返されています。これが新共同訳聖書では全く違う訳になっているものですから、意味がよく分からなくなってしまうのです。すなわち、二九節の「彼女は自分が病の苦しみから癒されたことを身体で悟った」という部分の「苦しみ」。それから三四節の最後の文章「そしてあなたの苦しみから解かれて、達者でいなさい」の「苦しみ」です。この苦しみというのはギリシア語の原語で「マスティクス」と言いますが、

「マスティクス」という言葉は、辞書を引けばわかることですけれども、肉体的苦痛とともに精神的、社会的苦痛を意味しているわけです。病人には肉体的、精神的、社会的苦しみが伴うということです。

二六節に行きますと、彼女は「多くの医者にさんざん苦しめられて、持っている財をすべて使い果たしてしまったが、何の役にも立たず、むしろいっそう悪くなった」とあります。福音書におきましては、医者に対する評価はアンビバレントです。つまり、良くも評価されているし悪くも評価されています。ここは、悪く評価されている典型的な箇所ですけれども、現代にも案外通じるのかもしれません。悪い評価の方は、この箇所に典型的に表れていますように、汚れた人間、つまり当時のいわゆる「罪人」の苦しみを蓄財の手段とするものです。良い評価の方は、たとえばイエスの有名な言葉で、「マルコ福音書」二章一五節から一七節に出てくる、イエスが「罪人たち」と一緒に食事をしていた時の場面です。パリサイ派の人がそのことで文句をつけた時に、イエスが「医者を必要とするのは、丈夫な人ではなく病人である。私が来たのは、正しい人を招くためではなく、罪人を招くためである」という有名なイエスの言葉で使われている医者のイメージです。これは、イエスが自らを医者と同一化して話している言葉でもあるわけです。

二七節で「彼女はイエスの着物に触った」とあります。病人は他人に触ってはいけないと言われているのですから、ユダヤ社会のタブーをここで彼女は破っているのです。ユダヤ社会のタブーを破る自尊感情、自分の命を大切にする心の力を、彼女はここで発露したものと私は解釈しています。二八節に、既に触る前に、「私は救われると思っていた」とありますから。ですから触ってはいけないという社会的なタブーをあえて破った彼女の中の自らを尊重する感情が、そういう行動に駆り立たせたということです。とすれば、ここに彼女の生きる力あるいは生きようとする力と、イエスの生かす力との相互性というのを読み取ることができるのではないでしょうか。

二九節から三〇節にかけて、彼女が癒されたことを「身体で悟った」時、イエスは自分の力が出て行ったことを「自らの中」つまり「身体で」すぐに「知った」というふうに訳されています。この「悟った」と「知った」はギリシア語では同じ動詞です。佐藤君は違う日本語の動詞に訳していますが、私は「感知した」と訳すのがいいと思います。「ギノースコー」あるいは「エピギノースコー」というギリシア語の訳です。癒されたことを身体で感知した、感じて知った。イエスは自分から力が出て行ったことを自らの身体で感知した、ということです。まあ、「感知」という言葉はあまりこなれた日本語ではないのかもしれませんが、ここで私は、身体を媒介とする感覚の相互性ということを言いたいのです。それで、あえて「感知する」と訳した方がいいと思ったわけです。患者は医者に、身体を介して自らを生かす力を求めています。それに応える身体的な触れ合いの必要性がここで示唆されているのではないでしょうか。

ところで、イエスは医者であるとともに教師でした。これは「ラビ」（「先生」）と呼びかけられていることからも分かります。一番古い伝承では、イエスは教師と呼ばれていたものと思われます。そこで、面白いのは、彼女がイエスから力を引き出しているところです。「引き出す」というのは、ラテン語で「エドゥカーレ」と言います。そして、力を引き出すことは「エドゥカティオ」という名詞です。この「エドゥカティオ」が英語の「エデュケーション」(教育)の語源だと言われています。

一般的には、教師があるいは牧師が、学生あるいは信徒から、「力を引き出すこと」が「教育」だと考えられています。ところが、ここでは逆の関係になっています。教師、牧師、医師は学生、信徒、患者によって自らの内から力を引き出されるのです。つまり、学生との出会いによって教師が自らの力を引き出される用意のない教師は、少なくともイエスを模範とする教師ではないということになります。もっとも、教師の中に引き出される力があるかどうかが問題ですけれど。私は、教師が学生の中から力を引き出してやると言う態度は、上から下へ向かう態度であまり良くないと思っています。やはりそこには、教師と学生、あるいは牧師と信徒、あるいは医師と患者との間の相互性ということが大切ではないでしょうか。特に、引き出してもらいたいという気持ちを大切にする、そういう接触の仕方。しかも、引き出してもらいたいという気持ちを、学生たちが大事にするということは必要だと思います。

三三節で、彼女はイエスに「一切をつつみ隠さずに語った」とあります。この女は「感覚」によって「生きる力」を感知しただけではなく、自分史をイエスに対して言語化することができました(この部分は森真弓先生の指摘による加筆)。これを受けて三四節の前半でイエスは「娘御よ、あなたの信〔頼〕が〔今〕あなたを救ったのだ」と宣言します。「信仰」(新共同訳)を意味するギリシア語の「ピスティス」という単語は、元来「信頼」の意味です。イエスの超能力ではなくて、イエスに対する女の信頼が彼女を癒したというのです。癒しとか教育とかの基盤には、医師、牧師、教師と、患者、信徒、学生との間に信頼関係が不可欠だということです。

最後に三四節の後半で「あなたの苦しみから〔解かれて〕、達者でいなさい」とイエスは宣言します。この女は一二年もの間汚れた者として、家族や社会から遮断されていたわけですから、この物語の文脈では、イエスは病を癒された女に向かい、家族関係の回復と社会への復帰を促していると見ていいと思います。少なくとも、この伝承を最初期に担った人々は、そういう願いを満たす形でイエスに出会ったと思われます。

最初に指摘しましたように、「苦しみ」というのは身体的苦痛だけではなくて、精神的、社会的苦悩をも意味しておりました。癒し手あるいは教師は、癒しを求める者に対して、初めから終わりまで、つまり癒された者が社会に出て行くまで、その視線を離してはいません。少なくとも、「マルコ福音書」ではそうです。ただし、「マタイ福音書」の方ではその目線を離しています。マタイでは、焦点がイエスの方に当てられて、患者の方には当てられておりません。残念ながら、マタイ版ではそうなのです。でも今日はこの問題にはこれ以上触れません。

最後に、この治癒奇跡物語において、イニシアチブは病人の側にあることに注意したいと思います。彼女のイニシアチブは物語の最後まで保たれています。奇跡物語といいますと、実際にイエスがそのような奇跡を行ったか否か、つまりイエスは超能力者だったか否かという問題に関心が集まります。しかし、この物語で強調されているのは、イエスの奇跡行為それ自体ではなく、長血の病の故に失われていた人間として生きるための基本的権利、つまり人権の回復を希求する女の積極的行動であり、それを受けて彼女を苦しみから解放し、人権を回復したイエスの受動的行動です。それが、いずれも当時の社会的タブーを破るものでありました。そういうタブーを破るという意味においてこそ、私は、これは奇跡だと思います。

そろそろまとめることにしたいと思います。この「二〇〇〇年／今、イエスに出会うことの意味」という大それた宿題をいただきまして、十分な意を尽くしませんが、ともかく以上お話ししたことをまとめてみますと、だいたいこういう風になるのではないでしょうか。

パウロも、イエスの死後はじめてイエスに出会ったわけです。もちろんイエスの死後二、三年後のことで、二〇〇〇年後とはだいぶちがいます。しかし、生前のイエスに出会ってはいないということにおいては私たちと共通しています。それで、パウロを引き合いに出したわけですけれども、私たちも、イエスに出会うことによって強さ志向から弱さ受容に価値を転換させたパウロとともに、「弱い時にこそ強い」立場を、私たちも今ここで鮮明にしていきたいと思います。その結果、強さを志向する時代的趨勢に抗いたいと思います。近いうち選挙がありますのでぜひ、抗ってください。

それから第二に、弱さにあっても生きる力、あるいは命の力を大切にして、それを、つまり生きる力あるいは命の力を、自ら主体的に引き出していくこと。しかも、イエスとの出会い、あるいは教師との出会いによって、その力を主体的に、積極的に引き出していくという行動が必要ではないでしょうか。私が学生の皆さんに期待するのは、そういう意味での主体的で積極的な学びの態度です。それに教師が受動的に応えていくということ。自分という存在に「恵み」として与えられている力を、出会う者から引き出していく。そういう仕方で学習を積んで、社会に出て行くということが必要ではないかというふうに思いました。これで終わります。

『二〇〇〇年度　宗教週間記録および宗教改革記念講演会記録集』（北星学園大学宗教部）、二〇〇一年

9　草地賢一さんをしのぶ

一月三日早朝、御殿場に滞在中、次女の理子から電話で草地さんの訃報を受け、私は色を失った。ご一家からいただいた年賀状を読んだばかりだったからである。

草地さんがまぶね教会に現れたのは、一九七五年であったと思う。私が憶えているのは、草地さんが私に話した次のような自己紹介である。――自分はタイ国チェンマイのＹＭＣＡで荒井さんの『イエスとその時代』（岩波新書、一九七四年）を読み、自分が求めていたイエスはこれだと思った。だから、帰国して横浜ＹＭＣＡに落ち着いてから、荒井さんが出席している教会に自分も出席することにしていた。宜しくーと。

それ以来、草地さんが亡くなった今年の一月二日まで、四半世紀のつきあいである。

草地さんがまぶね教会に出入りされた一〇年の間、私たち壮年会の面々は、共に飲み、食い、そして論じ合ったものである。その集まりで草地さんは、ＹＭＣＡから委ねられた藤沢ＹＭＣＡの建築と経営をいつも得意げに語っていたが、ＹＭＣＡのＣには何度か物足りない気持ちを漏らしていた。久保田宅で開かれた壮年会では、江野永青さんの発言をきっかけに、「差別」をめぐる深刻極まる議論となり、それが深夜にまで及んだ。この夜最も饒舌であった草地さんが帰途飲酒運転で捕まり、われら一同心から悔い改めた憶えがある。草地さんご一家の送別会は、一九八四年の秋、故内藤正之助さんの提案で、羽田沖の釣船の上で盛大に開かれた。

その後草地さんは一昨年まで一四年間、神戸のＮＧＯ「ＰＨＤ協会」の総主事として活躍された。これは、アジア・南太平洋地域の研修生を日本に招き、農業や保健衛生を学んでもらう草の根レベルの協力を目指すものである。まぶね教会では河本めぐみさんや鈴木けい子さんなどが中心となり、「ＰＨＤ支援の会」を作って、草地さんの働きを支えた。

五年前に起こった阪神大震災の時、草地さんは、全国から集まってきたボランティアを連絡調整する「阪神大震災地元ＮＧＯ救済連絡会議」を立ち上げ、自らその代表となって救援活動の指揮をとった。この間深夜にしばしばかかってきた電話の声が、私が彼とつきあった四半世紀の中で最も生き生きとしていたと思う。

このようなＮＧＯ活動が評価されて、草地さんは二年前の春、姫路工業大学に教授として招かれ、ボランティア論を担当していた。彼は持ち前の行動力を生かし、数人の同志と語らって、昨年の春に日本ボランティア学会を創設、私もいつの間にか会員にさせられて今日に至っている。

草地賢一、五八歳の召天は何としても惜しまれる。まぶね時代、教会学校の腕白小僧であった一人息子の大作君が、堂々たる牧師に成長した。これが、とし子さんはじめ、かつてのまぶね仲間の大いなる慰めとなろう。遺された三人娘の上にも、主の慰めと恵みが豊かにありますように。

「まぶね通信」（日本基督教団まぶね教会）23、二〇〇〇年

10　「罪人」と共に

イエスがレビの家で食事の席についておられたときのことである。多くの徴税人や罪人もイエスや弟子たちと同席していた。実に大勢の人がいて、イエスに従っていたのである。ファリサイ派の律法学者は、イエスが罪人や徴税人と一緒に食事されているのを見て、弟子たちに、「どうして彼は徴税人や罪人と一緒に食事をするのか」と言った。イエスはこれを聞いて言われた。「医者を必要とするのは、丈夫な人ではなく病人である。わたしが来たのは、正しい人を招くためではなく、罪人を招くためである。」（マルコによる福音書二・一五―一七）

昨年（二〇〇一年）一一月に私は横浜の寿町にホームレスの方々のため「炊き出し」の奉仕をしてきました。私が所属する日本基督教団まぶね教会では一九八七年に「まぶね寿委員会」を結成し、その前年に設立された神奈川教区の寿地区センター（センター主事は三森妃佐子牧師）の活動を支援してきました。今年度は通常の支援活動のほかに、とくにあまり寿町に行ったことのない教会員のために「寿・訪問研修」プログラムを組み、一日目は「ろばの家」（精神障害者自立支援施設）と「福祉作業所」（路上生活者自助労働の場）を訪問・実習、二日目は「炊き出し」奉仕、三日目は地区センター懇談協議会（午前は寿日雇い労働者組合との、午後はアルコール依存症者自助グループとの懇談協議）をいたしました。

さて、私は一一月一五日に朝六時に起床し、私の家の近くに住んでいる平田千晴さん――彼女は恵泉の二〇〇一年三月卒業生でまぶね教会の会員でもあります――と一緒にバスと電車で約一時間半かけて寿町に向かいました。私は学生の時、東京の山谷という、寿町と同様な街へ奉仕に行ったことがありますので別に不安ではなかったのですが、平田さんは初めての経験なのでやや不安気でありました。

石川町の駅に着いてから道に迷って、予定より少し遅れ、八時過ぎに炊き出し現場の公園に着いたら、まぶね教会の牧師・中原眞澄先生はじめボランティアの方々が数名ですでに炊き出しの準備を始めておりました。早速私はジャガイモの皮むき、平田さんは人参の千切り等々、仕事を始めました。なにしろ五〇〇食分の雑炊の具をこしらえるのですから、私にとってはかなり大変な労働です。それでも一〇時過ぎには一応準備が完了しました。

その後、私たちは一人の路上生活経験者の方に会い、その体験談を聞くことができました。この方は現在七八歳で、先の戦争で傷ついておられ、復員してから会社に勤めていましたが、自分で独立して事業を起こしたものの、莫大な借金を抱えたまま倒産し、お連れ合いとは死に別れ、年老いても親戚の方々はもちろんのこと、すでに結婚して家庭をもっている三人の娘さんたちのもとにも身を寄せることはできず、結局流れ流れて寿町に居着くことになったということでありました。この方は、今は寿内の簡易宿泊所に定住しておられ、好きな俳句を作っては句誌に採用されるまでになっており、また炊き出しには自らボランティアとして奉仕しています。すごく人柄のよい人であっただけに、私は日本の福祉政策の貧困と核家族のもたらす悲劇を改めて実感しました。

午後一時になっていよいよ炊き出しの開始です。公園には延々と列ができて、最終的には給食を受けた人が二五〇人を超えました。私は終始お椀運びでしたが、平田さんは三森牧師の配慮もあって、公園の入り口に立ち、給食を受けるために入ってくる路上生活者たち一人一人に挨拶し、言葉を交わす役目を果しました。

炊き出しの終わりに近く、私たちもホームレスの方々とともに同じ雑炊をいただきました。戦争中、あるいはその後数年、わが家でいただいた雑炊よりもずっと豪華で栄養があり、感慨深いものがありましたが、私は彼らと一緒に食事していて、ふと、今日私が読んだ聖書の箇所を思い出したのです。

イエスが多くの「罪人たち」と共に食事をしていたとき、ファリサイ派の律法学者たちがそれを咎めた。それに対してイエスは言った、「医者を必要とするのは、丈夫な人ではなく病人である。私が来たのは、正しい人を招くためではなく、罪人を招くためである」と。

ここで言う「罪人」とは「犯罪人」ということではなく、ファリサイ派の律法学者たちをはじめとして自ら「正しい人」と自認している人々が「罪人」というレッテルを貼った、この社会の底辺に生きる人々のことです。

昨年の一一月から一二月にかけて三回も、中学生や若者たちによってホームレスの方々が殺されたと、テレビや新聞で報じられておりました。この中学生や若者たちは自ら「正しい人」気取りで、ホームレスの方々を「罪人」視したのでしょう。二〇〇〇年前も今もこの点では殆ど変わっておりません。

寿町から帰る途上で、平田さんは、「心配することはまったくなかった。あの人たちは胸を割って私に話してくれました。すごく率直でいい人たちでした」と話していました。

（二〇〇二年一月一五日）

『恵みの泉』第四号、二〇〇三年

11 「いなくなった羊」考

――羊年に想う

「羊」と言えば、私には苦い思い出がある。一九八〇年の春、私はキリスト教史学会前理事長の秀村欣二先生のお供をして二十数名のメンバーと共に「パウロの足跡を訪ねる旅」をした。カパドキア・ギョメレの岩峰群と岩窟聖堂を観ていた時、左眼の映像に黒点があることに気づいた。これが次第に拡大し、パウロの古里タルソスに着いた頃には左眼の視野全体を覆って、半眼失明の状態になった。地中海岸の町メルシンで眼科医に診ていただいたら「網膜剥離」という診断が下った。とにかく安静にして、できるだけ早く帰国のうえ手術しないと、左眼はもちろん、悪くすると両眼失明となる可能性がある、と言う。

ところが折悪しく、その時トルコは洪水で鉄道が分断状態にあり、おまけに交通ストライキで、通常の交通機関では国際空港のあるアンカラまで行くことができなかった。結局、私はタクシーを雇い、一人アナトリア高原を越えてアンカラに出ることとなったのである。

車の中で私がウトウトしていたとき、突然車が止まって動かなくなった。不思議な鳴き声が聞こえる。私は両眼に眼帯をしていたので様子がわからず、運転手に「どうした」と聞くと、「羊の大群に突っ込んで動けなくなった」という。それがどのくらいの時間続いたのか、もう忘れてしまった。ただ、その間に考えたことは今でも憶えている。――「いなくなった羊」の譬話(ルカ福音書一五章一―七)のことである。

車を遮るほどの大群の羊を飼っていたら、その中の一匹くらいはいなくなることがあるだろう。しかし、羊飼いはその一匹を探し出すために、残りの大群を荒野に放置して、それらを危険に晒すことができたであろうか。しかも、譬話ではどうして百匹なのか。これはどう考えても不自然である。そうだ、譬話は出来事の現実をなぞるものではなく、それはあくまで「譬話」なのだ。しかも、「いなくなった羊」の譬話の場合、元来その語り手は譬話の比較点を明示せず、聞き手にそれぞれの発見を促す「隠喩」なのだ。だからこそ私は、この譬話の中で四節だけが元の形で、それは質問の形で終わっていた、という仮説を出したのではなかったか。

「あなたがたの中に、百匹の羊を持つ人がいて、それらのなかの一匹を失った。その人は九十九匹を荒野に放置しても、それを見つけるまで、いなくなった羊のもとに歩いていかないであろうか。」(私訳)

元来この譬話では、共同体「全体」の中からいなくなった人間「個人」に対する、イエスの言行に具現された神の愛が語られているのではないか。神の愛は自己を失いかけている人間個人に偏って注がれ、その個人を全体共同体の中から排除する輩は神の厳しい裁きに晒される。実際、この譬話は、ファリサイ派の律法学者たちが、イエスは「罪人たちを迎え、食事をしている」と不平を言い出した時に語られたことになっている（一―三節）。「百匹の羊」とは、ファリサイ派の律法学者たちがそれの遵守を義務づけた規範の下にあったユダヤ全体共同体のことであり、「いなくなった一匹の羊」とは、彼らが罪人のレッテルを貼って共同体の中に居場所を失わせた人間個々人なのである。

『キリスト教史学会報』第一三〇号、二〇〇三年

12 イエスの「諦観」について

まず、このような題で『まぶね便り』に寄稿を依頼されたいきさつについて。

昨年度のまぶねの読書会で拙著『聖書のなかの差別と共生』をテキストにした。その最終回に、岡部省吾さんの担当で、この著書のなかの一論文「パウロの「奴隷」発言——Iコリント書七章二一b節の翻訳をめぐって」をとりあげた。その後、当該箇所の私訳（「しかし、自由の身になりうるとしても、むしろ（解放奴隷として）召されたときの身分にふさわしく生活しなさい」）のなかの「ふさわしく」という訳をめぐって、平田千晴さん、中原眞澄牧師、そして私との間で、メールを介して、やりとりがあった。その過程で小平慎一君が、「「ふさわしく」論争にボクも参加します」と申し出て、私訳を前提にした上で、次のように書き込んできた。

終末が近いから、現状を変えないで生活しなさい、というパウロのアドバイスなのですが、ボクにとって新鮮だったのは、終末が再生を意味することと、もう一つは、パウロの「諦観」のような意識に対する再発見です。この「たとえ解放されても、（終末が近いから、あるいは再生によって救いが近いから）奴隷のように振る舞いなさい」というのは、「謙虚な生き方をしなさい」という比喩ではなく、字義通りにとる必要があるということなのですが、イエスがもつラディカリズム（革命主義）、ラショナリズム（合理主義）に対するアンチテーゼのように受け取れます。キリスト教のアンビバレンツの一つなのでしょうね。「ラディカリズムの諦観」。

このような慎一君の見解に対して、私は以下のような書き込みをした。

私には、イエスのラディカリズムの根底にも諦観があるように思えます。イエスとパウロの違いは、後者にとって諦観が社会生活に受動的に機能するのに対して、前者の場合変革的に機能する、ということではないでしょうか。その意味でキリスト教はアンビバレントであるというのが私の意見です。もっとも、イエスはユダヤ教徒ですし、パウロもユダヤ教でした。とすれば、このアンビバレンツはユダヤ教にも妥当する、ということになるのでしょう。

それで、荒井の言う「イエスの諦観」について改めて自ら書くように、と小平編集長が私に要請した次第である。

イエス時代のユダヤ人は、勿論イエス自身も含めて、「終末は近い」という意識を共有していた。なかでも「熱心党」と呼ばれる過激派は、自らの力でもって終末をもたらすべく、対ローマ武力闘争をも辞さなかった。イエスの十二弟子のなかには熱心党のシモンもいたが、イエス自身は熱心党的ラディカリズムにはくみしなかった。

イエスはむしろ終末の接近を理由に、自派の「善」あるいは「正義」を立てて現状を変革することについては、諦観をもっていたと思われる。「父（神）は悪人にも善人にも太陽を上らせ、正しい人にも正しくない人にも雨を降らせてくださる」、だから、「敵を愛し、迫害する者のために祈りなさい」（マタイ福音書五章四三―四四）というイエスの言葉から、私はイエスの諦観を読みとりたい。

このようなイエスの諦観は彼の終末観と表裏一体をなしていた。イエスは「神の国は近づいた」と福音宣教の第一声をあげている。しかしそれに先だって、「（終末に至る）時は（今）満ちた」（マルコ福音書一章一五節）と述べていることを見逃してはならない。イエスによれば、神の恵みが万人に、とりわけ「悪人」とか「正しくない人」、いわゆる「罪人」に及ぶ終末に至る「時」は、今の時に満たされているのである。だから「悔い改めて福音を信じなさい」というのが、イエスの最初のメッセージであった。

このようなイエスのメッセージは、「罪人」にとって福音となったが、彼らを「罪人」として差別した上で構築されていた当時の神殿支配体制、それを担う大祭司、祭司長、長老たち、サドカイ派やファリサイ派に対しては強烈な批判となった。実際、イエスは言論に留まらず、行動によって体制批判を遂行している（マルコ福音書一一章一五節以下のいわゆる「神殿粛正」）。これこそイエスのラディカリズムと呼ぶべきであろう。

ただしイエスは、神の権威に拠ってこのようなラディカルな行動に出たのではない。人間の行動を神の権威に拠りかかって正当化する支配勢力に対して、あくまで自らの責任において批判行動に出たのである。

現実には、このような行動がイエスを、支配勢力による十字架刑に追いやった。ただ神の恵みにのみ寄り頼むイエスは、自らの批判行動もこの世においては挫折することを彼に固有な諦観をもって知っていた。「アッバ、父よ、あなたは何でもおできになります。この杯を私から取りのけてください。しかし、わたしが願うことではなく、御心に適うことが行われますように」（マルコ福音書一四章三六節）。このいわゆるゲッセマネの祈りのなかに、私はイエスの覚悟としての諦観が物語られていると思う。その上でイエスは、その場で眠りこけている弟子たちに、「時が来た。人の子は罪人たちの手に渡される。立て、行こう」と促している。

「わが神、わが神、なぜ私をお見捨てになったのですか」（一五章三四節）。十字架上におけるこのイエスの最後の言葉は、自らの力では現状を変えることのできないイエスの、諦観の極致ではなかろうか。しかしこの言葉が、「本当に、この人は神の子だった」というローマの百人隊長の告白を引き起こしたのである。そしてこの百人隊長こそが、イエスのラディカリズムをもその内容とするマルコ福音書の著者とその読者の文学的象徴だと、最近の聖書学では言われている。

『まぶね便り』（日本基督教団まぶね教会）3、二〇〇三年

13　この人こそ、神の子

かつて朝日新聞の夕刊に「一語一会」というコラムがあった。「一期一会」を捩《もじ》って、一度聞いたら、あるいは読んだら生涯忘れられない言葉ということで、識者がこのコラムに合う「一語」を掲げ、それについて随筆を寄せていた。私もこれに寄稿を依頼され、「この人こそ、神の子」と題して、以下のような小文を寄せている（二〇〇二年九月四日）。

去る八月六日、原爆記念の夜、ＮＨＫスペシャル「原爆の絵――市民が残すヒロシマの記録」を観た。このテレビを観ていて、私はイエスの最後の場面を追体験する想いに駆られた。

原爆投下直後の様子を後世に残そうと、被爆者たちが描いた絵の数々。その中で最も私の心を動かしたのは、爆風で崩壊した校舎の下敷きになり、瓦礫の隙間から救いを求めて手を差し伸べる一少女の絵であった。

この絵を描いた男性は、迫り来る火焔から少女を救い得なかった悔悟の念を抱きつつ、半世紀もの間生き長らえて、遂に最近、崩壊した小学校の記録から少女の名前を特定する。彼は、少女が下敷きになった現場にしゃがみこみ、一人泪《なみだ》して祈る。

助けを求めつつ死にゆく少女の絵と、この絵を描いた男性の祈りの姿をテレビ画面で見たとき、私の思いの中でこの画面とイエスの最後が重なっていた。

イエスは最後に十字架に架けられ、苦しみの果てに、「わが神、わが神、どうして私をお見捨てになったのですか」と叫び、息絶える。それを見て、ローマの百人隊長が告白する、「まことに、この人こそ、神の子であった」と（『マルコによる福音書』一五章三三―三九節）。この百人隊長の告白は、福音書の最近の研究によれば、福音書の著者が想定している「読者」の告白であると共に、「著者」自身の告白でもある。

少女の最後を描いた、自ら被爆者の一人である「描き手」の祈りの中で、少女は、「神の子」的存在になっているのではないか。彼は少女を描くことによって、彼女を五七年後の今に復活させ、この絵を観る私たちに平和の創り手となることを祈願しているのではないか。

この文章が掲載された直後、新聞社を介して未知の読者から二通の手紙をいただいた。一通は匿名で、イエス・キリストを勝手に一少女と重ねないでくれ、という抗議文であった。もう一通は、横浜市在住のM・Tさんが出された、以下のような内容の長文の手紙である。

Mさんは、太平洋戦争以前から日本の統治下にあった南洋諸島の中心的島・サイパンに生まれた。戦争に入り、アメリカ軍が攻撃をかけ、上陸するまでは、この島で大規模に経営されていた製糖工場で働くお父さん、お母さん、七人の妹たちと共に、夢のように美しい環境で楽しい生活を送っていた。

ところが、一九四四年七月に米軍上陸、日本軍は全面攻撃に晒され、住民は軍の命令によって山中に逃亡。その間にMさん一家は筆舌に尽くし難い悲惨な経験をする。父、母、妹たちは、次々と目の前で命を失い、自分だけが、失神中に、米軍の捕虜となる。

以来、目の前で次々と死んでいく妹さんたちを自分は見殺しにした上に、自分だけが生き長らえたことに対する悔悟の念に苛まれ、以後五十数年の間、いわば罪人としてひっそりと生き延びてきた。終戦後日本に送還され、ある教会で洗礼を受けてキリスト者になったが、自分の心の傷は癒されることなく、罪責感をますますつのらせるばかりであった。

ところが今日、荒井先生の文章と出会い、心の底から感動を憶えた。自分は、当時サイパン島で自分の目の前で死んでいった妹たちによって、むしろ生きることをゆるされているのではないか、と思うに至った、というのである。

それから何度かの文通があり、比較的最近の手紙には、次のように書かれてあった。――彼女らの死に応えて生きていくためには、彼女らの死を二度と繰り返すことがないように、戦争の気配には敏感に反応して、戦争の芽を一つずつ摘み取っていくこと、しかも、自分のお父さんも含めて多くの日本人が南の島々で無意識に犯していた戦争責任を、今自分が意識化して、アジアの人々との平和共生を創り出していくことが自分の使命であると思うようになった、と。

さて、私は、十字架のイエスと校舎の瓦礫の下に閉じこめられた少女とを同一視しようとしたわけではない。だが少なくとも、全く罪がないにもかかわらず人間の罪を一身に背負って自らの死を恐れながら死途につく、そのような存在が、そのような存在に出会った者に、彼を救い得ない悔悟の念と共に赦しによってむしろ生かされているという体験を惹き起こした、この一点において、イエスと少女は歴史的に類比できる関係にある、ということである。

イエスの場合、「あなたの敵を愛しなさい」という途方もない教えを説いた（マタイ五・四四）。福音書のケセン語訳で有名になられた山浦玄嗣さんはこれを、「憎い敵でも大事（でァず）にすろ」と訳し、それは、敵将・武田信玄に塩を送った上杉謙信のような「できた人にお前もなるように」ということだ、と説明している。しかし、それだけの教えであったならば、イエスはその教えを貫いた結果十字架刑に処せられることはなかったのではないか。イエスは、敵対する人間同士の共生を可能にするために、お互いに「敵」と言われる人（あるいは民族）の立場に立つように、と言われたのではないか。

それは人間にとって自分の力では本質的に不可能なことなのである。イエス自身、「わが神、わが神、どうして私をお見捨てになったのですか」とその可能性を疑っている。しかし、それが可能となるのは、それでもなお、「敵」と言われる人々の立場に立ち切ろうとしたイエスの——

金城重明先生（『「集団自決」を心に刻んで』）の言葉を借りれば――「十字架死という歴史的出来事」が、「敵」の代表であるローマの百人隊長から「この人こそ、神の子」という告白を引き出したその時点においてである。その象徴的出来事が「神殿の垂れ幕が上から下まで真っ二つに裂けた」（三八節）という証言であろう。彼にとって「神の子」告白は、課題としての愛敵への第一歩となる。

福音書記者マルコは、福音書の「読者」、つまり私たち一人ひとりに、この百人隊長の告白を共にすることを促しているのではないか。

戦争あるいはそもそも争いは、自分の立場に立つことを相手に強制し、結果として敵をつくることによって始まる。それに対して平和は、敵と言われる人々の立場に、その限界を知りながら、自ら課題として立つ、あるいは少なくとも立とうとすることによって、創り出されるのである。

このことを、何の罪もないのに戦争の犠牲となって死んでいった女性や子どもたちが、十字架上で死んでいったイエスの類比として、私たちに示唆しているのではないか。

（二〇〇四年一一月二一日　那覇中央教会主日礼拝説教）

「キリスト教史学会報」第一三四号、二〇〇五年

14 靖国神社をめぐって

――香港、ソウル、そして靖国

東北アジアキリスト教史学協議会（North East Asia Council of Studies of Christianity）の年次大会が、昨年秋に香港で、今年夏にソウルで開催された（来年夏には日本で開かれる予定）。私はそのいずれにも参加し、この二つの大会を挟んで、まぶね教会「天皇制を考える会」主催の「靖国ツアー」に加わった。香港（中国）・ソウル（韓国）体験に照らして靖国ツアーを顧みると、靖国神社の問題性が私には強烈に迫ってくる。

靖国神社、特にその境内にある遊就館に展示されている戦争記念品とその（ビデオを含む）解説を見聞して、確信できたのは、この神社の問題性が、戦死者の慰霊にあるよりむしろ顕彰にある、ということである。天皇の名によって、あるいは天皇を奉じて日本帝国の為政者（後のA級戦犯）によって遂行された「大東亜戦争」は、日本を英米等（ABCD包囲陣）から守り、アジア諸国を欧米の植民地支配から解放する「正戦」であって、この正義の戦いに死をもって殉じた

「英霊」の功績は賞め称えられ、広く世間に知らされるべきである。これが靖国イデオロギーである以上、遊就館の展示品や解説の中には日本軍がとりわけアジア諸国で犯した数々の罪状を示唆する物も言葉も一切ないことは、むしろ当然と言えよう。

私の心に特に刻印されたのは、香港の「歴史博物館」と靖国神社の「遊就館」における日本軍の位置付けに見られる対照的差異であった。遊就館では、日本軍による香港占領は、香港人民の、英国支配からの解放として意味付けられている。したがって、展示されている写真は、英軍の降伏風景、香港に入場する日本軍を歓迎する香港民衆、日本によって創立された国民学校・中学校・女学校における日本語による授業風景等々である。これに対して、香港歴史博物館の「日本軍政下の香港」の部屋に展示されているのは、日本軍の航空隊による香港爆撃、日本兵による香港市民に対する暴行場面、「慰安所」の前に列をなして並ぶ日本兵たちの写真、学校で禁じられている中国語を話した女学生に対する日本人教師のリンチ場面等々であった。

いずれも写真は事実を裏づける資料でありながら、これらの資料を展示する彼我の人間の視点によって、それを見る者に全く異なる印象を与える。この両方の資料から推定される歴史的事実とは、香港民衆は日本の軍政当初これを歓迎したが、その後の日本軍の暴政下にあって、むしろ日本軍占領からの解放を希求した、ということであろう。遊就館は日本軍による当初の「解放」と教育「施設」のみを顕彰し、日本軍が残した「負の遺産」については完全に沈黙している。

さて、冒頭に言及したソウル学会の共通テーマは、「キリスト教とグローカリゼーション」であった。「グローカリゼーション」とは「グローバリゼーション」(世界化)と「ローカリゼーション」(地域化)とを結合した新語で、韓国語のタイトルでは「世界化と地域化」となっていた。

この学会で最も注目されたのは、徐洸善氏(梨花女子大学名誉教授、アジア・キリスト教高等教育研究所所長)による基調講演「ローカルからグローバルへ――グローバル化する世界における、行為するキリスト教史」(From Local to Global: Doing History of Christianity in the Globalizing World)であった。

徐氏は講演の前半で、個人的「キリスト教史」としての自分史を述べた。同氏は今の北朝鮮の町で、少年時代、牧師の息子として育ったが、父親は日本の苛酷な植民地政策に耐え切れず、旧「満州」の朝鮮人町に移住、ここで氏はやはり日本語のみによる「国民学校」の後半と中学生活を過ごし、中学三年生の時、日本の「終戦」、朝鮮の「解放」を迎える。しかし、帰国して間もなく、北朝鮮では旧ソ連の支持を受けて共産党が政権を掌握し、朝鮮民主主義人民共和国を創立して、キリスト教をはじめとする宗教は弾圧、禁止される。氏は韓国に逃れるが、間もなく朝鮮戦争が起こり、韓国軍に徴兵されて、余儀なく祖国の軍隊と戦うことになる……。

このようなキリスト者としての苦難の自分史をキリストの受難に重ね、キリストの復活に赦されて与ることによりローカルなキリスト教史を「行為する」以外には、キリスト教のグローバル化としての宣教はありえない、というのである。

韓国の七人の研究報告は、いずれも、日本統治下で迫害下にあった韓国キリスト教会の諸相を歴史的に再現するものであった。

こうしてみると靖国神社は、欧米に対する日本の被害者意識に基づくアジア諸国に対する「加害の聖地」（加害を正当化する聖地）と言えよう。日本の首相が、一方においてアジア諸国に対する罪責を認めながら、他方において靖国神社へ参拝することは、明らかに矛盾であり、アジア諸国から見れば赦しがたい行為となる。

ここで問われるべきは、「加害」の究極的責任者は誰か、ということである。この意味でも、「天皇制を考える会」はまぶねで持続されなければならない。

『まぶね便り』（日本基督教団まぶね教会）6、二〇〇五年

15　イエスと成果主義

――タラントン／ムナの譬によせて

人間をその人の才能とか、その才能を活かして挙げる成果によって評価する「成果主義」の傾向が、最近ますます強くなっている。もちろん、この傾向が極端になると、最近新聞を賑わしている人物のように究極的には挫折してしまう場合もある。しかし、これはあくまで極端な例で、一般的には、人間が挙げた成果によって人間を序列化する傾向を全面的に否定してしまうわけにはいかない。――イエスの視点からこの成果主義をどのように位置づけたらよいであろうか。

イエスはタラントン／ムナの譬でこの成果主義を支持しているかにみえる。たとえば、英語のtalentは、語源的にはこの「タラントン」に遡るが、英語の辞書を引くと、素質、能力、才能、あるいは才能ある人、（芸能界の）タレントを意味し、研究社のNew English-Japanese Dictionaryでは、今朝のテキスト（マタイによる福音書二五章一四節以下）を指示した上で、「（発達させて世のために役立てるように神から人に託されたと考えられる）素質、才能」と説明されている。このような通説によると、人間は神から託された才能や能力を活かして、できるだけ成果を挙げるべきであって、それを怠ると神による厳しい裁きにあう、ということになる。とすればイエスはこの譬で、現代のいわゆる「成果主義」を正当化していることになろう。

しかし、このタラントン（マタイ二五・一四―三〇）／ムナ（ルカ一九・一一―二七）の譬を手がかりにして、イエスご自身が語ったと思われる譬の原型を復元してみると、それは必ずしも成果主義を是認していないと思われる。それは元来、次のようになっていたと想定される（原型復元の聖書学的手続きについては、拙著『イエス・キリスト（下）』講談社学術文庫、一三一頁以下参照）。

――ある人が、三人の僕《しもべ》たちに一ムナずつ渡して旅に出た。主人が帰って来た時、一ムナで一〇ムナをつくった僕を「小さいことに忠実であった」と言って称賛した。一ムナで五ムナをつくった僕をも、同様に褒めた。しかし、一ムナを死蔵してそれを活かさなかった僕に対して厳しく戒めた。

実は、マタイによる福音書二〇章一―一六節に「ぶどう園の労働者の譬」が編まれており、この譬ではイエスは明らかに成果主義を批判している。――ぶどう園の主人が一日一デナリオンの約束でぶどう園で働く労働者を雇った際に、一二時間働いた労働者にも、一時間しか働くことができなかった労働者にも、同じ一デナリオンの賃金を支払った。一二時間働いた労働者は主人に文句をつけたが、主人は約束どおりに賃金を支払ったことを根拠に労働者の抗議を退けた、というものである。この譬では、人間の価値はその能力や成果によってではなく、それに先立ってすべての人に与えられている「約束の賜物」としての命の尊厳性にあるのだ、ということを私たちに示唆している。

この視点から、タラントン／ムナの譬をその原型に即して読み直すと、イエスは次のようなメッセージを私たちに送っているのではないか。

あなたがたには、その一人ひとりに、平等に神の賜物として命の尊厳性が与えられている。こうして、あなたがたが現在、神の恵みとして「ある」こと、「存在」していることそれ自体が価値である。そのことを認識した上で、その価値づけに応えて、それを、あなたがた一人ひとりにできうる限りにおいて、活かして生きるように、と。

私はこれを神の恵みに対する「応答の倫理」と呼ぶ。「応答の倫理」に生きることは同時に、成果のみによって人間を価値づける傾向に対して、また恵みとしての存在に対して応えようとしない傾向に対して、共に批判的に生きる、ということでもある。

（二〇〇六年二月一九日、横浜上原教会説教）

16　自己吟味としてのキリスト教史

――キリスト教史学会一八年間（理事長在任期）を省みて

はじめに

一九八八年の秋から本年（二〇〇六年）の秋に至るまで、私は六期一八年間キリスト教史学会の理事長を勤めた。もっとも、一九八八年には秀村欣二理事長の後を継いで、自他共に次期理事長に就任すると目されていた工藤英一理事（明治学院大学経済学部教授）が一九八七年に急逝されたのである。もし工藤先生がお元気であったら、私はこんなにも長く理事長として在任する必要がなかったのである。

ところで、私が理事長就任の一〇年後、一九九九年に、学会は創立五〇周年を迎えた。その際私は、同年発行された『キリスト教史学』第五三集（創立五〇年記念号）の巻頭に「キリスト教史学会五〇周年に寄せて」と題する小論を寄稿している。その中で、キリスト教史学会の創立時に出された創立「趣意書」に触れて、次のように記している。

それにしても、私がいささか残念に思うのは、学会設立が敗戦（一九四五年）後間ない時期であったにもかかわらず、設立趣意書には戦時体制あるいは戦争イデオロギーに寄りそった戦時中のキリスト教に対する自己批判が、全く、認められないことである。これはキリスト教史学会のみならず、他のキリスト教関連学会においても同様であるだけに、問題は深刻であると思う。「罪の有無・老若いずれかを問わず、われわれ全員が、過去に対する責任を負わされている。過去に目を閉ざす者は結局のところ現在にも目を閉ざす者となる」というワイツゼッカーの有名な言葉を引用するまでもなく、現在の時点に立って過去に目を開くことを本務とするわれわれ歴史研究者は、もう少し意識的に自己吟味としての歴史研究を構築していくべきではないだろうか。（七頁）

この最後の文章が本稿のテーマを「自己吟味としての歴史研究」とした所以である。このテーマに沿って、前半では過去一八年間の学会における目立ったトピックスを回顧し、後半では二〇〇〇年に第一回大会が韓国で開かれ、本年（二〇〇六年）その第五回大会が日本で開かれようとしている「東北アジア・キリスト教史学協議会」の創立事情とその展開について述べてみたい。

1　キリスト教史学会に沿って

実は私は、『キリスト教史学会報』第九七号（一九八九年三月一日）に「理事長に就任して」という文章を寄稿している。この中で私は、次のような方針を掲げた。

（一）会員の学問的質の向上を目指す。

（二）日本・東洋キリスト教史と西洋キリスト教史研究者両方の研究課題、方法などを共通テーマとして交換しあう。

（三）学会に伝統的な家族的雰囲気を大切にしたい。

（一）の方針はほぼ満たされていると自負している。このことは、本誌で第六〇集となる学会誌『キリスト教史学』の最近の充実を見れば明らかであろう。盛節子さんをはじめとする編集委員の努力に感謝したい。

方針（二）も、学会の共通テーマに関するシンポジウムが、しばしば両方の側の研究者により担われたことによって、なお不充分ながら達成されつつあるとみてよいであろう。

（三）の「伝統」はもう少し広げてよいのではないか。

ところで、この方針には「自己吟味としてのキリスト教史研究」の必要性は直接的には挙げられていない。しかし、これには私の理事長在任期間中に少なくとも三回の大会でその時々の共通テーマとの関わりにおいて自覚的に応じられた。またこれには、一九八九年に昭和天皇が逝去し、現天皇の即位式および大嘗祭が挙行されたという、時代的背景が存在したことも確かである。

まず、一九九〇年、関西学院大学・千刈セミナーハウスにおいて合宿形式で第四一回大会が開催され、その際のシンポジウムのテーマが「今、なぜキリスト教史なのか」であった。これは第一部「反省——戦時下のキリスト教」、第二部「展望——これからのキリスト教史研究はいかにあるべきか」と二部に分けて行われ、ここでキリスト教史の意味と責任が「自己吟味」的に問われた（『キリスト教史学』第四五集、一九九一年参照）。

次に、翌年の一九九一年のフェリス女学院大学における第四二回大会では、同大学の弓削達学長が「キリスト教史研究の現代的視角」をテーマに公開講演をされている。弓削さんがこの講演を次の言葉で結ばれたのが印象的であった。

要するに、現代の最も鋭い危機的状況の中から発せられるべき問い（①地球環境破壊の問題、②女性の目で歴史を見直すこと、③平和はなぜ維持できないのか——筆者補筆）で、キリスト教史研究に向けられえない問いは存在しない、と言うべきであります。そしてキリスト教史研究がその問いに対して歴史的キリスト教をかばうような仕方で答えを模索するならば、研究の意味は全く無に帰するというべきでありましょう。（『キリスト教史学』第四六集、一九九二年、

一八頁）

第三に、一九九六年に葉山の湘南国際村センターを会場に合宿形式で開催された第四七回大会である。この大会の共通テーマは「戦争と平和――キリスト教の歴史を問う」であって、シンポジウムでは、いずれも戦後五〇年を記念して刊行された『心に刻む――敗戦五〇年・明治学院の自己検証』と『青山学院と学徒出陣――戦後五〇年の反省と軌跡』を取り上げて、それぞれの著書の編集責任者、大西晴樹先生と雨宮剛先生／北田道也君が、前者は書名と同じテーマのもとに、後者は「責任としての歴史認識」というテーマのもとに、それぞれ発題を担当されている。この中では、大西先生の次の文章が注目を集めた。

> 私たちは、教会であれキリスト教学校であれ、聖域を設けることなく、人間の罪を告白することによってはじめて、歴史をザッハリッヒカイ《ママ》トに検証することができるのではないだろうか。それは、戦争や平和、過去や現在においても必要なことではなかろうか。この意味において、信仰告白と歴史の検証は表裏一体をなすべきである。（『キリスト教史学』第五一集、一九九七年、七三頁）

2　東北アジア・キリスト教史学協議会に沿って

さて、「東北アジア・キリスト教史学協議会」についてであるが、実は一九九八年の五月に閔庚培（Min, Kyoug Bae）先生（韓国教会史学研究院長）が私を恵泉女学園大学の学長室に訪ねて来られ、私に韓国・日本・中国のキリスト教史研究者を統合した「協議会」の設立を熱く説得されたことにはじまる。私はこれをキリスト教史学会の理事会に諮り、その合意を得た上で、一九九九年九月に韓国教会史学研究院からソウルに招かれた際、九日には同研究院で「キリスト教史学会五〇年の歩み」と題し、一〇日には延世大学にて「日本の今とキリスト教の課題」と題して講演を行った。前者が冒頭で言及した「キリスト教史学会五〇周年に寄せて」の基になっており、後者は拙著『「強さ」の時代に抗して』（岩波書店、二〇〇五年）に収録されている。そして帰国後、函館で開かれた第四九回大会の総会で東北アジア・キリスト教史学協議会の発足を承認していただいたのである。

この協議会は、一九九九年一一月にソウルの延世大学で設立大会が開かれ、ここで協議会の「憲章」が採択された。その後、第一回大会は二〇〇〇年一〇月にソウル郊外の翰林セミナーハウスで（共通テーマ「東北アジアにおけるキリスト教」）、第二回大会は二〇〇一年八月に同セミナーハウスで（共通テーマ「我が国における教会」）、第三回は二〇〇二年九月に湘南国際村センターで、

（二〇〇四年九月には香港中文大学にて開かれた国際会議（共通テーマ「キリスト教と東アジアとの文化的相互交流」）に参加）、第四回は二〇〇五年八月にソウルのレキシントンホテルにて（共通テーマ「キリスト教とグローカリゼーション」）、それぞれ開催された。

この第四回大会の劈頭、元梨花女子大学学長・徐洸善（Suh, Kwang Sun）氏がその発題講演「From Local to Global: Doing History of Christianity in the Globalizing World」を、次の言葉で締めくくっておられる。"the purpose of doing history is to complete the past, and remember the future."「行為する歴史学の目的は、過去をもれなく確認し、未来について思いを巡らすこと」である（渡辺祐子訳参照。『キリスト教史学会会報』一三六号、二〇〇五年一一月一九日、六頁）。これをわれわれが日本人として換言するならば、「過去をもれなく自己吟味的に確認し」となろう。とすれば、「行為する歴史学」とは、私見によれば、「歴史は現代において批判的に行為しつつ研究されるべき領域」となる。

これを受けて、第五回大会が、二〇〇六年八月に明治学院大学で開かれようとしている。この東京大会では、共通テーマ「キリスト教、近代化、ナショナリズム」とし、中国から五名、韓国から二〇名、日本から二五名（予定）の参加者を得て、シンポジウムではそれぞれの国におけるキリスト教史の一断面を自己吟味的に検証し、意見交換を行う予定になっている。

おわりに

私自身としては、原始キリスト教史の史料としての新約聖書を自己吟味的に検討して、第五四回キリスト教史学会大会（二〇〇三年九月、関西学院大学）において「キリスト教は寛容であったか――イエスと原始キリスト教の視点から」と題して公開講演を行っている（『キリスト教史学』第五八集、二〇〇四年版所収。前掲拙著『「強さ」の時代に抗して』に収録）。また、二〇〇三年一一月に開かれた恵泉女学園大学大学院・国際シンポジウム「世界平和とキリスト教の功罪」において「キリスト教の功罪と聖書解釈」と題して発題している（荒井献監修、蓮見博昭・笹尾典代編『世界平和とキリスト教の功罪――過去と現在から未来を考える』（恵泉女学園大学大学院・国際シンポジウム、二〇〇四年、現代人文社所収）。そして最近、『基督教論集』第四九号（二〇〇五年）に論文「初期キリスト教史における霊性と批判的精神――ルカ文書を中心に」を寄稿している。

（キリスト教史学会関東支部会、二〇〇五年一二月一六日、水交会における講演原稿に訂正・補筆）

『キリスト教史学』第六〇集、二〇〇六年

17　「愛国心」をめぐって

――眠られぬ夜に考えたこと

去る（二〇〇六年）八月二五日に、突然発熱（三九度四分）、嘔吐を繰り返し、妻が慌てて家庭医に連絡したら、直ちに救急車を呼んで病院へ搬送するように、という指示があり、国立相模原病院に急遽入院しました。四日間にわたる検査の結果、発作前に三日間続いた、キリスト教史学会（理事長が私）主催「東北アジアキリスト教史学協議会東京大会」運営の疲労と猛暑からくる「熱中症」が引き金となった「急性肝臓炎」であることが分かりました。弁解になりますが、「飲み過ぎ」の結果ではなく、三―四週間前にウイルスに感染した結果とのことです。「東京大会」には、韓国から二〇人、中国大陸から五人の研究者が参集し、大会のテーマは「キリスト教、近代化、ナショナリズム」であったのですが、大会直前の八月一五日に小泉首相が靖国神社に参拝したこともあって、会期中、責任者として終始神経を尖らせておりました。それに、会議の部屋が冷房で寒すぎ、外に出ると猛暑で、このような条件が重なって体調を崩したのだと思います。

ところで入院中、眠られぬ夜、この度の私たちの文集に何を書こうかと考えておりました。その間に思い浮かんだのが、ちょうど六〇年前にやはり病気で入院していた時に考えたことでした。

私が敗戦を経験したのは、秋田中学三年生の時です。翌年四年生になって間もなく、私は戦争中の食糧不足による栄養失調から肋膜炎を患って入院し、一年間休学することになりました。（その次の年に新制高校二年生に復帰して皆さんと同学年になったのです）。

その時、入院中の眠られぬ夜、私は、それまで小・中学校を通じて教え込まれた「愛国心」について考えたことを、この度入院して思い出したのです。私は牧師の息子ですので、敗戦までは国家から、皆さんよりは距離を保っていたと思います。当時、父は四六時中、思想取り締まりの「特高」に付け回されておりましたし、警察で聴取を受けたこともしばしばでした。それでも私は、国のために戦って死ぬことに極まる「愛国心」については疑っておりませんでした。

国が戦いに負け、それが間接的原因になって病気となり、一年休学する羽目になって、私は今後、国によって教え込まれた「愛国心」には決して従うまい、と思い定めたものでした。幸い、その後、新憲法が発布され、教育基本法も制定されて、その根底には国家は国民のためにあるのであって、国民が国家のためにあるのではないという思想が貫かれました。この思想に支えられて、過去六一年間私たちの国民が国家のために戦争で命を捨てるなどということは一度もなかったのです。

ところで最近、我が国は曲がり角に来ているとしか思えません。国旗掲揚や君が代斉唱が、小中高の入学式・卒業式で事実上強制され、「愛国心」が学習評価の対象にさえされている学校が続出しています。政府筋では憲法九条や教育基本法を改正して、「愛国心」を育成しようという動きがもはや政治日程に上げられています。新首相に擬されている人物は、「美しい国を立ち上げるためならば、死んでもいい」などという意味の言葉を軽々しく口にしています。今や、我が国の価値観が、「国家は国民のためにある」視点から「国民は国家のためにある」視点へと転換されつつあるのではないでしょうか。

六一年前、敗戦を体験した私たちは、戦時中国家に操られて「愛国心」に殉じようとしていた愚かさに、当時まだ中学生だったので気づいていなかった、と言い逃れすることができました。しかし「喜寿」を迎えようとしている今、私たちは政府筋とそれに迎合する教育委員会などの動きに座して黙していてよいのでしょうか。

入院中の眠られぬ夜、こんなことを考えていました。

（二〇〇六年九月記）

『蘖《ひこばえ》の呟《つぶや》き』（秋田高校昭和二五年卒同期会喜寿記念誌）、二〇〇七年

18　今、私たちが問われていること

「安息日は人間のためにできたのであって、人間が安息日のためにできたのではない」。このイエスの有名な言葉のなかの「安息日」は、当時のユダヤ社会では「律法《りっぽう》」の象徴語であるが、一般的には「法律」ととってよかろう。現代日本の政治的・社会的文脈では、それは、日本国憲法や教育基本法のような、国家の教育の根幹にかかわる「法律」、あるいはそれを制定する「国家」そのものに通底している。

私たちは、戦時中に「国家のために存在した」ということに対する深刻な反省から、「国家は私たち個々人のためにある」という認識に達し、この認識を実現すべく、新憲法や教育基本法を受容したはずである。ところが、現在これが国会で、「私たち個々人は国家のためにある」方向に変えられようとしている。聖書に基づく教育を志向する（はずの）キリスト教学校は、今、このような動向にどう応えようとしているのであろうか。

恵泉女学園では、創立者河井道が敗戦直後、新政府における「教育刷新委員会」の一員として教育基本法の成文化に寄与しているだけに、すでに本年（二〇〇六年）三月二七日付で、「国旗・国歌について――恵泉女学園の公的立場」という文章を学園長・大口邦雄名で学園内に向けて公布している。これは学園構成メンバー内部の申し合わせで、今のところ学園外に公表していないので、ここにその全文を紹介することはできないが、その趣旨は、「国旗を掲げ、国歌を歌うことは個人の自由に属するが、これを公教育の場において、いかなる意味においても強制すべきではない」というものである。実際、安積力也・中学高等学校長などは早くから、「個人の尊厳」を重んじ、「人格の完成」を目指す教育基本法の「教育原理」の重要性を、学内外に発信し続けている。また、大学教職員有志は、一一月一日付けで「教育基本法「改正」法案反対のアピール」を公表し、一四日には木村利人学長が、キリスト教学校教育同盟加盟の他大学学長と共に国会内で記者会見した。

幸い、去る九月二一日に東京地裁で、都教委が出した「国旗・国歌」についての通達や職務命令は、「日の丸・君が代」の強制に反対する教職員の思想・良心の自由を侵害することになり、憲法一九条に違反するという判決が出された。しかしこれは、現憲法と教育基本法のもとでの判決である。「国民は国家のためにある」という認識に基づく教育基本法改正法案や改憲法案が国会で成立したら、この判決は覆される可能性が十分にある。

これは、国公立学校にかかわることで、私学にとっては「対岸の火事」と思っている向きもある。しかし、すでに文科省筋から「国旗掲揚・国歌斉唱」の実施について、あるいは「心のノート」の配布実績について、全国の私立学校長宛に調査の依頼が来ている。恵泉では、それらに対して零回答をした。他のキリスト教学校がこれにどのような対応をしたかは知らないが、「国旗・国歌」問題は決して「他人事」ではない、改正法案や改憲法案が成立したら、それに決断を迫られる、私たちにとっての重大事なのだ。

このような現実に直面して、学校全体に批判的思考力を育むことなしに「学校伝道」を力説していては、キリスト教教育が再び国家権力に飲み込まれるのではないか。

（一一月一四日記す）

『キリスト教学校教育』（キリスト教学校教育同盟）、二〇〇六年一二月号

19　弓削達さんの思い出

弓削さんは私より六歳年上ですが、三つの領域において、親しく「同僚」として交わりをいただきました。

一つは、東京大学教養学部および大学院人文科学研究科西洋古典学専攻において。特に大学院で、弓削さんは小プリニウスの書簡集を、そして私は新約聖書やグノーシス文書を読んでおりました。

二つは、キリスト教史学会において。弓削さんはローマ帝国とキリスト教、私は原始キリスト教史を、それぞれ専攻領域としておりました。

三つは、共に日本キリスト教団所属教会の信徒としてです。

三つ目の領域から、弓削さんの思い出を語らせていただきます。この領域での一番の思い出は、いわゆる「大学紛争」に続いて起こった「教団紛争」の只中で、問題を提起した牧師や学生たちが設定した公開講座「パウロをどうとらえるか」に、弓削さんはローマ史家として、私は新約聖書・原始キリスト教史家として、ともに参加を要請された時のことです。二人とも、ルカによる使徒言行録、とりわけパウロの地中海世界伝道旅行の記事をテキストとして講義をしましたが、弓削さんはテキストに史実が反映されているという立場を貫かれたのに対し、私はテキストに歴史的核は認めながらも、全体としてはルカの文学的フィクション性を強調して、お互いに譲りませんでした。要するに弓削さんは、この限りにおいては私よりも敬虔なクリスチャンであったということです。ただ、世界的にみても多くの場合、クリスチャンのローマ史家は聖書テキストに肯定的で、聖書学者はそれに批判的で、弓削さんと私は、その典型であったのかもしれません。

二つ目の領域では、一九九一年にキリスト教史学会の第四二回大会がフェリス女学院大学で開催された時のことです。当時弓削さんはこの大学の学長をしておられたこともあって、大会の公開講演を引き受けてくださいました。演題は「キリスト教史研究の現代的視角」でありまして、弓削さんがこの講演を次の言葉で結ばれたのが印象的でありました。

要するに、現代の最も鋭い危機的状況の中から発せられるべき問い（①地球環境破壊の問題、②女性の目で歴史を見直すこと、③平和はなぜ維持できないのか――筆者補筆）で、キリスト教史研究に向けられえない問いは存在しない、と言うべきであります。そしてキリスト教史研究がその問いに対して歴史的キリスト教をかばうような仕方で答えを模索するならば、研究の意味は全く無に帰するというべきでありましょう。

第一の領域では、弓削さんが当時東京教育大学助教授の時、彼を東京大学教養学部教授として招聘した事情からして、思い出が多々ありますが、ここではその中の一つだけ、弓削さんが東大を去る時に残した、最後のユニークな言葉を紹介したいと思います。教養学部では年度末最後の教授会が終わった後、その年度の定年退職者を囲んで「お別れパーティー」を開くことを慣例としておりました。この会の中で、大学を去って行く先生方はこもごも立って挨拶をするのですが、集まっている教授連の私語が多くて、それに皆酔っ払っているものですから、その挨拶がほとんど聞こえません。弓削先生が、あるいは先生所属の歴史学教室の面々がそれを察知してか、挨拶が弓削先生の番になると、当時まだお若かった東洋史の助教授・長崎暢子さんと二人で前に出てきて、歌謡曲「星影のワルツ」をデュエットで歌ったのです。途端に会場が静まりかえって、一同静聴し、歌が終わったら拍手喝采いたしました。ここに「星影のワルツ」の歌詞を紹介して、私の「思い出」話を終わらせていただきます。

別れることは　　つらいけど
仕方がないんだ　君のため

別れに星影の　ワルツをうたおう
冷たい心じゃ　ないんだよ
冷たい心じゃ　ないんだよ
今でも好きだ　死ぬ程に

一緒になれる　倖せを
二人で夢見た　ほほえんだ
別れに星影の　ワルツをうたおう
あんなに愛した　仲なのに
あんなに愛した　仲なのに
涙がにじむ　夜の窓

さよならなんて　どうしても
いえないだろうな　泣くだろうな
別れに星影の　ワルツをうたおう
遠くで祈ろう　倖せを
遠くで祈ろう　倖せを

今夜も星が　降るようだ

（二〇〇六年一二月九日、フェリス女学院大学「お別れの会」スピーチ）

20　安息日は人間のために

——改憲の動きに抗して

はじめに

マルコ福音書二章二七節のイエスの言葉（佐藤研訳、岩波版『新約聖書』）は、当時「人間は安息日のためにできた」という立場をとっていたファリサイ人たちに代表される宗教的・政治的指導者の人間観に対して、イエスが「安息日は人間のためにできた」という彼自身の人間観をもって批判的に対峙したものである。安息日は当時、ユダヤ律法を集約的に遵守する日であった。その意味で「安息日」は、律法に基づくべき国民・国家を象徴する言葉と言えよう。

現代日本においては、これを国家に置き換えることができる。「国家は人間（国民、民）のためにできたのであって、人間が国家のためにできたのではない」。

私見によれば、現行憲法は、このようないわば聖書的人間観に基づいて成立したものである。したがって、現在の政府筋にみられる改憲への動きは、聖書的人間観に基づく憲法の精神を逆転しようとするものである。とすれば、私たち教会に集う者は、このような動きを座視していられないはずである。

1　「改正」教育基本法と教育三法案

改憲のためのいわば第一歩として、「改正」教育基本法案が昨年（二〇〇六年）の一二月一五日に国会を通過した。私は、ちょうどこの日にキリスト教学校教育同盟から発行された、同盟の機関紙『キリスト教学校教育』一二月号に「今、私たちが問われていること」というタイトルで小論を公にしている。それを、一部省略し一部補筆して、以下に紹介しておこう。

私たちは、戦時中に「国家のために存在した」ということに対する深刻な反省から、「国家は私たち個々人のためにある」という認識に達し、この認識を実現すべく、新憲法や教育基本法を受容したはずである。ところが、現在これが国会で、「私たち個々人は国家のためにある」方向に変えられようとしている。聖書に基づく教育を志向する（はずの）キリスト教学校は、今、このような動向にどう応えようとしているのであろうか。

恵泉女学園では、創立者河井道が敗戦直後、新政府における「教育刷新委員会」の一員として教育基本法の成文化に寄与しているだけに、すでに本年（二〇〇六年）三月二七日付で、「国旗・国歌について――恵泉女学園の公的立場」という文章を学園長・大口邦雄名で学園内に向けて公布している。これは学園構成メンバー内部の申し合わせで、今のところ学園外に公表していないので、ここにその全文を紹介することはできないが、その趣旨は、「国旗を掲げ、国歌を歌うことは個人の自由に属するが、これを公教育の場において、いかなる意味においても強制すべきではない」というものである。実際、安積力也・中学高等学校長などは早くから、「個人の尊厳」を重んじ、「人格の完成」を目指す教育基本法の「教育原理」の重要性を、学内外に発信し続けている。また、大学教職員有志は、一一月一日付けで「教育基本法「改正」法案反対のアピール」を公表し、一四日には木村利人学長が、キリスト教学校教育同盟加盟の他大学学長と共に国会内で記者会見した。

幸い、去る九月二一日に東京地裁で、都教委が出した「国旗・国歌」についての通達や職務命令は、「日の丸・君が代」の強制に反対する教職員の思想・良心の自由を侵害することになり、憲法一九条に違反するという判決が出された。しかしこれは、現憲法と教育基本法のもとでの判決である。「国民は国家のためにある」という認識に基づく教育基本法改正法案や改憲法案が国会で成立したら、この判決は覆される可能性が十分にある。（現に都教委は高裁へ上訴しているし、「改正」教育基本法案は一二月一五日に成立した）

　このような現実に直面して、学校全体に批判的思考力を育むことなしに「学校伝道」を力説していては、キリスト教教育が再び国家権力に飲み込まれるのではないか。

　以上の小論の中の「教育」を、今ここでは「教会」に置き換えて読んでいただきたい。

　さて、「改正」教育基本法を教育界に徹底させるために、「教育三法案」なるものが、三月一八日に衆議院を通過した（六月二〇日に参議院で可決成立）。それは①地方教育行政法、②学校行政法、③教員免許法から成り、①は教育委員会に指示・要請する権限を文科相に与えること、②は義務教育の目標に「愛国心」を盛り込むこと、また、学校に副校長や主幹教諭や指導教諭を置くこと、③は教育免許の有効期限を一〇年に限り、更新するには講習を条件とすることなどを、それぞれ規定したものである。

　他方、「教育再生会議」なるものの第二次報告では、学校教育における従来の「道徳」の科目を「徳育」の教科に格上げして、文科省の認定に基づく教科書により、道徳教育の強化を進言している。子どもたちに日常生活上のルールを教え育むことは、もちろん大切なことであるが、「徳育」を必須の教科として教科書により国家の価値観を押し付けることは極めて危険である。

2　改憲への動き

自民党を中心に改憲への動きが着々と推進されている。

まず、自民党は二〇〇五年一一月一二日に新憲法草案を公表した。以下に、この草案と現憲法を対比して、その問題点を指摘しておく（↓の上が現憲法、↓の下が草案）。

・前文の主権在民と恒久の平和↓国家への愛情・責任感と国際平和。

・第九条の二項（戦力の放棄と交戦権の否認）↓自衛軍を保持。

・第一二条（国民の自由と権利の保障）と第一三条（個人の尊重）↓公益及び公の秩序に反しない限りにおいて。

・第二〇条（信教の自由）の三項（国家による宗教活動の禁止）↓「社会的儀礼又は習俗的行為」は「宗教」から除外。

・第九六条（改正）議員総数の三分の二以上↓過半数。なお、この条項は、改正の手続きを規定するものであって、草案が目指す憲法の基本原理の改変を許容するものではない。ところが自民党の新憲法草案は、軍隊の保持などにより平和憲法の基本理念を改変するものであるから、現憲法に照らし、若干の憲法学者によって「憲法違反」の疑いさえかけられている。

次に、二〇〇七年五月一四日に、改憲実現の手続きとして、国民投票法案が国会で成立した。これは成立三年後に改憲可否の投票を実現させるものであるが、その問題点は、「最低投票率制」無しに投票数の過半数で可能としていることである。これによれば、投票総数が有権者総数の二〇パーセント程度でも可決できることになる。

第三に、その四日後の一八日、「集団的自衛権」について研究する首相の私的「有識者懇談会」が発足した。首相は「同盟国」アメリカに「軍隊」をもって協力するために、改憲を待てないのである。

憲法第九条のもとでは必要最小限の自衛権しか行使できない。そのために、同盟国が攻撃された場合、自国への攻撃とみなして、それを軍事力で阻止する権利を憲法から解釈できる可能性を探り出そうというのである。これは常識的には全く不可能であろう。にもかかわらず、選ばれた懇談会のメンバーはその可能性を支持する人物だけである。

こうして六月七日、自民党は選挙公約を発表し、その中で憲法改正を二〇一〇年に発議することを謳っている。

なお、以上に挙げた三つの法案、すなわち改正教育基本法、教育三法、国民投票法のすべてが、国会において数を恃《たの》む与党による強行採決によって成立している。これは与党による政治ファッショではないか。

がんで闘病中の小田実さんが、朝日新聞（六月五日付）のインタビューで、このように急速な改憲への動きに対し、こう危惧している。「(一九)三三年の『全権委任法』で、ナチスがワイマール憲法をなし崩しにした過程にそっくりだ。……少数独裁民主主義になるのではないか」。

小田さんは私と大学院西洋古典学科の同窓であり、彼の行動的文学活動には心から敬意をもっていたのであるが、残念ながら六月三〇日にその波乱に富んだ生涯を閉じた。

最後に、皆さんご存じの日野原重明さんが、朝日新聞に連載中のコラム「九五歳私の証——あるがままに」(六月九日付)で、私たちに次のように希っていることを紹介して、私のメッセージを終わりたい。

平和憲法をめぐる状況は、私が恐れていた以上に、悪い方向に向かっているようです。安倍内閣は、日本国憲法を改めようとしています。米国と共存するために、自衛軍の名のもとに普通の軍隊を復活させようとしているのです。

国民投票が行われる前に、みなさんぜひ、現憲法を心して読み返してほしいのです。そして、日本を再び戦争に引き入れる危険のある憲法改正を阻止するための国民運動を展開してほしいと思います。

……私たち高齢者にできることは、残り少ない戦争体験者として、つらい記憶を、戦争を知らない世代に根気よく語り継ぐことだと思うのです。

付記　以上は私が二〇〇七年六月一七日の懇談礼拝で語ったメッセージを文章化したものである（ただし、括弧内の説明は文章化の過程で加筆）。その後、七月二九日に参議員選挙があり、自民党が予想外の大敗をした。結果、前述の憲法九六条の規定で改憲の発議は議員の三分の二以上を必要とするので、自民党の改憲発議は容易に通らなくなったことになる。しかし、この度の選挙で大勝した民主党は、改憲についてはむしろ賛成している（もちろん、その内容は自民党の改憲案と多少異なるが）。したがって、この三年間の間に両党で改憲案の調整がついたならば、改憲の発議は十分可能になるだろう。私たちは、あくまで改憲の動きに抗っていきたい。

『まぶね便り』（日本基督教団まぶね教会）9、二〇〇七年

21　キリスト教の「再定義」に寄せて

佐藤研がその新著『禅キリスト教の誕生』(岩波書店、二〇〇七年)の中で「キリスト教」の再定義」を試みている。彼は、伝統的キリスト教に欠けている、「自己死滅を直接的・体験的に通らせる」座禅に基づく「方法論」をキリスト教に導入して(一八九頁)、これを次のように「再定義」する。

「イエスにおいて人間の本質と可能性を知り、イエスの生死に学ぶ宗教」(一二七頁)

そして佐藤は、もし「キリスト」という言葉を「キリスト教」の再定義に入れずにはすまないだろうというのであれば、「人間の本質と可能性」を「キリスト」という符牒で表わしてもかまわない、と言う。問題は、どのような名称をイエスにつけるかではなくて、イエスにおいて、「人間の深みとその展開の可能性」をどのように学ぶかだ、と(一二七―一二八頁)。

佐藤によれば、これからの「キリスト教」は、イエスをキリストと信ずる「信仰」から、人間と「同等なる者の第一人者」（primus inter pares）としてのイエスにおいて人間の本質を「覚知」し、それを実践する宗教へと自己をラディカルに変革しなくては、将来生き残ることは不可能である。しかもそれは現に、欧米や日本において佐藤のいわゆる「禅キリスト教」として「誕生」しつつある。しかし、いわゆる先進国のキリスト教のメインストリームは総じて、このような果敢な自己変革に取り組んではおらず、その中のとりわけ保守的部分には、逆に「これまで以上に伝統主義に回帰固執する傾向」が見て取れる。キリスト教の中で最も多いこの部分は、「信条的信仰生活」に引きこもって、辛くも自己を保存している（「定常キリスト教」）。そして、残りのより少数のキリスト教徒には、一方ではこうした「時代錯誤的な反動退化」と、他方では「急進的変革」の間にあって、一定程度の改革を目指す部分も存在する（「良識キリスト教」）。

このような佐藤の分類（七〇―七一頁）によれば、私などの所属するキリスト教は辛うじて「良識キリスト教」にランクづけてもらえる程度であろう。にもかかわらず、佐藤の新著の編集者が小著『ユダのいる風景』（岩波書店、二〇〇七年）の帯にも「キリスト教の再定義へ」と謳ってくれたことは、大変名誉なことである。その理由はおそらく、私が小著により、キリスト教に伝統的な、たとえば「初代教皇」ペトロと「裏切り者」ユダに象徴される正邪の二分法的思考を、その「恵み」が万人に及ぶ神の愛の宣教によってすでに無化していたのが他ならぬイエスであり、そのイエスをこそキリストと信ずる信仰共同体がたとえ傍流であってもキリスト教の歴史に存在したことを裏づけたからであろうと思われる。

ところで佐藤は、新著の第一一章で「「禅キリスト教」の概要」をまとめ、それを「教義」、「聖典」、「儀式」、「組織」にわたって略述しているが、キリスト教団が組織として自己を維持するために不可欠な「儀式」、たとえば入会儀礼としての「洗礼」や、さらに受洗者にのみ許容される「聖餐」に相当するような、「禅キリスト教」の「儀式」についてはほとんど言及していない。おそらく「禅キリスト教」そのものが、「一箇の組織体ではない」からであろう。それは、「カトリック、プロテスタント、正教と並んで、もう一つの教派を興すものではない。むしろそれらを横断的に貫き、キリスト者でありながら座禅をする者という意識が成立させる連帯性(communitas)である。別な言い方をすれば、カトリックもプロテスタントも飲み込む一つの民衆運動潮流なのである」(二一九頁)。また、佐藤が教会の洗礼や聖餐にほとんど興味を示さないのは、彼が現在、特定の教団や教会には積極的にコミットしていないからであろう。

しかし、このようなキリスト教の「再定義」の動きと真っ向から対立するような「時代錯誤的」流れが現在日本のキリスト教会で表れつつある。去る一〇月二二―二三日に開かれた日本基督教団(日本におけるプロテスタント最大の教派)の常議員会において、議員の一人K牧師に対する「教師(牧師)退任勧告議案」が可決されるという憂慮すべき事件が起こった。その理由は、K牧師が教団の「教憲教規」に違反して、教会において洗礼を受けていない者(「未受洗者」)にも聖餐にあずからせたことにある。しかし、「聖餐にはバプテスマ(洗礼)を受けた信徒があずかるものとする」という文言は、教憲教規にはなく、それに準じて各個教会が定めるべき教会「規則（「準則」第八条）」に記されているだけである。

「未受洗者に開かれた聖餐は、教会の礼拝に集うすべての人とともにこの世で最も小さくされた者のために全存在をささげられたイエスの出来事を想起する教会的行為だと思っている」と言うK牧師は、その思いを自分の教会で実現すべく、教会員の間で二年数カ月にわたる聖餐問題の勉強会を続け、教会全体懇談会を経て、一九九九年三月の教会総会で、前述した準則第八条の削除を絶対的賛成多数で可決するに至った。

近年、世界の教会の潮流は、とりわけヨーロッパの教会では顕著に、聖餐はむしろ未受洗者にも開かれる傾向になってきている。それは現在、外国人労働者など未受洗者が多く教会に集うようになり、礼拝における聖餐から彼らを排除すると、それが外国人差別と受けとられるという、いわば消極的理由だけによってではない。イエス自身が当時、ユダヤ教により「穢れた存在」として交際を禁じられていた「罪人や収税人」などとあえて食事を共にした（マルコ福音書二章一五―一七節）。また、「牧人のない羊のようだった」多くの群衆を目撃して、イエスは「腸《はらわた》のちぎれる想いに駆られ」、彼らの飢えを僅かなパンと魚で奇蹟的に満たしたと言われる（同六章三二―四四節）。このような「最も小さくされた者」との共苦・共食が歴史的には「聖餐」の起源なのである。他方伝統的には、イエスとその弟子たちとの「最後の晩餐」が聖餐式の起源とされている。しかしこの場面でも、イエスへの「裏切り」がすでに彼自身によって予告されているユダも照)。

この「聖餐」にあずかっていた(同一四章一七―二五節)。イエスによれば神の恵みは、「善人」とか「悪人」とかいうこの世的価値基準を超えて、万人に及ぶのである(マタイ福音書五章四五節参照)。

もちろんキリスト教が組織化されていく過程で、かなり初期の時代から入会儀礼としての洗礼を入信志願者に義務づけ、聖餐への参与を受洗礼者に限るようになった。それが伝統として世々の教会で継承されてきたのである。しかし、洗礼はあくまで信仰を告白して入信し、教会を維持していこうとする決意表明の儀礼的徴でしかなく、それがキリスト者であるための不可欠の条件ではない。もしそうならば洗礼は、パウロがイエスの「福音」によってそれからの「自由」を説いた「割礼」と本質的に同一になろう(ガラテヤ書五章一―一六節)。また、聖餐が受洗者に限られたのは、「正統信仰」が成立する二―三世紀以後のことであって、紀元後五〇年代にパウロが史上はじめてイエスの聖餐設定辞を引用し、その理由を述べている箇所(Iコリント書一一章一七―三二節)にもそのような文言はない。ここでパウロは「ふさわしくない仕方で」聖餐にあずかる者たちを戒めているが、「正統」を自認する教会指導者のようにこの「者たち」を未受洗者と同定することは、文脈からみて明らかに不当である。ここではむしろ教会における共同の食事に労働のため参加が遅れている貧者たちを無視して、勝手に飲み食いして教会の交わりの一致を乱す「富者」たちが戒めの対象なのである(ちなみに、当時「聖餐」と日常の「食事」とは区別されていなかった)。

実際、Ｋ牧師をはじめ聖餐を未受洗者に開いている牧師たちは、ほとんど例外なく、この格差社会からドロップアウトせざるをえなくなった「最も小さくされた者たち」との共生を介して教会形成を志向している。この限りにおいて彼らは、佐藤が前掲新著の第一一章の中で「禅キリスト教」の「組織」を概説しているくだりで述べている「ある意味では静かな社会変革の最先端にいる」「禅キリスト教的流れに関わる人々」（二一九頁）と同種の志向性をもっていると言えよう。

これらの、佐藤のいわゆる「良識キリスト教」の流れを断ち切って、まずはその見せしめにＫ牧師に対して「教師退任」を勧告することを辞さない教団指導体制は、教団の「信仰告白」と教会「規則」を絶対化することによって教団所属の教会を「これまで以上に伝統主義に回帰固執」せしめ、「時代錯誤的な反動退化」に甘んじて自己を保存する「定常キリスト教」へと「指導」しようとしているとしか思えないのである。

『思想』（岩波書店）一〇〇六号、二〇〇八年

22 「この杯をわたしから取りのけてください」

――マルコによる福音書一四章三六節

私にとって耐え難く辛いのは、私より年下の人々、特にかつて教え子の訃報に接した時である。実際、この二年の間に、卒業後も親しく交わってきた四人の教え子が相次いで亡くなった。その度ごとに、神を呪いたい思いにさえ駆られる。

もちろん私は、ヨブが最初にサタンの試みに遭った時に語った、次の言葉を知っている。「わたしは裸で母の胎を出た。裸でそこに帰ろう。主は与え、主は奪う。主の御名はほめたたえられよ」（ヨブ記一章二一節）。しかしこのヨブも、その後さらに降りかかる苛酷なサタンの試みに耐え切れず、自分が生まれた日を呪ったではないか（同三章一節以下）。

ゲツセマネの祈り――「弱者」としてのイエス

このような時に、私が「呼びかけ」を感じる聖書の言葉は、十字架の死に直面したイエスの最期の祈りである。

「アッパ、父よ、あなたは何でもおできになります。この杯をわたしから取りのけてください。しかし、わたしが願うことではなく、御心に適うことが行われますように」。（マルコによる福音書一四章三六節）

このいわゆる「ゲツセマネの祈り」は、多くの場合、祈りの後半、つまり自分の願いではなく神の願いに身を委ねる、神に対するイエスの究極的信頼に強調点を置いて解釈される。しかし私には、少なくともマルコ福音書の場合、祈りの前半、すなわち迫り来る死の運命（「杯」）を自分から除去してほしいという、死の恐れと苦しみからの解放を祈願するイエスの人間的弱さのほうが強調されているように思われる。

その理由は第一に、この祈りにおける神への呼びかけに「アッパ」が用いられていることである。この「アッパ」はアラム語で、子どもが父親に親しみを込めて呼び求めるときに用いる「お父さん」を意味する用語である。そして私には、マルコ福音書の文脈の中にこの用語を位置づけると、アラム語の原意が生きてくると思われる。すなわち、とりわけマルコ福音書において、イエスは「女子《おんなこ》ども」の位置に立ち、彼のもとに歩み寄る彼ら彼女らを「そうするままにさせておく」ようにと、それを押しとどめようとした弟子たちを戒めている（一〇章一四節）。当時のユダヤ社会において、女子どもは「弱者」とみなされていた。イエスはこのような「弱者」の一人になりきって、神に対し「お父さん」と呼びかけて死の苦しみからの解放を神にねだっている。

第二に、この祈りの直接前の文脈で、イエスの死への恐れと苦しみが強調されている。――「イエスはひどく恐れてもだえ始め、彼ら（弟子たち）に言われた。『わたしは死ぬばかりに悲しい。ここを離れず、目を覚ましていなさい』。少し進んで行って地面にひれ伏し、できることなら、この苦しみの時が自分から過ぎ去るようにと祈り、こう言われた」（一四章三三節―三六節）。そして、「こう言われた」ことの内容が、すでにそれを引用した「アッパ」で始まるイエスの最期の祈りなのである。

第三に、この祈りの直接後の文脈で、弟子たちの弱さが強調されている。彼らはイエスによって、「目を覚ましていなさい」と言われていたにもかかわらず、師の苦しみをよそに眠りこけていた。イエスが祈りの後、戻って見ると、弟子たちは眠っていたので、ペトロに言った、「シモン、眠っているのか。わずか一時《いっとき》も目を覚ましていられなかったのか。誘惑に陥らぬよう、目を覚まして祈っていなさい。心は燃えても、肉体は弱い」。更に向こうへ行って、同じ言葉で祈られた後、もう一度戻って見ると、弟子たちはまだ眠っていた。イエスは三度目に戻って来て、弟子たちに言われた。「あなたがたはまだ眠っている。休んでいる。もうこれでいい。(死の)時が来た。人の子(イエス)は罪人たちの手に引き渡される。立て、行こう。見よ、私を引き渡す者(ユダ)が来た」(一四章三七—四二節)。

最後の一句「立て、行こう」を、その前の「あなたがたはまだ眠っている。休んでいる」と続けて読めば、私たちはここから、イエスの苦しみをよそに眠り続ける弟子たちに対する彼の叱責というよりも、むしろ励ましを、死という神の意思の不可避性に共に身を委ね、毅然としてそれに立ち向かおうというイエスの促しをわずかに読み取ることができよう。

こうしてみると、「ゲッセマネの祈り」の場面では、全体として、死を恐れ苦しむイエスの弱さと、師の苦しみを理解できない弟子たちが前景に出され、その上で、イエスがその弱さをもって弱い弟子たちを受け入れて、弟子たちに向かい、自らと共に弱さを克服し、死という神の意思としての不可避性に身を開くことを促している。パウロはこの事態を、「わたしは弱いときにこそ強い」と言い表している(コリントの信徒への手紙Ⅱ一二章一〇節)。

イエスの死——復活による再会の約束

同じ事態がこの後に物語られる「イエスの死」の場面(一五章三三—四〇節)にも妥当するので

はなかろうか。

イエスは十字架上で、「わが神、わが神、なぜわたしをお見捨てになったのですか」と大声で叫んだ。この言葉は詩編における「苦難の僕《しもべ》」の言葉（二二編一節）と重なるので、イエスを苦難の僕として提示しようとした、受難物語作家あるいは福音書記者マルコがこの言葉を十字架上のイエスに語らせたと言われる。たとえそうであったとしても、私には、ここでイエスが同じ詩編の四節以下に続く、神への信頼の言葉を語っていないことが重要と思われる。十字架上でイエスが叫んだ言葉それ自体には、神の名を叫びながらも自分が十字架にかけられたことの意味を、神に問いかけるイエスの絶望感が滲み出ている。ここでイエスはその弱さの極致を露呈している。

しかし、この弱さが、この場面でおそらくイエスの十字架刑を指揮していたローマの百人隊長には「強さ」となって迫った。彼は、イエスがこのように息を引き取られたのを見て、「本当に、この人は神の子だった」と告白した。

他方、イエスと共に死の不可避性に身を開いたはずの弟子たちは、この時どうしていたのであろうか。彼らは師が逮捕された時、すでに「皆、イエスを見捨てて逃げてしまった」（一四章五〇節）。十字架上のイエスを遠くから見守っていたのは、男弟子たちではなく、イエスがガリラヤにいた時、「彼に従い、仕えていた」マグダラのマリアをはじめとする女たちだけであった。男弟子たちは、エルサレムの郊外にでも身を隠していたのであろう。

にもかかわらず、マルコによる福音書におけるイエスの復活物語（一六章一―八節）では、イエスの遺体に香油を塗るために墓を訪れたが、それが空になっているのを発見して「ひどく驚いた」女たちに天使が現われ、彼女らに次のように告げている。「さあ、行って、弟子たちとペトロに告げなさい。『あの方は、あなたがたより先にガリラヤへ行かれる。かねて言われたとおり、そこでお目にかかれる』と」。

イエスを見捨てて逃げ去った「弱さ」の極みの弟子たちに、ここで天使はガリラヤにおける復活のイエスとの再会を約束している。しかも、私見によれば、この弟子たちの中にはイエスを裏切ったと言われるユダも入っている。なぜなら、ここで「かねて言われたとおり」とあるように、イエス自身が弟子たちと「最後の晩餐」をもった後、オリーブ山に出かけた時、ユダを含む弟子たちに対し、彼らの離反を予告すると共に、復活の後に彼ら「より先にガリラヤへ行く」ことを約束しているからである（一四章二七―二八節）。

ところで、マルコによる福音書は、天使の御告げに恐れ慄《おのの》く女たちの描写で唐突に終わっている。彼女らは「墓から逃げ去った。震え上がり、正気を失っていた。そして、だれにも何も言わなかった。恐ろしかったからである」。私はこのような福音書の結末の意味を、以下のように読み解く。――マルコはイエスに十字架にいたるまで従い仕えた女たちを、まことの弟子として、イエスに従い得ない男弟子たちの対極として描きながらも、最後の場面で、この女たちもイエスとの再会約束伝達に従い得なかったこと、つまり女たちの弱さを明示した。このことは、今までこの女たちに自らを重ねて福音書を読んできた読者、とりわけ女性の読者に、彼女らへの命令を、彼女らの弱さを超えて果すことを促している。そして男性の読者には、その約束を受けてガリラヤでイエスに出会う道行へと出発し直すことが求められている。

もしそうだとすれば、マルコによる福音書は、愛する教え子たちの死の意味を理解できずに神を呪う思いにさえ駆られるこの弱い私にも、復活のイエスとの再会を約束する福音を伝えているのではないか。私より先に逝った若い友は、すでにそのイエスに再会しているであろう。

『婦人之友』（婦人之友社）、二〇〇八年四月号

23 「コンパッション」に寄せて

愛妻を「穏和の園」でケアいただいている親しい知人を介して、新生会理事長・原慶子さんの近著『福祉コミュニティの礎《いしずえ》』を贈られた。私は原さんが、いわば「批判的スピリチュアリティ」を裡《うち》に秘め、「福祉をビジネスとし、企業間の競争により国家責任から民間の自己責任に移行する」福祉行政に「心の底から怒り」つつ、「福祉・医療の仕事を「愛の業」として実践していくためには、どうしても「compassion」を根源に据えなければならない」と主張しておられる下りに、心から共鳴を覚えた。

以下に私は、一般的に「憐れみ」(「憐れみ深い」)と訳される compassion (compassionate) に寄せて、私の専門領域(新約聖書学)から「共鳴の詞《ことば》」を記す。

たとえばイエスは、次のように言う。「あなた方の父(神)が憐れみ深いように、あなたがたも憐れみ深い者となりなさい」(ルカ福音書六章三六節)。まさにこの「憐れみ深い」に当る原語(ギリシア語)が最新の英語訳聖書 The Revised English Bible で compassionate と訳されている。

他方イエスは、「重い皮膚病を患っている人を癒す」奇蹟物語の中で、「彼らを深く憐れんで」癒している（マルコ福音書一章四〇―四五節）。また、「善いサマリア人の譬話」では、強盗に襲われて半殺しにされたまま横たわっていた旅人を見たサマリア人が、「憐れに思い」、彼を助けたと言われている（ルカ福音書一〇章三〇―三五節）。

実はこの「憐れむ」と「憐れみ深い」は、原語では異なるが、意味は同一なのである。私たちは「憐れむ」に当るギリシア語を、原意に即して、「腸《はらわた》のちぎれる想いに駆られる」と訳した（『新約聖書』岩波書店）。この「想い」には「苦しむ者」に対する「共感」（共苦）と、「苦しませる者」に対する「怒り」が同時に含まれていよう。

とすれば、「コンパッション」は、まさに「（怒りをもって）共に感じる、あるいは、共に苦しむこと」の意となる。

『新生』（新生会）、第三〇巻冬号、二〇〇八年

24　ドストエフスキー『罪と罰』

――私を変え、今も同行する一冊

ドストエフスキー

　フョードル・ミハイロビッチ・ドストエフスキー（一八二一年一一月一一日―一八八一年二月九日）は、レフ・トルストイやアントン・チェーホフなどと共に一九世紀後半のロシア文学を代表する文豪である。彼の著作は、「当時広まっていた理性主義万能（社会主義）思想に影響を受けた知識階級（インテリ）の暴力的な革命を否定し、キリスト教に基づく魂の救済を訴えている」と一般的には言われている（フリー百科事典『ウィキペディア』）。しかし、少なくとも『罪と罰』から読み取られる限り、彼は当時のロシア帝政とそれを宗教的に支えた正統的ロシア正教に対しては批判的であり、むしろこれら政治的・宗教的体制下に抑圧されていた民衆、とりわけ「娼婦」に代表される被差別民と彼ら・彼女らを精神的に支えた、ロシア正教からの「分離派」に共感している（江川卓『謎解き『罪と罰』』新潮選書、一九八六年。同『ドストエフスキー』〔特装版〕岩波新書 評伝選、一九九四年参照）。

ドストエフスキーはモスクワで貧民救済病院の医師の次男として生まれて一五歳までモスクワの生家で暮らした。彼の少年時代、父親は、農奴たちに加えた暴力行為が基で、ある農奴によって殺害される。この事件が彼の生涯と作品に間接的に影響を与えたものと思われる。

彼は（サンクト）ペテルブルクに出て作家生活に入るが、処女作『貧しき人々』が評論家ベリンスキーに激賞され、華々しく作家デビューを果たす。しかし、続いて発表した『白痴』などは酷評をもって迎えられた。失意ののち、空想的社会主義サークルに入り、その一員となったため、一八四九年（二九歳）官憲に逮捕され、死刑の判決を受けるが、処刑間際に特赦となり、一八五四年までシベリアで服役した。この時の体験に基づいて後に『死の家の記録』を著すが、『罪と罰』の主人公ラスコーリニコフのシベリアにおける流刑生活もドストエフスキー自身の体験に基づいている。

刑期終了後、兵士として勤務した後、一八五八年にペテルブルクに帰る。「この間に理想主義的な社会主義者からキリスト教的人道主義者への思想的変化があった」と言われる（前掲『ウィキペディア』）。しかし、その後に発表された『罪と罰』から判断する限り、後ほど詳述するように、「社会主義者」的発想から殺人を犯したラスコーリニコフは最後までその罪を悔改めておらず、ソーニャやその父マルメラードフに盛られている「キリスト教」は単なる「人道主義」ではない。

ドストエフスキーの賭博好きは彼の生涯に貧困生活を強いた。借金返済のため、出版社との間に無理な契約をして、締め切りに追われる日々を送った。あまりのスケジュール加重のため、『罪と罰』や『賭博者』などは口述筆記という形をとった。速記を担当したアンナ・スニートニカは、後にドストエフスキーの二番目の妻となっている。

その後、『白痴』、『悪霊』、『未成年』など大作を発表し、晩年に彼の文筆生活の集大成ともいえる長編『カラマーゾフの兄弟』を脱稿。その数日後一八三一年二月九日に家族に看取られながら六〇歳の生涯を閉じた。

小説以外の著作としては『作家の日記』がある。しかし、これはいわゆる日記ではなく、雑誌『市民』で彼が担当した文芸欄に掲載した政治・社会評論、エッセイ、短編小説、講演原稿、宗教論などを含み、これは没後、ドストエフスキー研究の貴重な文献資料となっている。

この『作家の日記』の中に、ドストエフスキーがその作品の中に生涯追究した「悪」の問題について、次のように論じられている。

悪は人類のなかに、万病を治すと自称する社会主義者が考えるよりもはるかに深くひそんでいて、いかなる社会組織があっても、悪は避けることはできず、人間の魂は同じままで存続し、異常と罪が生ずるのは人間の魂からだけであり、最後に、かくして人間精神を支配する法則はいまだにまったく不明、不確実、神秘的であるがゆえに、いまだ最終的な治療または決定を言える医者も裁判官さえも存在せずまた存在するはずがなく、唯一の裁き手としては〝復讐《ふくしゅう》はわれにあり、われこれ与えん〟と言う神だけが存在する。（一八七七年、八月号、第二章「アンナ・カレーニナ論」）

そして、『ブリタリカ　国際大百科事典』（ティビーエス・ブリタニカ、一九八五年）で「ドストエフスキー」の項目を担当している新谷敬三郎氏は、「この言葉こそドストエフスキーの信条であり、この信条が彼の全創作の根本的な動機となっていたのである」とコメントしている（五三九頁）。ただ注意すべきは、この「唯一の裁き手」としての神の「復讐」は、少なくとも『罪と罰』の主人公ラスコーリニコフにとってアンビバレント（両義的）であるということであろう。それは一方において、自ら超人の領域に「踏み越え」ようとするラスコーリコフ自身に対してであると同時に、自らを神の代理人とするロシア正教の大司教に対してでもある、と少なくとも私には思われる。

『罪と罰』のあらすじはほぼ次の通りである。

ナポレオンやマホメットのような「すべてのことはゆるされている」超人は、既成の社会的規範を踏み越えて人類の幸福を構築しうるという理論に導かれて、赤貧の元学生ラスコーリニコフは、貧者の血を吸って暴利を貪る「しらみ」のような高利貸しの老婆アリョーナ・イワノーブナを殺害する。ところがその直後に帰宅したアリョーナの妹、信仰深くソーニャに聖書を託するリザヴェータをも殺してしまう。

しかし、ラスコーリニコフは犯行直後から孤独感に苛まれる。そして、予審判事ポルフィーリの巧妙な心理的追求に脅かされ、地主スヴィドリガイロフの罪意識を欠く醜悪な振舞いを嫌悪する。

やがて娼婦ソーニャのやさしさに満たされた批判に触れて自白に赴き、シベリアに送られ、同行したソーニャへの愛を介して「復活」を経験し、二人で築く「新しい現実」を知るようになる物語を暗示して終幕となる。

私を変えた『罪と罰』

さて、一九四五年八月一五日、私は一五歳、(旧制)中学三年生の時、敗戦を迎えた。そして翌年、中学四年生の秋、敗戦前後の長期にわたる学徒動員(工場労働や農地開拓)の結果、私は栄養失調に陥り、おそらくそれが原因となって結核性肋膜炎を患い、病床に伏せる身となった。その頃私は、(旧制)第一高等学校の入試準備に没頭しており、枕元まで参考書を山積みにしていたのだが、父はそれを撤去して、代わりにアンドレ・ジイドやドストエフスキーなどの作品を並べた。半年間は休学しなければならないのだから、受験は諦めて、この機会に文学作品に親しんだらどうかという父の配慮であったと思う。

私は敗戦を契機として人間不信に陥っていた。たとえば中学校では、戦時中あれほど「鬼畜米英」を呪い、敵性言語である英語でさえ授業から外しておきながら、敗戦になると途端に英語ができない者は「民主主義」がわからず、新日本の復興に貢献できないと、同じ教師がことあげする。私の父は秋田県の田舎の牧師であったが、戦争中は戦時体制に一定の抵抗はしたものの（日曜礼拝の式順に「国民儀礼」――国旗に敬礼し、宮城遥拝をするなど――を組み入れなかったのは、秋田県においてはおそらく父の牧する大曲教会だけであった）、私たち兄弟には毎朝玄関前に出て宮城を遥拝させ、礼拝でも日本の「必勝祈願」をしていた。それが敗戦後に一変した。それまでは礼拝出席者が二、三人に過ぎなかったのに八月一五日の後の最初の礼拝には会堂が立錐の余地がないほど会衆によって埋めつくされ、父はと言えば、説教の中で敗戦を神の摂理として受け止め、会衆に激しく「悔い改め」を迫ったが、同時に断固として、しかも涙ながらに天皇制護持を訴え、会衆の圧倒的支持を得たのである。

私は少年ながら、あるいは多感な少年であったからこそ、大人たちの豹変、しかも本質的には戦中戦後を通じて変わることのない価値観に戸惑うばかりであった。その人の名によっておびただしい数にのぼるアジアの民を殺害しておきながら、その人の責任は問われず、戦後の混乱期に困窮にある人々を欺いて暴利を貪り、富を築いている、時の「新興成金」に私は激しい怒りを憶えていた。時代の体制を糊塗するイデオロギーに、それが民主主義であろうとキリスト教主義であろうと私は一切信用をおかなくなっていた。信頼できるのは自分以外にない。自分が時の規範を超えて生きるしかない。ところがその自分が、当時としてはほとんど不治と思われていた結核性肋膜炎に罹り、しかもこの種の病に罹るとかえって高じてくる肉欲の虜となって、肉欲は悪と教えられていた牧師の家庭では、悶々とする日々が続いていた。

その後、私が『罪と罰』との出会いを介して洗礼を受け、最初期のキリスト教、とりわけ新約聖書を研究するようになった事情については、小著『イエス・キリスト——三福音書による』（講談社学術文庫、二〇〇一年）、二〇—二三頁に書いたので、以下に、若干の加筆をし、一部を省略して、引用させていただく。

当時病床にあってはじめて自ら手に取って読んだ聖書（文語訳）の中に、「噫《あゝ》われ悩《なや》める人《ひと》なるかな、此《こ》の死《し》の體《からだ》より我《われ》を救《すく》はん者《もの》は誰《たれ》ぞ」（ロマ書七章二四節）というパウロの叫びを発見したとき、はじめて私は聖書の中に自分と同じ一人の分裂した人間を感得することができたのである。

しかし、私が自分を変えられ、結局洗礼を受けるようになったのは、直接聖書を読んだ結果ではない。それはむしろドストエフスキーの作品を介してであった。私はその時までおよそ小説というものを通して読んだ経験がなかっただけに、人並みにまず『罪と罰』を読んだときは、それこそ完全に引き込まれていったことを憶えている。そして、それを最初に読んだとき、私はラスコーリニコフの中にほかならぬ私自身を見出して戦慄したものである。しかし、これを二度目に読んだとき、私はソーニャの父親のマルメラードフの中に、彼と自分を重ねていくことが許されるような何かを感じ取ったのである。すなわち、マルメラードフがあの有名な独白の中で、娘を売り出すまで完全な破綻《はたん》に陥ったあらゆる意味で無資格者である自分をも、キリストは最後の審判のとき、「なんじ豚どもめ！……そなたらも来るがよい」と呼んでくださるのだ、と酔いしれながら告白するくだりを繰り返して読んでいるうちに、あるいは私のような自己中心的で恥知らずもキリストの愛の中に生きることが赦されるのではないかと思いはじめたのである。（以上、『罪と罰』からの引用は、米川正夫訳「ドストエフスキー全集」六、河出書房新社、一九六九年より）

これが誘因となって、私は聖書を通読した。その結果、とりわけイエスが中風の者に向かって、「人よ、あなたの罪は赦された」（ルカ福音書五章二〇節）と宣言し、それに対して文句をつけた律法学者とパリサイ派の人々に、「人の子は地上で罪を赦す権威を持っている」（ルカ福音書五章二四節）と言う個所と、「健康な人には医者は要《い》らない。要るのは病人である。私が来たのは、義人を招くためではなく、罪人を招いて悔い改めさせるためである」（ルカ福音書五章三一―三二節）というイエスの言葉によって、私は悔い改めの決意をしたのである。もちろん当時私は、このイエスによる罪の赦しに至る悔い改めの勧めに、パウロのいわゆる

「信仰義認論」（人は律法の行為によってではなく信仰のみによって神から義《ただ》しいと認められるという教え）を重ねて読んでいた。こうして私は、いわば正統的信仰の告白を、病の癒えた次の年、つまり一九四七年の春、一七歳のときに公にした。

（中略）

しかし、とりわけ敗戦の体験を引きずっている私にとっては、自分自身の信仰のあり方との関わりにおいて、キリスト教と国家、信仰と社会との関係をキリスト教の根源に遡ってできうる限り客観的に把握してみたいとの思いに駆られて、当時矢内原忠雄先生が学部長をしておられた東京大学教養学部教養学科と大学院西洋古典学科に進み、当時ヨーロッパから帰国されたばかりの少壮の聖書学者・前田護郎先生のもとで自らの志を遂げようとしたのである。そして、ここで先輩に佐竹明、同輩に八木誠一、後輩に田川建三を持つことになる。

さて、私はこれらの友人たちと共に聖書と初期キリスト教諸文書を西洋古典文学の一つとして読み進めていくうちに、私の単純な信仰が少なくともそのままの形では学問研究の成果に耐えないことを次第に思い知らされていった。たとえば、先に引用したルカ福音書五章三一―三二にしても、これはルカがマルコ福音書二章一七節を素材にしてそれを自らの立場から書き改めたものであって、肝心の「罪人を招いて悔い改めさせるためである」の「悔い改めさせる」は元来マルコ福音書二章一七節にはなく、ここで端的に「罪人を招くためである」となっている。

また、ルカ福音書五章二四節（マルコ福音書二章一〇節並行）の「人の子は地上で罪を赦す権威を持っている」というイエスの言葉にしても、この言葉の「罪の赦し」とパウロのいわゆる「贖罪《しょくざい》」とは明らかに意味内容が異なっている。前者の場合は、当時のユダヤにおける政治的＝宗教的支配者たちが病人をはじめとする「地の民」（不可触民）に押しつけていた「罪」（律法違反の結果による罪）であるのに対し、パウロの場合は人間の内部に巣くう悪魔的力としての罪である。しかも、このパウロの弟子と言われるルカは、イエスの十字架上の死を人間の罪の赦しとみなすパウロのいわゆる「贖罪信仰」を知らないのである。とすれば、聖書記者の思想のすべてをパウロの立場から統一的に捉えること自体が無理なのである（以上、聖書からの引用は「口語訳」による）。

今も同行する『罪と罰』

さて、「罪人」と言えば、イエス時代のユダヤ社会においてその代表的存在は「娼婦」であった。しかしイエスは、この娼婦が――同様に「罪人」とみなされていた――「徴税人」と共に、「あなたがた（「祭司長や民の長老たち」）よりも先に神の国に入るだろう」と宣言している（マタイ福音書二一章三一節）。他方、同じ新約聖書に収録されているヨハネ黙示録によれば、「天国」に当たる「新しいエルサレム」には「不信仰者」をはじめとして「殺人者」や（娼婦をも含む）「淫行者」は入ることがゆるされないのである（二一章八節、二七節、二二章一五節参照）。これを聖書学的に説明すれば、イエスは当時のユダヤ人社会を支えていた律法に基づく人間の価値基準を逆転して、自ら清浄を誇る宗教的指導者よりも不浄を自認している「罪人」の方が先に神の国に入るだろうと宣言したのに対し、成立しつつあるキリスト教においては信仰共同体（教会）の倫理的価値基準に違反すると認定された人々を再び「罪人」とみなし（いわゆる「キリスト教の再ユダヤ化」）、彼らを「新しいエルサレム」から閉め出したということになるだろう。

ところがこのことは、私見によれば他ならぬ『罪と罰』における中心問題なのである。たとえばソーニャが、ラスコーリニコフの求めに応じてヨハネ福音書の中から「ラザロの復活」を朗読した直後に、次のような描写がなされている。

ゆがんだ燭台のもえさしのろうそくは、もうかなり前から燃えつきようとしていて、このみすぼらしい部屋でふしぎと永遠の書を読むためにつどうことになった殺人者と娼婦とを、ぼんやりと照らし出していた。（ドストエフスキー『罪と罰』（中）、江川卓訳、岩波文庫、一九九九年、第一一刷、二〇〇七年、一一九〇頁より引用。以下、『罪と罰』からの引用は同様に江川卓訳、岩波文庫より）

江川卓によれば、この描写の中の「永遠の書」はヨハネ黙示録の一四章六節の「永遠の福音」からとられたものであり、「殺人者と娼婦」は同じ黙示録二二章一五節、つまり「新しいエルサレム」に入ることをゆるされていない「殺人者と淫行者」を念頭においたものであって、これは明らかにラスコーリニコフとソーニャを指している。実際、描写の後の文脈でラスコーリニコフはソーニャに、「ふたりとも呪われた同士だ」と言っている。この「ふたり」は、ラスコーリニコフによれば、「新しいエルサレム」に入ることがゆるされない同士なのである（前掲『謎とき『罪と罰』』新潮選書、一九八六年、二二四—二二六頁参照）。

ところが、ソーニャの父親マルメラードフは、先に言及した独白の場面で、終末の時、「裁きの日」に登場する「裁き人」キリストに言及して、次のように言っている。

おれたちを哀れんでくださるのは、万人に哀れみをたれ、世の万人を理解してくださったあの方だけだ、御一人なるその方こそが、裁き人なんだ。その御一人が裁きの日にいらしって、おたずねになる。「意地のわるい肺病やみの継母《ままはは》のために、年端《としは》も行かぬ他人の子らのために、おのれを売った娘はどこかな？　地上のおのれの父親を、ならず者の酔っ払いの父親を、そのけだもののような所業もおそれず、哀れんでやった娘はどこかな？」そして、こうおっしゃる。「来るがよい！　わたしはすでに一度おまえを赦した……一度赦した……いまは、おまえが多くの愛したことにめでて、おまえの多くの罪も赦されよう……」そしてうちのソーニャを赦してくださる、赦してくださる、おれにはもう、赦してくださることがわかっているんだ……こうして、みなの者を裁いたうえで、赦してくださる、善人も悪人も、賢い者も従順な者も……そして、すっかりみなの番がすむと、われわれにもお声をかけてくださる。「おまえらも出てくるがよい！　酔っぱらいども、弱虫ども、恥知らずども、おまえらも出てくるがよい！」そのお声で、われわれ一同も、恥ずかしげもなく、出て行って並ぶ、すると、こうおっしゃる。「おまえらは豚にも等しい！　けだものの貌《すがた》と形を宿しておる。だが、おまえらも来るがよい！」すると、賢者や知者がおっしゃる。「主よ！　この者たちをなにゆえに迎えられます？」すると、こういう仰せだ。「賢者たちよ、知者たちよ、わたしが彼らを迎えるのは、彼らのだれひとりとして、みずからそれに値すると思った者がないからじゃ……」そう言われて、われわれに御手《みて》をのばされる……われわれはその御手に口づけて……おいおい泣いて……なにもかも合点がいく！　そのときにはすっかり合点がいく……いや、みながわかってくれる……カチェリーナも、家内もわかってくれる……主よ、御国をきたらせたまえ！」（岩波版（上）、五三―五四頁）

ここでは明らかに、先に挙げたマタイ福音書二一章三二節のイエスの言葉が念頭に置かれている。そしてドストエフスキーは、ここで「娼婦」ソーニャを、イエスの両足を涙で濡らし、自分の髪の毛でそれを幾度も拭き、彼の両足に接吻し続け、また繰り返して香油を塗った「罪の女」に重ねている。イエスはこの女についてシモン（ペトロ）に次のように言っているからである。「私はあなたに言う、この女のあまたの罪は〔もう〕赦されている。〔それは〕この女が多く愛したことから〔わかる〕」（ルカ福音書七章四七節。佐藤研訳。『新約聖書』岩波書店、二〇〇四年より引用）。実は、ソーニャがラスコーリニコフに読んで聞かせた「ラザロの復活」物語も、「するとマリアのところに来て、イエスのなさったことを見たユダヤ人たちの多くは、イエスを信じた」という下り（ヨハネ福音書一一章四五節）で終わっており、この文章に傍点が付されているが（岩波版（中）、二八九頁）、このマリアも、ヨハネ福音書では、イエスの足に高価な香油を注ぎ、自分の髪の毛でその足を拭っており（ヨハネ福音書一二章三節）、彼女は紀元後六世紀以降のローマ・カトリック教会、また広くロシア正教会においても、マグダラのマリアと同一視されていて、ドストエフスキーもこの見解に従って『罪と罰』の中でソーニャにマリアを重ねて物語を構成している。いずれにしても、確かに娼婦ソーニャはヨハネ黙示録によれば「新しいエルサレム」に入ることをゆるされてはいないのではあるが、少なくともその父マルメラードフの視点からみると、彼女は「それを迎え入れられるに値すると思った者」ではないからこそ、迎え入れられるのである。

とすれば同じことが、やはりそこに迎え入れられることのゆるされない「殺人者」ラスコーリニコフにも妥当するのではないか。

ラスコーリニコフは、確かにソーニャの「あなたの汚した大地に接吻しなさい」という勧めに従って、汚れた大地に口づけする（岩波版（下）、一三五、三六〇頁）。そして、殺人という「刑事犯罪」を犯したことを認めて自首している。しかし、彼は最後まで自分の「罪」を認めてはいないし、その犯行を悔いてもいない。彼は貧乏人の血を吸って生き太っている「しらみ」のような老

24　ドストエフスキー『罪と罰』

婆を殺して「四十もの罪証」がつぐなわれるような「正しい」行為をしたのだが、この行為の正当性に「持ちこたえることができず、自首して出た」。彼が自分の犯罪を認めたのは、「その一点においてだけ」であった（岩波版（下）、三九〇―三九一頁）。

他方ラスコーリニコフは、ソーニャから手渡された聖書、彼女が彼にあの「ラザロの復活」物語を読んであげたあの聖書を、シベリアの流刑地にまで持参している。しかし、彼はそれを寝床の枕の下に置いたままで一度も読んでいなかった。

にもかかわらず、「彼はよみがえった」と言われている。ラスコーリニコフに対するソーニャの愛に応じて、彼はソーニャを愛した。「ふたりを復活させたのは愛だった。おたがいの心に、もう一つの心にとってのつきることのない生の泉が秘められていたのだ」（岩波版（下）、四〇一頁）。

あの「新しいエルサレム」に入る資格のない「娼婦」と「殺人者」が、共にその「資格のない」ことを認めているがゆえに、そのままでそこに迎え入れられることがゆるされている。「罪あるがままの人間」同士の間に、それをゆるしあう「愛」が生まれ、その愛がこのふたりを復活させた。しかし、これから始まるであろう「新しい生活」は、天上の「新しいエルサレム」においてではなくて、地上において「新しい現実」を切り開くものとなることが暗示されて、『罪と罰』の物語は終わっている。

最後に、イエスを「裏切った」と言われるユダについて私が最近上梓した二著（『ユダとは誰か――原始キリスト教と「ユダの福音書」の中のユダ』、『ユダのいる風景』。共に岩波書店、二〇〇七年）との関わりにおいて、ドストエフスキーがこのユダをソーニャとマルメラードフに重ねており（井桁研究室 HP：http：//www.kt.rim.or.jp~igeta/igeta/dos/04.html「ドストエフスキーと聖書」参照）、そして私見によれば、ラスコーリニコフにも重ねて『罪と罰』を構成していることも指摘しておきたい。

まず、先に引用したマルメラードフの独白場面の前の文脈で彼は、ソーニャを連れて今の妻カチェリーナと再婚したこと、彼女は三人の子連れだったこと、深酒の果てに職を失ってしまったこと、貧窮の中で肺疾に罹っているカチェリーナがソーニャに売春をほのめかしたことを、酔いしれてしゃべりまくっている。

「で、私が見てますと、五時をまわったころでしたが、ソーニャが立ちあがって、プラトーク（ネッカチーフ）をかぶって、マントを羽織って、部屋から出ていきましたっけ。それで八時すぎになってから、また帰ってきたんです。帰ってくるなり、まっすぐにカチェリーナのところへ行って、その前にテーブルに黙って三十ルーブリの銀貨を並べました。そのあいだ一言も口をきこうとしないどころか、顔をあげもせんのです。ただ、うちで使っているドラデダム織（薄地の毛織物）の大きな緑色のショールを取って（うちにはみなでいっしょに使っているそういうショールがあるんですよ、ドラデダム織のが）、それで頭と顔をすっぽり包むと、顔を壁のほうに向けて寝台に横になってしまった。ただ肩と体がのべつびくん、びくんとふるえていましたがね……」（岩波版（上）、四二―四三頁）

しかもこの後マルメラードフは、ラスコーリニコフに向かって、次のように話しかけている。

「(ソーニャが私の酒代として) 三十カペイカ出してくれましたよ。自分の手でなけなしの金をありったけはたいてね、私は見てたんです……それでいて、ひとことも言うことじゃない、黙って私の顔を見るきりです……ああなったら、もうこの地上のことじゃない、神の国そのままですな……人間のことを悲しみ、泣いてはくださるが、けっしてお責めには、お責めにはならん！　ですが、これが、これがこたえるんですよ、責められないと、よけいこたえる！……三十カペイカぽっきりでしたがね、はい。けれどこのお金は、あの子にとってもいま必要なものじゃないでしょうか、え？　どうお考えです、あなたは？　だっていまあの子は、小ぎれいにしていなくっちゃならん。ところが、この小ぎれいというのが特別なものなんで、金がかかるんですわ。おわかりですか、どうです？　だいいち、口紅なんぞも買わにゃならないし、なしじゃすませんことです。スカートにも糊をきかして、靴も恰好のいいので、水たまりを越えるときなんか、足がちらっとのぞくようなやつじゃいけない。だから、おわかりですか、あなた、この小ぎれいというのがどういうことか？　ところがですよ、この私が、あれの実の父親が、なけなしの三十カペイカをかっさらって酒代にしてしまった！で、現にいま飲んでおるわけです！」(岩波版 (上)、五〇―五一頁)

この「三十ルーブリの銀貨」（井桁訳では「銀三十枚」）あるいは「銀三十カペイカ」というのは、ユダがイエスを祭司長たちに売った値段である（マタイ福音書二六章一四―一六節参照）。しかもこの後にユダは、イエスが死刑を宣告されたことを知り、後悔して銀三十枚を祭司長たちと長老たちに返して、自らの罪を告白し、縊死している（二七章三―五節参照）。マルメラードフは酔っ払って馬車の下敷きになって死んでいるが、これも御者により自殺であることがほのめかされている。

ドストエフスキーによれば、マルメラードフもソーニャも、ユダに並ぶ「罪人」なのである。しかし、マタイ福音書でこのユダは究極的にゆるされていない。他方マルコ福音書ではユダの死について言及されてはおらず、彼にも他の一一人の弟子たちと共にガリラヤにおいて復活のキリストに再会することが赦されている、というのが私の見解である。ラスコーリニコフについてもまた、ソーニャへの愛を介して「復活」と共に、「新しい現実」における「新しい生活」が約束されていた。

「罪あるがままの人間を愛しなさい」とは、ドストエフスキー最後の大作『カラマーゾフの兄弟』において、長老ゾシマが語っている言葉である。これと、六世紀の教父シリアのイサクの言葉が類似していることがしばしば指摘されている、と言われるが（安岡治子「ドストエフスキーと正教」『二一世紀　ドストエフスキーがやってくる』集英社、二〇〇七年参照）、いずれにしても、この言葉に極まる愛の思想に、『罪と罰』で発信しているドストエフスキーのメッセージも通底しているのではないか。
以上『罪と罰』が「私を変え、今も同行する」所以である。

追　記

芦川進一君が、最近（二〇〇七年一二月）、彼の長年の『罪と罰』研究の成果を上梓された。『『罪と罰』における復活――ドストエフスキイと聖書』（河合文化研究所刊、河合出版発売）本稿と触れ合う部分が多いので、講読をお勧めしたい。

文　献

一　邦　訳

米川正夫訳『罪と罰』（ドストエフスキー全集六）河出書房新社、一九六九

江川卓訳『罪と罰』（上）（中）（下）、岩波文庫、一九九九―二〇〇〇

二　参　考

荒井献『イエス・キリスト――三福音書による』講談社学術文庫、二〇〇一

荒井献「信なき者の救い――ラスコーリニコフとイスカリオトのユダによせて」『聖書のなかの差別と共生』岩波書店、一九九九所収

荒井献『ユダとは誰か――原始キリスト教と「ユダの福音書」の中のユダ』岩波書店、二〇〇七
荒井献『ユダのいる風景』岩波書店、二〇〇七（講談社学術文庫、二〇一五）
江川卓『謎とき「罪と罰」』新潮選書、一九八六
江川卓『ドストエフスキー』〔特装版〕岩波新書　評伝選、一九九四
新谷敬三郎「ドストエフスキー『ブリタニカ　国際大百科事典』第一三巻、ティービーエス・ブリタニカ、一九五五所収
安岡治子「ドストエフスキーと正義」『二一世紀　ドストエフスキーがやってくる』集英社、二〇〇七所収

三　インターネット検索
「ドストエフスキー」
出典：フリー百科事典『ウィキペディア（Wikipedia）』
井桁研究室：ドストエフスキーと聖書四、銀三十枚の罪

『私が出会った一冊の本』（新曜社）、二〇〇八年

25　親の背中

親の背中と言えば、私が思い出すのは、秋田県大曲町《おおまがりまち》（現在・大仙市《だいせんし》）に帰郷して牧師館に入り、書斎にいる父に挨拶《あいさつ》に行くと、いつも私に背中を向けて本を読んでおり、父は「いよっ」と一言返すだけだったことです。「お父さんはいつも、お前が家に着く予定時間の一時間ほど前から書斎に入り、自分も勉強しているところを見せて、恰好《かっこう》をつけている」、と言って母が笑っておりました。

父は晩年、次のような俳句を読んでおります。

「なんのその　吹雪を止めん　古木杉」亜人

父が亡くなったのは、一九八四年二月二四日でした。告別式の時、当時教団の総会でもっとも激しく問題を提起していた若い牧師が、大雪の中わざわざ関西から大曲まで馳《は》せ参じて、会堂の片隅にひっそりと座っていたのを見出して驚いたものです。父には、あえて「吹雪」に老身を曝《さら》し、それを止めようとして、逆に「吹雪」のほうから慕われる「懐の深さ」があったのだと思います。

父は元来「青木」姓でした。一九二五年に日本基督教会大曲伝道所に赴任して、当時大曲女学校の理科教師に着任したばかりの荒井トシと熱烈恋愛の末、赴任一年後には結婚し、母が長女で実父を引き取らなければならなくなった事情から荒井家に入籍、「荒井」に改姓したのです。父は気性の激しい人でしたが、よく「婿養子」のプレッシャーに耐え忍んで、アルコール依存症の義父を牧師館で最期まで看取《みと》ったものです。

ちなみに、私は父から、「新聞記者にだけはならないように」と言われておりました。どうしてなのか、と私は訝《いぶか》っていました。父が亡くなって、弔問に来られた当時の町長さんの話で、その経緯がやっとわかりました。共に新来の青年牧師と美人教師が密会しているという噂《うわさ》が新聞沙汰《ざた》になったのだそうです。実際は、父が（会堂建築以前に）下宿部屋で開いていた礼拝と祈祷会に、毎週彼女が通っていたのでした。

＊

荒井牧師は大曲教会一筋に、実に五九年の長きにわたって牧会を続けました。その後半は奥羽教区の議長など、教区の重責を長年担っただけではなく、とりわけ弱小教会への奉仕、教会内諸問題の解決に東奔西走して、後輩の牧師たちから「牧師の鑑《かがみ》」として尊敬され、また慕われました。しかし、家庭では決して模範的父親ではなく、よく母親と夫婦喧嘩《げんか》をしたものです。私たち兄弟が介入して両親から話を聞くと、喧嘩の非は大抵《たいてい》父親のほうにありました。それを指摘されると、一人で薪《まき》割りをして風呂《ふろ》を沸かし、一風呂浴びてから、無言のまま妻に謝罪の合図だけを送るのが常でした。

私が高校二年生の時に信仰告白をした経緯については、小著『イエス・キリスト（上）』（講談社学術文庫）の冒頭に、編集者の求めに応じて詳しく書きましたので、ここには繰り返しません。そこには書いていないことを一つだけ。私は信仰告白直後に、父に向かい、神学校に入って牧師になりたいと告げたのです。ところが父は、それに反対しました。「今時の若者は、受洗するとすぐ牧師になりたがる。日本の教会の弱点は、牧師が足りないのではなくて、牧師を支え、責任をもって教会を担う信徒に欠けることだ」と。この言葉が、私の生涯の方向性を決めたように思います。

私はその後、麻布南部坂教会、次いでまぶね教会において、信徒あるいは役員として歴代の牧師に仕え、他方、大学で研究（原始キリスト教史、新約聖書学）と教育一筋にすごしました。この間、特に、一九六七年に総会議長名で出された「第二次大戦下における日本基督教団の責任についての告白」、次いで起こったいわゆる「大学紛争」「教団紛争」をめぐって、私は父と意見が対立し、残念ながら父とその最期まで和解できませんでした。しかし父はそのことで、一度も私を切り捨てるような言辞を弄《ろう》したことはありません。やはり、懐が深かったのだと思います。
私は、父の信仰を批判的に継承したと自負しております。

『信徒の友』（日本キリスト教団出版局）、二〇〇九年六月号

26　福音宣教の功罪

――ローマ植民市フィリピにおけるパウロの宣教活動を手掛かりとして

はじめに

「使徒行伝一五・三六―一八・二二　パウロの第二回伝道旅行Ⅳ　一六・一一―一四　フィリピにて」（「新約釈義　使徒行伝43《リュディアの回心とピュトーンの霊を宿した一人の女奴隷》（一六・一一―一八）、『福音と世界』二〇〇九年二月号所収、現在では拙著『使徒行伝』中巻、三四七―三七五頁）に沿い、それを補足し、当該箇所から読み取られるパウロの宣教活動に関するルカの記述を手掛かりとして、福音宣教の功罪を提示する。

一六・一一―一八は、二つの物語から成っているが、主人公が共に女性であるだけではなく、フィリピにおけるパウロ（ら）の最初の活動として内容的にもお互いに関連がある。ここで一括し、まとめて叙述することにする。

まず、一六・一一―一五（「リュディアの回心」）は、一六・一〇を受けて「われら章句」で記されているだけに、全体がルカ好みの用語や文体が目立つ。一六・一六―一八（「ピュトーンの霊を宿した一人の少女奴隷」）には、一六・一一―一五におけるルカ的文章要素は認められないが、「われら章句」が一七節まで続いているだけではなく、書き出しが'Εγένετο δέ ＋不定法というルカに特徴的な句で導かれており、しかも「霊」追放物語がルカ福音書における「悪霊」追放物語と文体的にも並行する箇所が多いので、全体としてはルカの構成であろう。

補足①「われら章句」（一六・一〇―一七）について

（「新約釈義　使徒行伝三九」『福音と世界』二〇〇八年一〇月号七七頁以下参照）

このいわゆる「われら章句」（一六・一〇―一七、二〇・五―八、一三―一五、二一・一―一八、二七・一―二八・一六）については議論が多い。これはおそらく、行伝著者ルカがパウロの伝道旅行についての（口頭）伝承を背景にしながら、（ここでは）神の召し出しによる（一〇節b）伝道旅行の証人としてパウロと旅行を共にしたことを示唆し、読者をもそれへ読書行為による参加を促そうとする、文学的レトリックであろう。(1)

ところが最近、エイレナイオス（『異端反駁』Ⅲ、一四、一）以来の古典的見解、すなわち「われら章句」はパウロの同行者にして医者であるルカが自ら目撃した事柄を報告している箇所であるという見解が改めて提起されている。(2) そしてこれが、ブルースはもとよりイェルヴェル、ウェザリントン、フィッツマイアーなどの註解者によって支持されている。この見解によると、ルカはトロアスからパウロらとマケドニア州のフィリピまで同行し（一六・一〇―一七）、フィリピで一旦パウロから別れ、彼らが第三回伝道旅行の途上、エフェソスからフィリピを訪れた時、再び彼らにトロアスで合流し（二〇・五）、トロアスから海路ミレトスに渡り（二〇・一三―一五）、エルサレムにのぼって（二一・一―一八）、エルサレムから海路ローマに護送されたパウロに同行した（二七・一―二八・一六）ことになる。

しかし、一六・一〇以下の「われら章句」に限ってみても、これは一六・一七で突然終わり、一六・一八―二〇、すなわちフィリピ滞在中の物語後半は三人称を主語として綴られている。しかも、もしルカがパウロらと共に滞在し、その後一旦彼らと別れたとすれば、一六・四〇でそのことが何らかの仕方で示唆されているはずである。

それはともかくとして、福音書・行伝の著者であるルカ自身が、その著書の、テオフィロスへの献辞（ルカ一・一―四）の中で、「私たちのもとで成し遂げられた〔さまざまの〕事柄について始原《はじめ》からの目撃者たちと御〈言葉〉に仕えるに至った者たち」と、それが伝えられた通りに「物語り連ねよう」とした「多くの人々」、更にこれから「順序立てて叙述」しようとしている「私」とを区別している、すなわちルカ自らが彼らの間で成就した事柄についての「目撃者」ではないことを示唆している。そして、彼の「言辞のたしかであることをご確認なさいますように」といわば読者の代表であるテオフィロスに願い出ている。こうしてみると、「われら章句」の「私たち」は、著者ルカが自らの叙述を、それが「確かであること」を読者に説得するために、読者の旅行の同行者であるようなリアリティーを与えようとする文学的レトリックであると判断せざるをえないのである。(3)

こうしてみると、トロアスでパウロに幻の中で現われた「私たちを助けて下さい」と頼んだ「一人のマケドニア人」(九節)をルカ自身だと想定する者もいるが、「これは楽しい想像に過ぎない」(真山)と揶揄することは、必ずしもできないであろう。もちろんこの場合の「ルカ」をパウロの伝道旅行に実際に同行した「医師」ルカととり、「彼はパウロ、シラス、テモテたちの一行に加わり、一緒にマケドニアに行った。なぜなら、彼の言うとおり、パウロが幻のことを旅仲間に告げた時、『それは彼らに福音を伝えるために、神がわたしたちをお招きになったのだと確信して、わたしたちは、ただちにマケドニアに渡って行くことにした』からである」(ブルース)と解釈するのは、確かに「楽しい想像に過ぎない」であろう。しかし、ここで「ルカ」を福音書・行伝の著者ととるならば、「マケドニア人」はルカ自身のレトリカルな形姿だと想定することは、単なる「楽しい想像」とは少なくともいえないと思われる。

先に言及したように、われわれは「われら章句」を、物語の信憑性を強調し、その迫真性を高めるためにルカが採用した文学的レトリックの一つであるととる。この「われら」が、パウロたちによるマケドニアへの宣教物語にはじめて用いられ、しかも一〇・九以下においてパウロの夢の中に幻として現われるマケドニア人の要請との関わりにおいて用いられていることは、行伝著者ルカの出自を示唆する一つの証拠になろう。ここでルカがマケドニア人に自らを重ねている可能性がある。ルカは、こうして彼の出身地に、あるいは少なくとも彼がそこでキリスト教徒となった領域に自らを位置づけようとしているのではないか。実際彼は――一一節以下の《釈義》で指摘するような――マケドニアについて、とりわけローマの植民市フィリピについて、かなり正確な知識を持っている。

Steck-Deguedre によれば、「われら章句」に描かれている旅行記事の中で、その度毎に、パウロの「道」の三つの基本的方向がとられている。すなわち、それは①マケドニア／アカイアへ（一六・一〇―一七）、②エルサレムへ（二〇―二一章）、③ローマへ（二七―二八章）という三つの方向である。「われら」形式で描くことによってルカは、この道が神の意思に対して順応していることを証ししようとしている。ルカはいつも決定的な時点を描写する際に「われら」を主語として用いる。彼は描かれた出来事を、神によって意思され、霊によって動かされた歴史として表現している。マケドニアに渡るに際し、エルサレムで捕縛される旅のはじめに際し、ローマへの護送の旅に際し、神の「ねばならぬ」（δεῖ）が成就される。一人称複数形を主語として用いることによってルカは、キリスト教史の決定的な時点において神の計画が実現された事実とその有様の証人として読者に理解されようとしているのである。

他方、パウロ自身はフィリピ書の中で、リュディアにも少女奴隷にも全く言及していない。このような理由から、この二つの物語もルカのフィクションとみなす注解者は古くから存在した（たとえばコンツェルマン）。最近もこれらの物語は、（これに後続する物語「パウロとシラスの逮捕・奇跡的救出・釈放」をも含めて）ルカが古代ギリシアの悲劇作家エウリピデスの有名な作品『バッカイ――バッコスに憑かれた女性たち』を下敷きにして、パウロはバッコス（＝ディオニュソス）を超える存在であること、あるいは、ディオニュソス信仰がデルフォイのアポローン崇拝に加えられていたので、パウロはアポローン（の霊）を追放した存在であることを、ギリシア悲劇に親しんでいた読者に「護教的に」説得しようとしたという仮説が提起されている。[4]「リュディア」は、彼女の生地・小アジアの「リュディア」に由来し、同じくリュディアからギリシアに伝播してローマ植民市内では布教を禁じられていたバッコス祭儀における「バッコスに憑かれた女性たち」「狂言者」が「主を信ずる者（女性たち）」「キリスト信者」に替えられたのであり、少女奴隷に取り憑くがパウロによって追放される「ピュトーンの霊」は、「世界の臍」として崇拝されたデルフォイの「アポローンの霊」なのだ、というのである。

しかし、たとえルカが二人の女性の物語をこの種の「護教」フィクションに仕立てあげたとしても、その背後に、ローマ植民市フィリピの特殊性を反映した伝承要素があったことを無視することはできないであろう。[5] とりわけこの二人の女性を含むフィリピにおけるパウロの物語には、あまりにも正確に当市の歴史的状況が反映しているからである。したがって、われわれにとってより重要なことは、「二人のマケドニア人」の招き（それはルカによれば神の召し出しであった）に応じて「福音を告げ知らせるために」（一六・九以下）フィリピに直行したパウロ（ら）の活動を、ルカが二人の女性物語を介して、どのように位置づけているかであろう。

補足② ローマ植民市フィリピ（一六・一二）について

（『新約釈義　使徒行伝四〇』『福音と世界』二〇〇八年一一月号七八頁以下参照）

「フィリピ」（Φιλίπποι）は、アレクサンドロス大帝の父フィリッポスⅡ世の名に因んで名づけられたが、フィリピ付近の戦い（前四二年）の後、アントニウスによってローマの「植民市」（κολωνία. ラテン語の正式名・Colonia Julia Augustana Philippensis）とされ、アウグストゥスからローマの特権 Jus italicum（イタリア権）を与えられ、[6] ローマ軍の除隊兵とイタリア農民が移住した。こうしてフィリピにはローマ的・軍事的性格が大幅に与えられたのである。市政は二人からなる「政務官」（ギリシア語で στρατηγοί. ラテン語で duumviri〔二〇節参照〕）によって司られ、彼らは一人につき二人の束桿（鞭の束）と手斧を携えた「リクトル」（三五節）を随伴しており、住民は自らを「ローマ人」と意識していた（二一節参照）。

「マケドニアの地域の第一の都市」。ギリシア語底本では本文が πρώτη[ς] . . . πόλις となっている。［ ］内の ς は、底本の校訂者自身が元来の本文に存在したのか否か判断を保留している字母である。実際、この箇所ではπρώτηを証しする写本が圧倒的に多く、しかも有力である（P^{74} ℵ A C Ψ その他小文字写本）。これを採れば、上記訳文のように、「マケドニアの地域の」（μερίδος τῆς Μακεδονίας）、「第一の（あるいは「有力な」）都市」（πρώτη πόλις）という意味になる。ところが、フィリピは当時マケドニア州の、少なくとも「第一の都市」ではなかった。この州の首都はテサロニケだったのである。他方、マケドニアはローマ軍に占拠された後、四つの地域に分割され、前一四八―一四六年にローマの属州になって、上記テサロニケが首都に、フィリピが第一地区に指定された。このような歴史的背景を考慮に入れると、πρώτη の語尾にςを加えて、πρώτης に校訂すると、「（マケドニアの）地域」（μερίδος）にかかり、「マケドニアの第一地域の都市」となる。ギリシア語底本の「本文註解」を執筆しているメッツガーをはじめとして新共同訳に至るまでほとんどの註解書や近代語訳はこの校訂を採っている。[7]

ただし、これは――上述のように――有力な写本の支えがなく、現在でもNEB、REB、NRSVなどは、"a leading city of the district of Macedonia" と英訳しており、バレットもこれを支持している（ウィザリントン、フィッツマイアーも同様）。

いずれにしても、もし古写本を採るならば、ルカはフィリピの町を「マケドニアの地域の有力な都市」とみなしていたことになり、[8]――後ほど詳述するように――ルカはこの町の出身者ではないかと想定されるほど町の現状を正確に報告しており、パウロ自身と同様に（フィリ一・三以下、四・一四以下参照）、この町に特別の親愛の情を抱いているので、マケドニアにおけるフィリピの位置を文化的に評価し、多少誇張して読者に伝えている可能性はあろう。(9)

ルカは二人の女性を、ローマ植民市の視点からみれば、いずれも周縁化された存在と位置づけながらも（一人は町の境壁外の川端にある「祈り場」に集う「神を敬う」異邦人女性、一人は少女奴隷）、一方を入信して受洗し、パウロらに「家」を提供するエリート女性信徒として積極的に評価し、他方を「ピュトーンの霊」に拠る「占い」によってその主人たちに稼ぎを貢いでいた少女奴隷として、また、その「霊」をパウロによって追放される存在として、消極的に評価している。

このような宣教者と出会う人物に対する評価の差異は、実は行伝ではほぼ一貫しているのである。すなわち、フィリッポスに出会って受洗したエチオピア人は、宦官ではあるが、女王カンダケの高官であり（八・二六―三九）、ペトロによって蘇生されたタビタは、とりわけ寡婦たちに対して「多くの着物や施しをしていた」比較的に裕福な女性であり（九・三六―四一）、ペトロから最初に受洗したコルネリウスは、百人隊長で「神を畏れ、民に数々の施しをしていた」ローマのエリート軍人であり（一〇・一―四九）、パウロ（とバルバナ）に出会って最初に「信仰に入った」のは、キュプロスのローマ総督セルギウス・パウルスであった（一三・四―一四）。いずれにしても、これらの人々は社会的ステイタスの高い人物なのである。

リュディアの場合も以上の系列に連なり、少なくともルカは彼女をエリート女性に位置づけている。もちろん、彼女が紫布染色職人で奴隷であったとか、[10] 彼女はパウロと出会って入信し、その「家の教会」をローマ社会に対する「対抗共同体」として形成したとか、[11] 彼女と彼女をめぐる女性集団はレズビアンであったとか、[12] 想像力をたくましくすることは自由である。しかし、このような仮説は想像の域を超えることはできないであろう。本文から確実に読み取れるのは、エリート女性であるリュディアがパウロらの宣教に信従し、その家の者と共に洗礼を受け、その家を彼らの宿舎に提供していたことである。ここでルカは、リュディアのリーダーシップについてはほとんど関心を示していない。ルカの関心は、リュディアが入信して洗礼を受け、パウロらの男性宣教者に持ち家を提供することによって、自らを"domesticate"したことにある。こうしてルカは、パウロらの宣教活動を介し、リュディアをローマ植民市から「脱植民地化」しながら、社会文化的にはローマの家父長制の中に彼女を組み入れることにより、宣教活動によって彼女を「再植民地化」しているのである。[13]

他方、「ピュトーンの霊を宿した一人の少女奴隷」物語の場合は、ルカが——《釈義》で指摘したように——「ピュトーンの霊」を福音書におけるイエスの「悪霊払い」物語（四・三三—三五）および「悪霊に憑かれた一人の男」物語（八・二六—四二）と並行関係において編んでいるので、彼女が宿した「ピュトーンの霊」は「悪霊」とみなされており、それはイエスに重ねられたパウロによって追放の対象とされている。その限りにおいて、「一人の少女奴隷」は、パウロが第一回伝道旅行開始当初、キュプロス島ではじめて「懲罰の奇蹟力」を行使した「偽預言者・

バルイエス」あるいは「魔術師エルマ」（一三・六―一〇）、また、エフェソで「魔術を行っていた多くの者」（一九・一九）と同じ系列に属するであろう。ここでルカは、「（悪）霊」を追放された後の少女の癒しとその後の振舞いについては全く関心がなく、「イエス・キリストの名によって」「ピュトーンの霊」を追い出したパウロの偉大な奇蹟力を強調し、これをもって「パウロとシラスの逮捕」に始まる、フィリピにおけるパウロの活動の後半物語のプレリュードに供しようとしている。

したがって、（悪）霊を追放された後、この娘はリュディアの家に駆け込んで、彼女の「家の教会」のメンバーとなり、一人の女性信徒として活躍したと解釈することは自由であるが、これも想像の域を出ないであろう。(14) またこの少女奴隷を、カイサリアで「預言をしていた」と言われるフィリッポスの四人の娘たち（二一・九）と並行関係に置き、ルカは彼女の預言的賜物を「占いの霊」に「格下げした」とみなすことも、(15) 少なくともルカの意図に沿った解釈ではなかろう。ルカにとって、パウロらの宣教活動に抗う異教の担い手は、はじめから「悪霊」を宿しており、「ピュトーン（アポローン）の霊」は「イエス・キリストの名によって」追放されるのである。その後「占い」の霊力を失った少女奴隷が奴隷主たちにより無用の存在として棄てられたとしても（これが筆者には最も自然な想像と思われる）、そのようなことはルカの関心外なのである。

ところでシュテーゲマンによれば、(16) 少女奴隷がその霊力によってパウロの正体を言い当て、しかもそれを繰り返し続けたことにパウロが「困り果てて」「イエス・キリストの名によって」

その霊を彼女から追放した（一六・一七―一八）ことと、リュディアがパウロに自分の家に泊まるように「強いた」（一六・一五）こととはお互いに関連していると言われる。すなわち、リュディアは、ユダヤ人を危険視して「ローマ植民市」としてのフィリピから遠ざけていたフィリピ市民から保護するために、彼らを自分の家にいわば「強いて」匿おうとしたのに対し、少女奴隷の場合は、パウロが「ユダヤの神（「いと高き神」）の僕で」フィリピ市民に対し「救いの道を宣べ伝えている」と公言し続けた。それゆえにパウロは「困り果てた」というのである。

確かにこの後パウロとシラスは、少女奴隷からの「上がり」を失った「主人たち」によってフィリピ市政を司る「政務官たち」に訴えられ、彼らがユダヤ人でありローマ人が受け入れることも実行することも許していないユダヤの「慣習」を宣伝していることが暴露され、逮捕・投獄される。しかし、このことがきっかけとなって、入獄中の二人を見張っていた看守が入信し、少女奴隷が叫び続けた、パウロらの告知する「救いの道」がローマ人看守にまで達することになる。しかもパウロらは、究極的には政務官たちに「ローマ市民」たることを訴えて釈放されている（一六・一九―三九）。

補足③　パウロによるローマ市民権行使について

（「新約釈義　使徒行伝四六」『福音と世界』二〇〇九年五月号所収参照）[17]

パウロがローマ市民権を持っていたことまで否定することは不可能であろう（リューデマ

ン、イェルヴェル）。しかしパウロ自身は、その手紙の中で、ローマ市民であることを一度も口にしてはいない。他ならぬフィリピの信徒たちに対して、「ヘブル人の中のヘブル人」と自称し（フィリ三・五）、周辺世界の人類を「ユダヤ人とギリシア人」に分類しながら（ロマ一・一六、二・九―一〇）、「ユダヤ人もギリシア人もいない」（ガラ三・二八。コロ三・一一をも参照）と民族差別の廃絶を信仰の領域において宣言する者が、外国人に対するローマ市民の特権を主張するとは到底思われない。(18) パウロにローマ市民権を行使させたのは、ギリシア文化圏内にあるローマ属州マケドニア人、ルカなのである。こうしてルカは、「奇蹟行為」をもって福音を伝道する、ユダヤ人にしてローマ人であるパウロに対する、自らの「恐れ」を露わにした。ここには、世界を「植民地化」するローマを抱きしめながらも、それを世界宣教によって「脱植民地化」することを希ったルカのパウロ像が提示されているのではなかろうか。

このような物語の転回を考慮に入れれば、少なくともルカは、パウロが「困り果てた」理由を、少女奴隷の公言によってパウロらがその正体を暴露されフィリピから追放されることを恐れたことにみているとは思われない。パウロが「困り果てた」のは、――すでに一六・一八の《釈義》で指摘したように――ルカ福音書における「悪霊を宿した一人の人」のごとく（四・三三―三五）、口にしてはならない奇蹟行為者（福音書の場合はイエス、行伝の場合はパウロ）の正体を公言し続けたからとみるのが妥当と思われる。

いずれにしても、ルカが少女奴隷を、リュディアとは対照的に、消極的に評価している点を明らかにした限りにおいて、シュテーゲマン説は有効であろう。
ただしリュディアにしても、ルカによれば、パウロの言葉に聴従し、洗礼を受け、その「家」をパウロらに提供するに留まる。このようなルカのリュディア像は、パウロ自身がフィリピの信徒たちに宛てて書いた手紙の中に「エウオディア」と「シュンテュケ」という二人の女性の名を挙げ（四・二）、「彼女たちは、福音において、私と共に、またクレメンスや他の私の同労者たちと共に闘ったのである。彼らの名前は生命の書に〔記されている〕」と書いて（四・三）、彼女らをパウロと「共に闘った」「福音」宣教者、「同労者」として最高に評価している事実と比較すれば、極めて消極的とみなさざるを得ないであろう。

補足④　パウロにとっての宣教の「同労者」について

女性（ロマ一六・三「プリスカとアクィラ」）と男性（テサ三・二、ロマ一六・二一「テモテ」、Ⅰコリ三・九「アポロ」、フィリ二・二五「エパフロディトス」、フィレ一「フィレモン」）の区別はない。ただし、パウロにとって女性は両義的（ガラ三・二七 contra Ⅰコリ一一・三以下、一四・三b以下）。民族的・社会的・性的平等は、「イエス・キリストにある信仰を通して」（ガラ三・二六）なのであるから、この視野は信仰共同体としての教会を超えて社会にまで届かない（奴隷については一コリ七・二一参照）。

ちなみにルカは福音書でも、「マリヤとマルタ」物語においてイエスの言葉に対するマリヤの聴従を最高に評価している（一〇・三九、四二）。しかしルカは、この箇所を含めて、イエスに対する女性聴従者の宣教活動については全く言及していない。

他方ルカは、二人の主人に奴隷として仕えその「占い」の報酬を彼らによって搾取されている――少女が当然感じたであろう――精神的・社会的「苦しみ」についても、彼女の「霊」追放による「癒し」についても、その後の彼女の行動についても、無関心である。このようにルカが、奇蹟行為者の偉大さを強調するが、奇蹟行為の対象となった人間（とくに女性）が置かれている精神的・社会的状況に由来する「苦しみ」にあまり関心がないことは、たとえば福音書における「長血の女の癒し」物語の場合（ルカ八・四三―四八）、そのマルコ版（五・二四―三五）と比較して読めば明らかである。ルカは自らの版において、マルコ版におけるこの女性の「苦しみ」に関する言及（五・二九、三四）をその並行箇所（八・四五、三八）においてすべて削除しているのである。

補足⑤　「長血の女の癒し」物語の、マルコ版とルカ版の比較について

（荒井献「イエスと現代――「強さ」志向の現代に抗して」『「強さ」の時代に抗して』岩波書店、二〇〇五年所収参照）

パウロは、「弱さ」を誇る視点に立ち（Ⅱコリ一一・三〇、一二・一〇）、貧者を擁護して富者を批判する（Ⅰコリ一一・二〇以下）ことはできるが、これも教会内の事柄（聖餐）であるので、社会的弱者をその「苦しみ」から解放する視点は希薄である。パウロの手紙の中にイエスの癒しの奇蹟に対する肯定的言及はない。

この限りにおいて、パウロ自身の信仰理解あるいは教会観における社会的視座の希薄さを、ルカは顕在化したと言えよう。

ルカによれば、パウロは第二回伝道旅行の途上、最初に足を踏み入れたローマ植民市フィリピにおいて、いずれも周縁的位置に置かれている二人の女性に出会った。その出会いを描写する際にルカは、一方の女性を名指しで比較的積極的に、他方の女性を名無しで消極的に位置づけながら、一方ではその女性の福音宣教者に対する聴従とその結果としての受洗、「家」の提供を強調し、他方では奇蹟行為者による女性からの「（悪）霊」追放を記しながら、彼女の奴隷としての「苦しみ」には無関心で、いずれにしても福音宣教者・奇蹟行為者としてのパウロを前景に出している。これでは、ルカの描くパウロは、その宣教によって二人の女性をイデオロギー的に「脱植民地化」しても、社会的には植民地への再統合を促す結果となるのではなかろうか。

おわりに

ルカによれば、パウロの福音宣教は、ユダヤ人に「悔い改め」を、異邦人に「立ち帰り」を説くだけであって、その結果起こったと言われる社会的「騒乱」（一六・二〇、一七、六）、「騒動」（一九・二三）、「紛争」（二四・五）にパウロの罪はなく（二四・八）、ローマ市民であるパウロにはローマ側からみても無罪である（二六・三一）。

パウロ自身によれば、罪人を赦し彼らを義とする――イエスの十字架に啓示された――神の恵みを受容する（信じる）者にとっては、その者が為す業とは無関係に、その者の信仰が義とみなされる（ロマ四・五）。この信仰理解に立つ限り、キリスト者も非キリスト者もその在るがままで神の前に平等であり、この意味における「福音」を拒否する者には批判的に対峙できるはずである。しかし他方パウロは、キリスト者になるための条件として（ロマ一〇・九）信仰を説くために（三・二一など）、反ユダヤ主義や異邦人差別は残り（上村静『宗教の倒錯――ユダヤ教・イエス・キリスト教』岩波書店、二〇〇八年、二四八頁以下参照）、信仰と人権の分離を促す結果を伴う。このために、パウロの福音宣教は社会的弱者の痛みや苦しみに届きにくいのではないか。

イエスの信じる父なる神は、義人にも罪人にも平等にその恵みを及ぼす（マタ五・四五）。しかし、自らを清浄な義人とし、社会的弱者を不浄な「罪人」として差別する者に対しては、イエスは、「義人をではなく、罪人を招くために来た」と宣言し（マコ二・一七）、病人の「罪」を赦して彼らを癒し（二・一〇以下）、彼ら・彼女らを「苦しみ」から解放して（五・三四）、「義人」を立てる宗教的中枢としての神殿を激しく批判したために（一一・一五以下）、これを支えていたローマ当局によって十字架刑に処された。したがって、イエスが最後の晩餐の場面で、杯を取り、「これは契約のための血であり、多くの人のゆえに流されるものだ」と言った（一四・三四）際の「多くの人」は、元来、弟子たち（Ｉコリ一一・二四）や使徒たち（ルカ二二・一四）に限定されるものではなく、マルコによれば、イエスと食事の席についた「多くの」「罪人たち」（二・一五）、イエスが食事を供した「多くの」飢えた「群衆」（六・三四）を含むものであった。この意味でイエスの福音は、宗教的にも社会的にもそれを受容する者に「脱植民地化」を促す射程を持っていた。

注

（1）詳しくは、拙論「使徒行伝」『荒井献著作集』別巻、岩波書店、二〇〇二年、一四五―一四八頁、山田耕太「使徒言行録」（大貫隆・山内眞監修『新版　総説　新約聖書』日本基督教団出版局、二〇〇三年、一七四―一七五頁参照。J.-P. Sterck-Degueldre（Eine Frau namens Lydia. Zu Geschichte und Komposition in Apostelgeschichte 16,11-15.40, Tübingen, 2004, S.14-40）もわれわれとほぼ同じ結論に達している。

（2）とりわけ C.-J. Thornton, Der Zeuge des Zeugen. Lukas als Historiker der Paulusreisen, Tübingen, 1991.

（3）山田耕太、前掲「使徒言行録」、一七五頁、Sterck-Degueldre, op. cit., S.21 も同様の判断をしている。

（4）D.R.MacDonald, Lydia and her Sisters as Lukan Fictions, in: A Feminist Companion to the Acts of the Apostles, ed. By A.J.Levine with M. Bickenstaff, London・New York, 2004, pp. 165-110.

（5）同様の批判が上記 A Feminist Companion to the Acts of the Apostles の Introduction においてこの注解書を編集した Levine によって展開されている（p.13）。

（6）土地法上イタリアと同様な特権。たとえば免租の権利。

（7）これは元来ヨーハン・クレリウス（Iohan Clerius. 1687-1736。オランダの改革派神学者、聖書註解書）による、主としてラテン語写本に基づく校訂。

（8）πρώτη の前に ἡ という冠詞がないので、「第一の」というよりは「有力な」と訳すべきであろう（バレット）。

（9）J.L.Staley (Changing Woman: Toward A Postcolonial Postfeminist Interpretation of Acts 16.6-40, in: A Feminist Companion to the Acts of the Apostles, edited by A.-J. Levine, London・New York, 2004, p.185) もこの本文を 'the leading city of Macedonia' と読み、n.37 で R. Ascough, Civic Pride at Philippi: The Text-Critical Problem of Acts 16. 12, NTS 44, 1998, pp.93-103 を挙げている。Ascough によれば、このギリシア語読みにはフィリピの政治的位置づけよりむしろ市民的誇りの文化的評価が表れているという。

（10）山口里子『マルタとマリア——イエスの世界の女性たち』新教出版社、二〇〇四年、六七—六八頁参照。

（11）L. Schottroff, Lydias ungeduldige Schwestern. Feministiche Sozialgeschichte des frühen Christentums, Gütersloh, 1994, S.167.

（12）D. Guest, The Conversion of Lydia, in: The Queer Bible Commentary, ed. By D. Guest, R. E. Goss, M. West, T. Bohache, London, 2006, pp.571-581.

（13）T. Penner, C.V.Stichele, Gendering Violence: Patterns of Power and Constructs of Masculinity in the Acts of the Apostles, in: 前掲 A Feminist Companion to the Acts of the Apostles, pp.203-209 参照。

（14）Penner, Stichele（in: op.cit., p.206, n.48）はこの種の解釈（たとえば R. Reimer, Women in the Acts of the Apostles: A Feminist Liberation Perspective, Mineapolis, 1995, pp. 182f.）を「論証の彼方にある」物語として批判している。

（15）山口里子、前掲書、一三四—一三五頁、注三一。F. S. Spender, "Out of Mind, Out of Voice: Slave-Girls and Prophetic Daughters in Luke-Acts" (Biblical Interpretation, 7/2, 1999, p.146ff.) をも参照。

（16）W. Stegemann, Zwischen Synagoge und Obrigkeit. Zur historischen Situation der lukannischen Christen, Göttingen, 1991, S.213f.

（17）W. Stegemann, op. cit., S.217, Anm. 106.

（18）保坂高殿（「ルカとローマ市民——「おそれ」のモチーフが持つ文学的機能の考察から」『聖書学論集』二一、一九八八年、一三八頁）参照。

（「第一回神学生交流プログラム」二〇〇九年三月一〇日）

『第一回神学生交流プログラム報告書』（日本クリスチャンアカデミー関東活動センター）、二〇〇九年

27 「多くの人／すべての人のために」

――滝沢克己の思想射程によせて

はじめに

滝沢克己先生（以下敬称略）に対して私は、滝沢の九州大学教授在任中以来、とりわけ同大学を中心とする「大学闘争」時代以来、その思想に裏打ちされた、学生に対する誠実な姿勢については、終始敬愛の念を抱き続けていた。私自身、当時青山学院大学の「大学闘争」の渦中にあり、学院理事長に代表される学院・大学当局に激しく問題を提起していた学生たちに「共感」をもって行動し、数度にわたって院長から「退職勧告」を受けていただけに、(1)私にとって滝沢の思想と行動はほとんど「畏怖」の対象であった。

ただし、私が実際に滝沢に直接対面の栄に浴したのは、一回のチャンスしかなかった。滝沢の晩年、一九七〇年代の終わりから八〇年代のはじめにかけて、私は青野太潮君の要請に応じて西南学院大学神学部で集中講義をした際に、そのクラスに何と滝沢も出席していたのである。[2] 講義の後、滝沢は決まって静かに質問した。私の記憶が正しいとすれば、それはとりわけ、原始キリスト教の正統「信仰」とそれによって排除されたグノーシス主義の「覚知」(私はその当時から「グノーシス」を「覚知」と邦訳していた)との関係をめぐるものであった。

その際に滝沢が表明した意見は、ほぼ次のようなものであったと記憶する。――イエスにおける「神人の不可逆性」に照らして、グノーシス主義における「知」には同意できないが、「覚」には正統的「信仰」によって全否定できない真理契機があるのではないか。私はこれに賛同の意を表わしたものである。[3]

ところで現在、滝沢が会員であった福岡社家町教会もそれに属している日本基督教団は、「聖餐」問題をめぐって深刻な内部対立に陥っている。その原因は二〇〇七年一〇月二二―二三日に開かれた教団の常議員会において、議員の一人K牧師に対する「教師(牧師)退任勧告決議」が可決されたことに起因している。この「勧告」の理由に、K牧師が教団の「教憲教規」に違反して、教会において未だ洗礼を受けていない者(「未受洗者」)にも聖餐に与らせたことにある。その後、この「勧告」を支持して聖餐を未信者に「閉ざす」(いわゆる「クローズド」の)立場と、それに反対して聖餐を未信者に「開く」(いわゆる「オープン」の)立場とに別れ、まず後者の立場から書籍が公にされ、[4] 次にそれに対する前者の立場からも書籍が公にされて、[5] 最近では前者の側から後者を教団から排除する動きさえ起こっている。

実は、K牧師が牧会する教会が教会総会において「オープン」を決議したことには私自身にも責任がある。そのような決議に先立ち同教会において数年にわたってもたれていた、聖餐をめぐる学習会に、私も招かれて講演をし（一九九八年九月一三日）、それが「オープン」の立場を採るきっかけの一つとなったからである。講演の結論は以下のようなものであった。[6]

パウロ以来、聖餐を受ける者は、洗礼を受けているキリスト者に限定されておりました。ただし、パウロの場合、これは暗黙裡の前提です。聖餐が洗礼者だけに限定される文言が出てきたのは、一世紀末以後ということになります。それに対して、少なくともマルコは、聖餐のもとになる、イエスが弟子たちと持った最後の食事を、イエスと民衆、あるいはイエスと「罪人」との共同の食事に重ねて読み取るように福音書を編集しました。

とすれば、聖餐式を受洗者に閉じる場合も、その他の人々に開く場合も、いずれにも聖書的根拠はあるということになります。キリスト教の最初期から聖餐理解には違いがあったのです。それを認めなければならないと思うのです。その上で、どちらかに決断すべきでありましょう。


私は『群像』という雑誌の一九九五年四月号（特集「大江健三郎」）に「信なき者の救い」という題で小論を寄稿しました（『聖書のなかの差別と共生』岩波書店、一九九九年所収）。その中で私は、マルコ福音書のイエスは、イエスを捨てたペトロをはじめとする弟子たちのみならず、イエスを裏切ったイスカリオテのユダをも究極的には救いの対象としている、という仮説を提示しました。今日のテーマとの関連でいえば、ユダも最後の晩餐（つまり聖餐）にあずかっているのです。

このようにみてきますと、少なくとも、マルコ福音書の物語の筋に従って、聖餐について考えてゆけば、それは信徒以外の人々にも開かざるをえないのではないかと私は思います。

しかし、一般的にキリスト教というのは、福音書よりもパウロの方を事実上重視します。ルター以来、特にプロテスタント教会は、パウロの立場に立って、聖餐は信徒たちに閉じられた方が正しいというのも、聖書的根拠は十分にあるのです。一方にのみ聖書的根拠があるとは、私には言えません。

この講演は、当然のことながら、前述の両方の立場から公刊された書籍に取り上げられており、「クローズド」の立場からは批判的に、「オープン」の立場からはほぼ賛同的に、それぞれ評価されている。私はその後に機会を与えられた講演において（日本基督教団大阪教区主催「聖餐に関する学習講演会二」二〇〇八年一一月二四日　於東梅田教会）この賛否両論に応え、私自身の立場をより明確化した。(7)

この間に私が終始自問していたのは、滝沢克己が現在も存命であったならば、私たち「オープン」の立場を――「神人の不可逆性」のゆえに――支持してくださるのではないか、ということであった。実際、滝沢神学を受容しているハイデルベルク大学名誉教授テオ・ズンダーマイヤーが「ノンクリスチャンは聖餐にあずかれる」ことを宣教学的視点から強く主張している。(8)

私は以下において、「多くの人／すべての人のために」というイエスの「聖餐設定辞」の一句を手掛かりに、自説の補完を試みたい。それが滝沢の思想の射程内に入ることを希いつつ――。

(以下、聖書からの引用は原則として新共同訳による。)

1 「主の晩餐」物語の聖書本文

聖餐の起源と言われる「主の晩餐」物語については、新約聖書では四箇所(マタイ二六・二六―二九／マルコ一四・二二―二五／ルカ二二・一四―二〇／Iコリント一一・二三―二六)で言及されている。これらの本文のうち、マタイ本文はマルコ本文に、ルカ本文はマルコとパウロ本文によっているので、本文のより古い形はマルコ本文とパウロ本文に保存されていることになる。マルコ本文は七〇年代はじめに、パウロ本文は五〇年代前半に、それぞれ記されているので、それぞれの中に編まれている「主の晩餐」物語の伝承は、パウロ伝承の方がマルコ伝承よりも古い。しかし、パウロはおそらくアンティオキア教会で形成されたヘレニズムキリスト教伝承から、マルコはエルサレム教会で形成されたユダヤ人キリスト教伝承から、それぞれ採用したと想定されるので、少なくとも伝承様式の型はマルコ本文の方がパウロ本文よりも古いと推定されている。このことは、パウロ本文よりもマルコ本文の方に、言語的にも、アラム語的要素がより多く確認されることによっても裏づけられるであろう。(9) いずれにしても、聖餐伝承にはマルコ型とパウロ型という二つの最古の伝承が存在した。以上の結論は、現代の新約聖書学界でほぼ定説となっていると思われる。

この二つの本文を比較すると、イエスが弟子たちにパンと杯を与えたという点については一致しているが、とりわけそれぞれの意味づけについては差異が認められる。(10) それらの差異の中で、現在の聖餐論争との関わりで最も重要と思われる点は、イエスがパンを取って弟子たちに与える際、マルコ一四・二二では「これは私の体である」とだけ言われているのに対して、Ⅰコリント一一・二四では「これは、あなたがたのためのわたしの体である」と言われていること、また、イエスが杯を取る際、マルコ一四・二四では「これは、多くの人のために流される私の血、契約の血である」と言われているのに対して、Ⅰコリント一一・二五では「この杯は、わたしの血によって立てられた新しい契約である」と言われていることである。

パウロ本文における「あなたがた」は、ここでパウロが引用している「主」の言葉伝承レベルでは、イエスと晩餐を共にした「弟子たち」である。しかし、このことはパウロ本文では明示されていないので、「あなたがた」は容易に、パウロがこの手紙を書いている名宛人、つまりコリントの信徒たちと重ねて読まれることになる。これが、現代でも教会では一般的に聖餐式においてIコリント一一・二三以下が「聖餐設定辞」として読まれる所以の一つとなろう。

これに対してマルコ本文では、パンに関する言葉に「あなたがたのために」という句はなく、杯に関する言葉に、パウロ本文にはない「多くの人のために」という句が付加されている。ここで「多くの人」と訳されているギリシア語"polloi"はアラム語では「すべての人」を意味する"rabbim"にあたると言われている。(11) しかもマルコは、「主の晩餐」物語伝承をもイエスの受難・復活物語伝承（一四―一六章）の前に、ガリラヤからエルサレムに至るイエスの言行に関する諸伝承（一―一三章）を配し、「神の子イエス・キリストの福音」（一・一）物語全体を「福音書」として編集したのであるから、彼の「主の晩餐」物語における「多くの人／すべての人」がどのような意味を持つかは、その用法を福音書全体の中に探ってみる必要があろう。

2 マルコの場合

まず、杯に関するイエスの言葉（一四・二四）のうち、「これは多くの人のために」は、イザヤ五三・一一―一二を、「流された私の血、契約の血である」は、出エジプト二四・八、ゼカリヤ九・一一を、それぞれ示唆していると言われる。すなわち、イエスはここで「多くの人のために」という表現で自らの死を「多くの人」が「正しい者」とされるために「彼らの罪を自ら負い」（イザヤ五三・一一）、「罪人の一人に教えられ、多くの人の過ちを担い、背いた者のために執り成しをした」（同五三・一二）、と言われる第二イザヤに登場する「苦難の僕」の運命になぞらえた上で、「流される私の血、契約の血である」という表現で、祭壇に献げられた犠牲獣の血を取ってイスラエルの民に振りかけて言ったモーセの言葉（「見よ、これは主がこれらの言葉に基づいてあなたたちに結ばれた契約の血である」）が、自ら流す「血」によって成就されたことを示唆している。そして、これに基づいて、杯に関するイエスの言葉は、イエスの死が「多くの人」の贖罪行為であると一般的に解釈されている。しかし、なぜマルコ本文では、「あなたがたのために」ではなく「多くの人のために」という表現が用いられているのであろうか。

この問いとの関連でもまず注目すべきは、マルコ一〇・四五のイエスの言葉「なぜならば、〈人の子〉も仕えられるためではなく、仕えるために来たのだ。そしてまた、自分の命を多くの人のための身代金として与えるために〔来たのだ〕」（岩波版『新約聖書』佐藤研訳）である。この言葉の後半もまた、明らかに、前述のマルコ一四・二四と同様に、イザヤ五三・一一―一二を前提しており、ここだけを読むと、イエスが来たのは「多くの人」の罪を「身代金」を払って贖い、彼らを罪の虜から解放するため、すなわちイエスの死は「多くの人」の「贖罪死」なのだと解釈されよう。しかし、イエスがこの言葉を語った文脈を読むと、ここでイエスが、終末の裁きの王座に就いた時にその右と左に座らせてほしいと願い出た、イエスの弟子たちのうちの代表的存在にあたるゼベダイの二人の息子・ヤコブとヨハネをイエスが戒めて、弟子たちに向かい、「……あなたがたの中で筆頭の者でありたいと思う者は、すべての人の奴隷になりなさい」と語った、その理由句にあたっている。マルコはここで、イエスの死を、それを「贖罪死」と位置づける原始教会の伝承を採用しながらも「多くの人／すべての人」に仕えて彼らのために「命を与える」」生の究極として意味づけ直している。マルコによれば生前のイエスは、「多くの人／すべての人」に対する神の無条件の「然り」を死に至るまで生き切ることによって、万人に「命を与えた」存在なのである。ただしマルコによれば、この歴史のイエスがそれを具現して生きた神の無条件の「然り」は決して「栄光の中に」（一〇・三七）ではなく、社会の最底辺にある――「罪人」をも含む――「多くの人」の中にこそ与えられている。

たとえばイエスによる「五千人の供食」物語（マルコ六・三二―四四）が聖餐伝承として形成されていたであろうことは、ほとんど定説になっている。私自身指摘したように、[12]この物語においてイエスがパンを「取り、……賛美の祈りを唱えて、パンを裂き、弟子たちに与え（て彼らに配られ）た」というイエスの所作（四一節。八・八における「四千人の供食」物語でも同様）は、「主の晩餐」物語におけるイエスの所作（一四・二二）と全く一致する。そればかりではない。「供食」物語では、イエスが「多くの人」あるいは「多くの群衆」を見て、「彼らに対して腸のちぎれる思いに駆られた。なぜならば、彼らは牧人のない羊のようであったからである」（三三―三四節。前掲岩波版『新約聖書』佐藤研訳）と記されていることを見逃してはならないであろう。ここでもイエスは、「多くの人」、とりわけ「牧人のない羊のような」いわば難民状態に置かれた「多数の群衆」を食事に招いて彼らの飢えを奇跡的に満たしたのである。この物語伝承の基層には、マルコによる癒しの奇蹟物語の基層から読み取れるような、ユダヤ社会から排除されている「多くの人」の共同体復帰願望があったのではないか。[13] イエスは彼らのそのような願望を満たすようなかたちで振舞ったのではなかろうか。[14]

この関連で注目すべきは、「徴税人や罪人たちとの食事に関する論争」物語（二・一五―一七）でも「多くの徴税人や罪人たちもイエスや弟子たちと同席していた。実に多くの人がいて、イエスに従っていたのである」と言われており（一五節）、この節の中で二度も「多くの（人）」（polloi）が繰り返されていることである。彼らに対する差別意識丸出しの「なぜ彼らは、徴税人や罪人たちと食事などするのか」というファリサイ人や律法学者たちの問いに対して、イエスは有名な言葉をもって答えている。「丈夫な者らに医者はいらない、いるのは病人たちだ。私は『義人』ども招くためではなく、『罪人』たちを招くために来たのだ」（前掲岩波版『新約聖書』佐藤研訳。一部修正）。

以上、マルコによる生前のイエスの言行に関する記述で言及されている「多くの人」に視座を置いて「主の晩餐」物語を読み直すと、マルコは福音書を編集することによって、イエスによる（「罪人」を含む）「多くの人」の「食事への招き」（二・一五―一七、六・三二―四四。一〇・四五参照）との関わりの中に「聖餐」物語（一四・二二―二五）を位置づけ、「多くの人のために」（一四・二四）の背後に、「多くの人」の「食事への招き」があることを読者に想起させて、聖餐を「開く」方向に解釈する余地を残したのではなかろうか。

3 パウロの場合

パウロ本文では、パンに関するイエスの言葉（Iコリント一一・二四）において、マルコ本文における「杯」の言葉（マルコ一四・二四）におけるごとく「多くの人のために」ではなくて、「あなたがたのために」と言われているので、この「あなたがた」は、――すでに上述したように――伝承のレベルでは「弟子たち」のことを、「主の晩餐」伝承をこの文脈に引用したパウロの意図のレベルではIコリント書の名宛人すなわちコリントの信徒たちのことを、それぞれ指していよう。そして、マルコ一四・二四について指摘したように「多くの人のために」、とりわけ「……のために」でもってイザヤ五三・一一―一二における「苦難の僕」の「贖罪」行為が示唆されているとすれば、Iコリント一一・二四でも同様であり、これは一一・二五における「杯」に関するイエスの言葉にも（ここでは直接言及されてはいないが）当然妥当するであろう。

ただし、マルコ一四・二四とIコリント一一・二五とを比較して後者に目立つのは、「この杯は、わたしの血によって立てられる新しい契約である」という文言であろう。「新しい契約」とは、神がモーセとの間に結んだ「古い契約」（出エジプト二四・六―一八）ではなく、神がエレミヤに約束した「契約」であって、それは神がイスラエルの民の「心」に直接記し、彼らの「悪を赦し、再び彼らの罪に心を留めることはない」というものである（エレミヤ三一・三一―三四）。この約束が「わたしの血によって」、すなわちイエスの死によって果たされる、というのが「杯」に関するイエスの言葉の意味なのである。ここでは明らかにイエスの死が人間の罪の赦しであるという解釈が再確認されている。それゆえにこそ、この文言の後に、マルコ一四・二四以下にはない、イエスの言葉が続いている。——「だから、あなたがたはこのパンを食べ、この杯を飲むごとに、主が来られるまで、主の死を告げ知らせるのです」（二六節）。パウロによれば、[15] イエスが最後の晩餐で頒かち与えたパンとブドウ酒は、「あなたがた」（イエスの弟子たちに代表されるキリスト信徒たち）の「罪」を赦すイエスの「死」の象徴であって、マルコの場合に確認したような生前のイエスの言葉への意味の射程は、少なくともここには全く存在しないのである。しかもここで見逃してはならないのは、「このパンを食べ杯を飲むごとに」「あなたがた」に確認されているのが、「イエスの十字架」ではなく、「主の死」と言われていることである。

ここで青野太潮が、「イエスの使信」と「パウロの十字架理解」との「連続性」について——滝沢神学と関連づけながら——次のように述べていることに注目したい。[16]

パウロの、イエスの使信を通してなされた十字架の解釈こそは、神はまさに不敬虔で神なき者をそのまま義とする神なのだとの理解に基づく「信仰義認論」であったのであり（ローマ四・三以下）、しかもそこでは、旧約時代のアブラハムにおいてすでにこの信仰義認は事実現実のものとなっていたのだと主張されるのである。その際には、このイエスの使信→パウロの「十字架」理解の解釈の線が、他方のケリュグマ的なイエスの「死」の贖罪論的解釈の線とどう関連づけられ得るのかという大きな問題が依然として横たわっているのであるが、しかしいずれにしても前者の線上においては、イエスとパウロとの間にひとつの太い連続性が、しかもイエスを神に等しいキリストとみなすのではなくて、むしろイエスが明らかにした、イエスに先立つ神の太初の言、神の意思、すなわち滝沢神学でいう神人の原関係としてのインマヌエルの原事実が貫徹されるという意味での連続性が、存在していることになるのである。

この発言の中で青野の言う「イエスの使信」は、「多くの人／すべての人のために」と意味づけたマルコのイエス理解に基づく聖餐解釈に、対応するのではないか。しかしこれは、パウロの聖餐解釈には対応していない。なぜであろうか。

それは、「神はまさに不敬虔で神なき者をそのまま義とする神なのだとの理解に基づく」パウロの「信仰義認論」がパウロ自身において貫徹していないからである、と私には思われる。パウロの「信仰義認論」と言えば、通常、ガラテヤ二・一五―一六とローマ三・二一―二五がその典拠として引き合いに出される。これらの箇所でパウロは、人間が「イエス・キリストの信」（pistis Jesou christou）によって「義とされる」と明言しているが、もしこの「イエス・キリストの信」の

「の」を主格的属格（「イエス・キリストの信実」）ではなくて、目的格的属格（「イエス・キリストへの信仰」）ととれば、[17]先に引用した文章で青野がパウロの「信仰義認論」の典拠として挙げているローマ四・五（「不信心〔で神なき〕者を義とする方を信じる者にとっては、業を為すことのないままで、その人の信仰が義とみなされるのである」）とは意味内容が異なっている（前掲岩波版『新約聖書』青野太潮訳）。前者はイエスをキリストと信じる者が排他的に義とされる（従って「不信心〔で神なき者〕」は義とされない）のに対して、後者は他ならぬ「神なき者」が義とされるのであるから、前者の「信仰義認論」は、特にローマ三・二四―二五には、青野によればパウロが原始教会から受継いだ、イエスの「死」の「贖罪論的解釈」が出ているだけに、この「解釈の線」と切り離しえないものと想定される。しかも、この種の信仰義認論は、パウロによる民族的・社会的・性的差別の廃絶宣言（ガラテヤ三・二三―二九）にも、「もしあなたがあなたの口で主イエスを告白し、あなたの心のうちで、神はイエスを死者たち〔の中〕から起こした、と信じるなら、あなたは救われる」（前掲岩波版『新約聖書』青野訳）という、信仰に基づく救済論（ローマ一〇・九）にも前提されており、「あなたがたのために」というパウロの聖餐論にも通底している。実際、先に言及したように、原始教会の聖餐設定辞に対するパウロの編集句（Iコリント一一・二六）において、聖餐は「主の十字架を」ではなく「主の死を告げ知らせる」、と言われている。

これは、結局のところ、「イエスの使信→パウロの「十字架」理解の解釈の線が、他方のケリュグマ的イエスの「死」の贖罪論的解釈の線とどう関連づけられ得るのかという大きな問題」と関わっていよう。私にはこれは、パウロがローマ四・五で表明している「神はまさに不敬虔で神なき者をそのまま義とする神なのだとの理解に基づく「信仰義認論」」（ローマ四・三以下）がパウロ思想の中で徹底されていないことに起因すると思われる。

結び

先に言及したテオ・ズンダーマイヤーの論文からその結論にあたる部分を引用して、本稿の「結び」に替えることにしよう。(18)

教会で聖餐が行われることは、イエスの生涯を思い起こさせ、それを現在において継続することである。そして、それは何らかの共生的交わりの力を感じさせるものであるはずである。対話と宣教は、ただコンヴィヴェンツ（Konvivenz、共生）においてのみ行われる。そこには何ら条件はない。聖餐の祝祭は神の共生の意思の集約的な形である。そこに招くのは主ご自身である。だれもそこに参加することを強制されていない。それゆえ、開かれた招待こそ、「主の食卓を祝う」ことのありうべき唯一の姿である。

注

(1)この間の私の言行については小論「「建学の精神」としての「キリスト教主義」——「大磯事件」(一九六四年)と「大学闘争」(一九六八—六九年)を中心に」(荒井献『「強さ」の時代に抗して』岩波書店、二〇〇五年所収)参照。

(2)この講義はその後、『新約聖書とグノーシス主義』岩波書店、一九八六年にまとめられている。

(3)したがって私が、——八木誠一がしばしば言及したように——八木と滝沢の考えを共に「グノーシス主義である」と言うはずはもともとないのである。小論「「宗教的実存論とグノーシス主義」再考——八木誠一氏の「反論」に答えて」(『荒井献著作集』第一〇巻、岩波書店、二〇〇二年、一九九頁以下参照。なお当時の滝沢の考えに近いグノーシス観を最近佐藤研が表明している(『禅キリスト教の誕生』岩波書店、二〇〇七年所収の二つの論稿「禅とグノーシス主義」「『トマス福音書』と禅」を参照)。

(4)山口雅弘編著『聖餐の豊かさを求めて』新教出版社、二〇〇八年。禿準一、高柳富夫編『聖餐　イエスのいのちを生きる　五七人の発言』新教出版社、二〇〇八年。

(5)芳賀力編『まことの聖餐を求めて』教文館、二〇〇八年。

(6)この講演「新約聖書における聖餐——受洗者のみに閉ざすか否か」は小論『イエスと出会う』(岩波書店、二〇〇五年、一六三—一九二頁)に収録されている。

(7)小論「新約聖書における「聖餐」再考——批判に応えて」(荒井献『初期キリスト教の霊性——宣教・女性・異端』岩波書店、二〇〇九年所収。

(8)「ノンクリスチャンは聖餐にあずかれるのか?」(中道基夫訳)『福音と世界』二〇〇六年、一〇月号所収。

（9）Ｊ・エレミアス『イエスの聖餐のことば』（田辺明子訳）日本基督教団出版局、一九七四年、二七八頁以下参照。

（10）ちなみに、この「主の晩餐」が教会で一般的に「聖餐」（英語では"Eucharist"と呼ばれるようになったのは、マルコ一四・二三、Ｉコリント一一・二四で「感謝の祈りを唱え」と訳されているギリシア語動詞 eucharisteō に由来するが、これの名詞 eucharistia が洗礼の意味で用いられるのは第二世紀の前半に成立した『十二使徒の教訓《ディダケー》』（九・一）において初めてである。

（11）エレミアス、前掲書、二八四頁以下。G. Nehe, polys, in：『ギリシア語新約聖書釈義辞典』Ⅱ、教文館、一九九四年、一六四頁以下参照。

（12）前掲拙著『イエスと出会う』一一七頁。

（13）上村静『宗教の倒錯——ユダヤ教・イエス・キリスト教』岩波書店、二〇〇八年、一七四頁参照。

（14）癒しの奇蹟物語伝承については、荒井献『イエスとその時代』岩波新書、一九七四年、第二八刷＝二〇〇七年、九〇頁以下参照。

（15）この二六節は、「主の晩餐」物語伝承に対するパウロの編集句と想定されている。

（16）滝沢克己追悼記念論文集発光委員会編『滝沢克己　人と思想』新教出版社、一九八六年、一六二頁。

（17）青野はこれを目的格的属格ととっている（岩波版『新約聖書』該当箇所参照）。最近はこれを主格的属格ととる例が多い（たとえば太田修司『パウロを読み直す』キリスト教図書出版社、二〇〇七年、三一—一八七頁。上村、上掲書、二四二—二四六頁など）。

（18）前掲『福音と世界』二〇〇六年、一〇月号、六二頁。

28　問いかけるイエスに応えて
——日本新約学会の回顧と展望

はじめに

この度の学術大会は第五〇回ということなので、第一回の大会は一九六〇年に開かれたことになる。とすれば私は、——私の記憶に間違いがなければ——一九六三年、第四回の大会に初めて出席した。その時、閉会の挨拶をされた当時の学会長が次のようなことを語られたことを今でも鮮明に憶えている。「新約学会における研究発表は、学問的であると共に、建徳的でなければならない」。「建徳的」という日本語表現は、口語訳の「（教会の）徳を高めるために」、とりわけ文語訳の「（教會の）徳を建つる目的にて」に遡ると思われる。ちなみに、新共同訳では「（教会を）造り上げるために」と訳されている。いずれもしてもこれは、新約ギリシア語の πρὸς τὴν οἰκοδομὴν τῆς ἐκκλησίας（Ⅰコリ一四・一二。Ⅰコリ一四・二六、Ⅱコリ一三・一〇をも参照）に当たる。

ところで私は、今年（二〇一〇年）の二月に、この「教会の徳を建てる」という言葉に久しぶりに出会った。それは、二〇一〇年一月二六日付けで、日本基督教団の教師委員会委員長松井睦の名で、紅葉坂教会の北村慈郎牧師宛てに出された、彼に牧師「免職」の戒規を適用する文面においてである。[1] この文面には「教会の徳を建つるに重大な責任を有する者たるに鑑み」とある。未受洗者にも聖餐式への参加を認めている北村牧師は、「教会の徳を建つるに重大な責任を有する者たる」がゆえに、彼を「免職」処分とする、というのである。

この「教会の徳を建つる」といういささか古臭い表現は、口語訳を越えて文語訳に遡る。もちろん、聖書の文語訳は「名訳」として知られているが、今頃どうして文語訳聖書の表現を用いたのであろうか。教会の伝統あるいは教師委員会の権威を言語的に誇示するためかと勘ぐらざるをえないが、今はこの問題に深入りすることはしない。

ところで、今日（二〇一〇年九月一〇日）の午前に記念講演をされたゲルト・タイセンによれば、パウロは聖餐への参与の条件として洗礼を前提しているが、それには二つの例外があり（Ⅰコリ七・一四、一四・一六、二五の場合）、パウロがこのような例外を承認する決意の基礎とした「基準」は、「共同体の構築」にある。[2] パウロの同じ「共同体／教会を建てること」（οἰκοδομή）を引き合いに出して、教団の教師委員会長は未受洗者を聖餐から閉め出し、タイセンは例外的にではあるが彼らの聖餐への参与を認めている。

1　問いかけるイエス

私はかつて「問いかけるイエス――福音書をどう読み解くか」というタイトルで著書を公にし、(3)イエスはその教えを、とりわけ譬話を、聴衆への「問いかけ」でもって閉じている（たとえばマタ二〇・一五、ルカ一〇・三六、一五・四）、そして各福音書は、このようなイエスの「問いかけ」に対する「応え」として読み取られるべきではないか、という問題を提起した。そして現在、私はかなりの自信をもってこのイエスの「問いかけ」の究極が十字架上におけるイエスの死にざまではないかと思っている。

2　イエスの十字架とそれへの応え

マルコ福音書によれば、イエスは十字架上で「大声を放って息絶えた」（一五・三七）。大貫隆はその著書『イエスという経験』において、このイエスの「絶叫」を、大貫が構成したいわゆる「イエスのイメージネットワークの破裂」ととり、絶叫の言葉の内容を復元している。(4)しかし現在私の興味を引くのは、このような「絶叫」の「言葉」の内容よりも、このように絶叫して死んだイエスが、それを見ていた者に、あるいはそれに立ち会っていた者に、どのような反応あるいは応答を引き起こしたか、ということである。マルコによれば、イエスに「向かい合って立っていた百人隊長は、彼が、このようにして息絶えたのを見て言った、「本当に、この人間こそ、神の子だった」」と告白している（一五・三九）。もちろん、この「神の子」告白は、百人隊長の口に託したマルコの告白ととるべきであろう。百人隊長の「告白の背後に響いているのは、実に読者の告白の声であり、それを予期・想定している「著者」の声でもある」(5)。

このようなイエスの最期に対するマルコの応答が、「「神の子」「イエス・キリストの福音」の源」で始まり（一・一）、ガリラヤでのイエス顕現予告で終わる（一六・七―八）「福音書」の執筆であろう。ところで佐藤は、今引用した文章のすぐ前の文脈で、百人隊長について次のように書いている。「彼こそ、イエス磔殺の実行隊長であり、イエスへの敵対性の点ではペトロ、ユダの線すら越える存在であると言えよう」(6)。

百人隊長がその後どうなったのか、マルコは全く言及していないが、イエスの弟子たちとペトロに対しては、彼らが「全員」師を捨てて逃げ去ったにもかかわらず、イエス復活の場面で天使が女たちに、イエスがかねて彼らに語った通りに（一四・二八）、「彼はあなたたちより先にガリラヤに行く、そこでこそ、あなたたちは彼に出会うだろう」と告げるように促している（一六・七）。

私は、イエスがこの言葉を「躓き預言」として弟子たち「全員」に語った時、ユダがその場面にまだいた（彼がイエスと弟子たちのもとを去ったのは、彼らがその後ゲッセマネに行く途中であろう）と想定し、もしそうならば、イエスと天使の予告はユダにも当てられていると想定した。とすれば、ユダもまた復活後のイエスの顕現をペトロや他の弟子たちと同じように体験した可能性があることを示唆した。こうして、イエスの十字架における最期の衝撃《インパクト》は、百人隊長を超えてペトロや他の弟子たちのみならずユダにも及んだのである。(7)

3　ユダ再考

拙著『ユダとは誰か』については大貫が二誌の中で論評している。(8) この機会に大貫の論評に短く応答させていただく。大貫は拙著の第二章「イエスとの再会――マルコ福音書におけるユダ像」の結びに当たる文章（五四―五五）と第八章「歴史の中のユダ」、つまり拙著の結論に当たる文章（一七〇頁）の二箇所を引用して論評し、とりわけ私がユダも復活のイエスとの再会を体験したと想定した傍証の一つとして引き合いに出したIコリ一五・五の「十二人」は、「人数としての問題なのではなく、定形表現なのである」から、これをもって私見の傍証とすることはできないという理由から、次のように結論している。

ユダが仮にイエスの「顕現」を体験したとしても、「十二人」（あるいは「直弟子」、いずれにせよ原始エルサレム教会）に復帰して、その復活信仰に参加したと想定するのは困難だと考える。(9)

私の叙述の曖昧さから、大貫に私の意図を超える論評をさせてしまって申し訳ないのだが、私自身は、ユダがイエスの「顕現」を体験した可能性を想定はしたが、彼が原始エルサレム教団に復帰してペテロなどイエスの直弟子たちの「復活信仰に参加した」とは想定していないのである。

もちろん私自身、「十二人」はエルサレム原始教団の「理念」であることを以前から主張してきた。(10) ただし、それがイエスの弟子たちに適用された際には、ユダが入っていたのである。それがユダを除く「十一人」に限定されたのは、マタイとルカ福音書において、つまり八〇年代以後である。パウロがIコリ一五・三以下で引用しているイエスの顕現伝承は、それより三〇年以前には成立していたと想定されるであろうが、その頃にはまだユダを十二人から排除する伝承は成立していなかった。マルコはそれを生前の直弟子たちに適用し、弟子たち「全員」が復活のイエスに出会うであろうことをイエスと天使によって予告させている。パウロが何の疑いも持たずにイエスが「十二人に顕われた」という伝承を引用したのであるから（Iコリ一五・五）、「十二人」がたとえ「定形表現」であったとしても、その中にユダが含まれていることを、無意識的にせよ前提していると私には思われる。

もう一つ、大貫は弟子たちによるイエスの「顕現体験」と「復活信仰」を時間的には前後関係において区別すべきことを正しく主張しているが、他方においてユダについては、彼の顕現体験をもってペトロなどの「贖罪神学」に戻っていくことはありえない、ペトロなどのイエス否認は「受動的」だったのに対してユダの裏切りは「能動的」だったので、「ユダには、原始エルサレム教団の復活信仰と贖罪の神学に戻ってくる動機が成立し得なかったのです。ユダにおいては、復活信仰は不成立だった」と結論する。[11] 私自身は、すでに言及したように、ユダがペトロらと同じように顕現体験を持ったであろうことを想定したが、彼がペトロらの「復活信仰」に参加したとは一言も触れていない。しかし、もしユダが復活信仰を持つに至ったと仮定しても、それがなぜペトロたちと同様の「贖罪信仰」でなければならないのか。原始キリスト教の「信仰告白伝承」は「贖罪信仰」にのみ限定されず多様性があったことは、つとに八木誠一が提起している。[12]

ここでこの問題に深入りする余裕はないが、先に言及した百人隊長の信仰告白に贖罪信仰を前提はできないであろう。イエスの十字架は、「敵」をも赦す神の恵みの行為であるという意味の「復活信仰」もあり得たはずである。

4　パウロの場合

青野太潮によれば、パウロはエルサレム原始教会からイエスの「死」を贖罪論的に解釈するケーリュグマ伝承を受容したが、彼の「十字架」理解には「不信心〔で神なき〕者」を「義とする」神への信仰が前提されている（ロマ四・三以下）。[13] パウロの回心の原因となったイエスの「顕現」体験は、ユダにもこのような「復活」信仰を促したのではないか。原始キリスト教会には「贖罪信仰」と並んで「恩恵信仰」ともいうべき「信仰」が存在したのである。ユダの顕現体験を、大貫のごとく、「贖罪」信仰にのみ結びつけてその「不可能性」を強調する必要はない。

パウロはもちろん、「十二人」の中のユダを意識してはいなかったであろう。しかし、もしそれを知っていたとしても、ユダを「不信心〔で神なき〕者」として「復活信仰」の可能性から排除はしなかったであろう。キリスト信徒を「能動的に」迫害していた彼は、いわゆる「ダマスコ体験」（使九・一―九）を介して、「私はキリストと共に十字架につけられてしまっている。もはや私が生きているのではなく、キリストが私のうちで生きておられるのである」(14)という復活信仰に「回心」したのであるから。(15)

おわりに

第五〇回学術大会を記念してその「回顧と展望」を自由に語ってほしいとの青野太潮・新約聖書学会長からの要請に甘えて、この五〇年間における私自身の研究の断片とそれと直接間接に関わった同学諸氏の研究業績だけに私の話を終始してしまった。私が言いたかったのは要するに、それが教会であれ学会であれ、共同体の構築にはその信仰的あるいは学問的営為においてお互いに「建て合うこと」（οἰκοδομή）は大切であるが、それを「排除」の基準としてではなく、あくまで「統合」の基準として機能すべきではないか、ぜひそうあってほしいということである。

（1）日本基督教団正教師北村慈郎免職「公示」、日本基督教団教師委員会委員長松井睦、『教団新報』第四六九二号、二〇一〇年二月一三日、四頁、「上記の者、聖礼典執行に関し、……教会の徳を建つるに重大な責任を有する者たることに鑑み、……免職処分とする。」

（2）ゲルト・タイセン「聖礼典と決断――初期キリスト教、および現代の堅信礼の実践における洗礼と聖餐について」（『聖書から聖餐へ――言葉と儀礼をめぐって』吉田新訳、新教出版社、二〇一〇年、一二九―一五八頁、特に一四五―一四六頁）。キリスト者の子供、および礼拝に出席している「一般信徒」や「未信者」が聖餐に与ることをパウロが例外として認めた「基準とは、『共同体の構築』である。その中で彼はこの基準に基づいて、共同体の生活を形作ってゆく上で実行可能な決断を下すことができた。」

（3）荒井献『問いかけるイエス――福音書をどう読み解くか』NHK出版、一九九四年、第五刷、二〇〇三年（『イエス・キリストの言葉――福音書のメッセージを読み解く』岩波現代文庫、二〇〇九年）。

（4）大貫隆『イエスという経験』岩波書店、二〇〇三年、二一五頁。

（5）佐藤研『悲劇と福音――原始キリスト教における悲劇的なるもの』清水書院、二〇〇一年、七八頁。ちなみにタイセンは、先に言及した今日の午前中の講演 'The historical Jesus and the Kerygma – Scholarly construction and access to faith'（「史的イエスとケリュグマ――学問的構成と信仰への道」翻訳文責：須藤伊知郎）一〇頁の中で、次のように発言している。「譬において行動し、説教し、この比喩的なやり方で神へ近づく道を創った史的イエスは、その十字架刑と復活によって自ら神の譬となったイエスについてのケーリュグマに変容したのです」。

（6）佐藤、上掲書、七六頁。

（7）荒井献『ユダとは誰か――原始キリスト教と『ユダの福音書』の中のユダ』岩波書店、二〇〇七年、五〇―五五、一六四、一七一頁。

（8）大貫隆論評「荒井献『ユダとは誰か』」『新約学研究』第三六号、二〇〇八年、四八―五一頁、同「復活信仰の成立と不成立――ペトロ、ユダ、パウロの場合」『カトリック研究所論集』第一三号、仙台白百合女子大学カトリック研究所、二〇〇八年、一―六四頁、特に二〇―三一頁（大貫隆「復活信仰の成立と不成立――ペトロとユダ」、大貫隆編著『イエス・キリストの復活――現代のアンソロジー』日本キリスト教団出版局、二〇一一年、三一三―三三八頁、特に三三一―三三八頁所収）。

（9）大貫、前掲論評「荒井献『ユダとは誰か』」五一頁。

（10）荒井献『イエスとその時代』岩波書店、一九七四年、第二八刷、二〇〇七年、一〇五頁。

（11）大貫、前掲論文「復活信仰の成立と不成立」三一頁（前掲編著、三三八頁）。

（12）八木誠一『新約思想の成立』新教出版社、一九六三年、五一頁以下。ちなみにタイセンは、注（5）に挙げた講演を、「ケーリュグマのキリストは、一切のものを無から創造する神と直接向き合います」と締めくくって、イエスとケーリュグマの間の架け橋（複数形）の中に「贖罪信仰」を入れていない。

（13）青野太潮『「十字架の神学」の成立』ヨルダン社、一九八九年：同『「十字架の神学」の展開』新教出版社、二〇〇六年。特に同「滝沢神学と史的イエス」滝沢克己追悼記念論文集発行委員会編『滝沢克己 人と思想』新教出版社、一九八六年、五五頁。

（14）青野太潮訳（岩波版『新約聖書』五九三頁）。

（15）パウロの「ダマスコ体験」については、佐藤研『はじまりのキリスト教』岩波書店、二〇一〇年、六九―八七頁参照。

『新約学研究』（日本新約学会）第三九号、二〇一一年

29　マグダラのマリア再考
――原始キリスト教におけるその位置づけ

はじめに

従来筆者は、既刊の四つの小論[1]において初期キリスト教におけるマグダラのマリアの位置づけについて、次のような私見を表明していた（以下「マグダラのマリア」は、イエスの母マリアと混同しない限り「マリア」と略記）。

とりわけ西欧の文学や美術作品に描かれる「悔悛した娼婦」としてのマリア像は、イエスに従った女性たちの筆頭に言及されている「七つの悪霊どもが出て行った」マリア（ルカ八・二）が「罪人であった一人の女」（ルカ七・三六）と同一化され、それが六世紀の終わりに教皇グレゴリウス一世によって公認されて以来のものであって、元来これら二つの記事に相互関連はない。

正典四福音書の中ではマリアは、少なくともイエスの女弟子の中では筆頭に置かれ（マコ一五・四一／マタ二七・五、マコ一六・一、マタ二七・六一、ルカ二四・九、ヨハ二〇・一参照）、イエスが復活後に最初に顕現したのはマタイ福音書ではマリアをはじめとする女たちであり（二八・九）、ヨハネ福音書ではマリア一人に対してである（二〇・一一―一七）。これに対してルカ福音書では、復活のイエスが最初に顕われたのはペトロに対してであり（二四・三四）、イエスによる世界宣教命令が与えたのもマタイ福音書とルカ福音書ではペトロをはじめとする十一人の弟子たち（ルカでは「使徒たち」）に限られている（マタ二八・一八―二〇、ルカ二四・四六―四九、使一・八参照）。

成立しつつある正統的教会（初期カトリシズム）は、マタイ及びルカ福音書におけるペトロを筆頭とする弟子（使徒）像を受けて、教会における「信仰の基準」（regula fidei）の担い手をペトロとその後継者たる男性司教たちに限り、聖職者から女性を排除し、「信仰の基準」に違反して女性をも聖職者に加えたキリスト教の少数派を、「グノーシス派」として初期カトリシズムから追放した。

他方グノーシス派においては、本来的「自己」の「認識」あるいは「覚知」（グノーシス）を正統的教会の「信仰」（ピスティス）の上位に置き、至高神によって人間に元来与えられている「自己」の本質を、その肉体性、この世性によって忘却せしめた宇宙創造神を否定した。こうしてグノーシス派は「反宇宙的」二元的人間論に基づく本来的自己の「認識」を救済とみなし、「救済さるべき」そして（イエスによって）「救済された」人間の本来的自己のプロトタイプとしてマリアを位置づけた。この意味で「救済されたマリア」は、たとえば『フィリポ福音書』では、イエスの「伴侶」(§32)とされており、イエスは彼女を「どの弟子たちよりも愛した」と言われている(§55b)。

ただし、グノーシス文書においても女性は、その「救わるべき」負的側面において「欠如」あるいは「欠陥」の源であり(『イエスの知恵』B一〇七、七、一〇―一三、一一八、一三―一八)、それは「破壊」の対象とされている(『救い主の対話』一一四、一九―二〇)。マリアはおそらくそれを超えて「活ける霊」となった(『トマス福音書』一一四)「救済された」人間の本来的「自己」の隠喩なのである。――グノーシス文書に見出されるマリアに対するイエスの「偏愛」へのペトロの抗議とそれへのイエスの反論(たとえば上記『トマス福音書』一一四)は、正統的教会におけるペトロの理念化に対するグノーシス派のマリア像による批判と想定される。

ところが、このようなマリアとイエスとの親密な関係、及びそれに対するペトロ批判とマリア擁護は、必ずしもグノーシス派だけにではなく、グノーシス派と正統的教会の中間に位置づけられる『マリアによる福音書』にも見出されることを、『ユダの福音書』におけるイスカリオテのユダの位置づけと比較して考察したのが、注(1)に挙げた最後の小論④である。

以下においては、まず、『マリアによる福音書』を再論し、次に、グノーシス派と全く接触がないにもかかわらずマリアを高く評価している『フィリポ行伝』を考察して、グノーシス派との関連で初期キリスト教におけるマリアの位置づけについて再考を試みたい。

1　『マリアによる福音書』(2)

1　本文と成立年代

当福音書所収のコプト語「ベルリン・パピルス」8502は、四―五世紀にエジプトで写筆されたものであり、これもギリシア語本文からのコプト語訳と想定されている。他方、二つのギリシア語パピルス断片――「ライランズ・パピルス」四六三と「オクシリンコス・パピルス」3525――は、共に三世紀にやはりエジプトで写筆されたものであるが、これらのパピルスは、そのサイズも字体も異なっていて、これらが共に拠っている一つのギリシア語原本が存在しているはずである。とすれば、『マリアによる福音書』の原本は二世紀には成立していたとみなしてよいであろう。(3)

2　文学形式

『マリアによる福音書』(以下、『マリア福音書』と略記)は、イエスとその弟子たち、とりわけマリアとの対話形式で記されている。ただ、はじめの六頁が欠けているので、対話がどのような状況でなされたかについては確定できない。もっとも、読み取れる限りの文脈の中でイエスが弟子たちのもとから最終的に離別することが前提されており（九―一〇）、この福音書は、「彼ら」（ベルリン写本）または「レビ」（ライランズ・パピルス）が福音を「宣べ伝えるために行きはじめた」の一句で締めくくられている（一九）ので、ここで弟子たちと対話をしているのは、ナグ・ハマディ写本所収の多くのグノーシス文書と同様に、おそらく復活後のイエスであろう。ただしこの福音書の主たる内容は、イエスが弟子たちに「人の子の王国の福音」を宣教するようにと命じて弟子たちのもとを去った後、弟子たちとマリアとの間に交わされた対話である。マリアは弟子たちに彼女にのみ顕わされた秘教を語るが、それに対して疑義を申し立てるペトロとアンデレ（マコ三・一六、一八参照）に、レビ（マコ二・一四参照）がマリアを擁護し、最終的には「彼ら」（おそらく「弟子たち」。ただしギリシア語本文では「レビ」）が宣教に赴く。

3　思想的特色

『マリア福音書』には、たとえば『ユダ福音書』に前提されているようなグノーシス神話は、全く見出されない。

当福音書の前半で物語られる「救い主」[4]の弟子たちへの啓示（七）では、物質は消滅するが、それはただ、組み合わせによって存在するものか、個別性を失って本性に戻るだけで、罪というものは物質界には存在せず、罪があるとすれば、人間の物質に対する「姦淫」（＝欲望）にあって、人が死ぬと物質界に解消する、と言われている。この言説は当時ヘレニズム・ローマ世界に広く流布していたストア派や中期プラトニズムの物質論と物質界を危険視する道徳観に近く、[5] 反宇宙的グノーシス主義の二元論とはほど遠い。しかし、ここから直ちに『マリア福音書』におけるストア・プラトニズムとグノーシス主義の接触を否定することはできないと思われる。[6]

①「人の子」

たとえばレビが、ペトロのマリア批判に対して彼女の側に立ち、ペトロに語った次のような言葉の中の、自分のために「生み出すべき」「完全なる人間」（一八）は、『ユダ福音書』（三五）にも通底する、回復すべき人間の「本来的自己」のことであって、ここにグノーシス的救済論との接触を想定せざるをえないのである。

われわれは……完全なる人間を着て、彼（イエス）がわれわれに命じたそのやり方で、自分のために（完全なる人間）を生み出すべきであり、福音を述べるべきである（一八）。[7]

この関連で、弟子たちに語った次の救い主の言葉に注目したい。

何者にもあなたがたを惑わさせるな。その者が「ここにいる」とか「そこにいる」とかいうようなことを言っても。

人の子がいるのはあなたがたの内部なのだから。あなたがたは彼の後について行きなさい。彼を求める人々は見出すであろう。

それで、あなたがたは行って、王国の福音を述べなさい。（八）

この言葉の中の「人の子」は、前の文脈からみると「キリスト」を指しており、そのキリストが「あなたがたの内部なのだ」という句は、「私はあなたたがたのうちにいる。（そしてあなたがたも私のうちにいる）」という、ヨハネ福音書やパウロの手紙に用いられる、キリストと弟子たちの相互内在定式（ヨハネ一四・二〇、一七・二一、二六、Ⅱコリント一三・五、ガラテヤ二・二〇、四・一九、ロマ八・一〇）に並行する。また、「求める人々は見出すだろう」という句もマタイ福音書（七・七）にある。しかし、ここでなぜ、「キリスト」ではなく、「人の子」と言われているのか。「あなたがたの内部」である「彼（人の子）の後について行きなさい」とはどういうことなのか。「彼を求める人々は見出すだろう」と約束されている「王国」とは？

このような問いへの答えは、この後の文脈に用意されている。救い主が弟子たちのもとを離れて行ったので、弟子たちは師と同じように苦しみに遭うことを恐れて、悲しみ泣き、「人の子の王国を宣べ伝えるために異邦人のところへ行く（といっても）、われわれはどうすればよいのか」と自問していた時、マリアは彼らに次の言葉で慰める。

悲しんだり、疑ったりしないで下さい。というのも彼の恵みが（今後）しっかりとあなたがたと共にあり、あなたがたを護って下さるのですから。それよりもむしろ、彼の偉大さを讃えるべきです。彼が私たちを準備し（ギリシア語本文では、私たちを「一致させ」）、私たちを人間として下さったのですから（九）

ここで最後に言及されている「人間」は、先に引用した文章の「人の子」の「人」とコプト語では同じ名詞 rōme である。とすれば、「人の子」と訳されているコプト語の pšēre imprōme は「人間の子」と訳さるべきであろう。[8]

そもそもグノーシス神話において、至高神は「人間」あるいは「人間の子」と呼ばれている。[9]ここでは人間の救済とは人間をして「真の人間」（＝「完全なる人間」）、つまり「本来的自己」たらしめることにある。[10] 人間にその「福音」をもたらしたのが救い主なのであり、それを受け入れた人間は「完全なる人間」が支配する領域としての「人間の子の王国」を宣べ伝えるべきなのである（一八）。[11]

②「善きもの」

次に、マリアはこの言葉を弟子たちに語った後に、「彼らの心を善きものに向けた」とコメントされている。この場合の「善きもの」とはコプト語本文ではギリシア語からの借用語で

pagathon（形容詞agathosの対格にコプト語の定冠詞p-を付して男性あるいは中性名詞化）であり、これが男性であれば──小林稔のように──「善い方」（つまり「救い主」）と訳すこともできる。[12] しかし、前の文脈（七）における、「世の罪とは何ですか」との問いに対するイエスの答えの中のpagathonは、ギリシア語形容詞agathosの主格・中性名詞化であり、明らかに「善きもの」であろう。実際キングは『注解』で、このpagathonをthe Goodと英訳し（邦訳では「善そのもの」）、これを「自分の真の自己」ととっている。彼女によれば、「このゆえにこそ、（つまり）そ（の本性）の根のところへと（本性）を立て直そうとして、あなたがたの領域にいかなる本性のもののところへも善い方（正しくは「善きもの」）が到来したのである」（八）。[13]

ところで、マルヤーネンによれば、この「善きもの」とは、他のグノーシス文書（『三部の教え』八一、一一九、『真理の証言』五六など）では、本来的真の自己を「知ること」つまり「グノーシス」の意味で用いられている。[14]

とすれば、マリアは弟子たちに、救い主が「私たちを『人間』として下さった」と言って、彼らの心を真の人間を知ること、つまり「グノーシス」に向けたということになる（九）。あるいは、救い主は人間の物質に対する姦淫としての罪から本来的自己の認識へと「回心」を説いていることになるであろう（七）。

4　初期キリスト教における位置

『マリア福音書』においてマリアは、『ユダ福音書』におけるユダと同様に、「弟子たち」より上位に置かれている。ただし、『ユダ福音書』においてユダは十二使徒たちを否定的に超える存在であるのに対して、マリア福音書においてマリアは、対「救い主」関係で弟子たちに勝る存在であるが、彼らを否定してはいない。すなわち、ペトロは救い主が「他の女性たちにまさってあなたを愛した」ことを「私たち（弟子たち）は知っているから、彼女が「知っていた私たちの知らない」救い主の言葉を話してくれるように彼女に頼んでおり、それに対してマリアは、「あなたがたに隠されていること、それをあなたがたに告げもしましょう」と答えて、幻の中に見た「主」との対話をペトロに伝えている（一〇）。

そして、これらのことを語り終えたマリアに、アンドレアスは、「救い主がこれらのことを言ったとは、この私は信じない」と抗議し、ペトロは救い主がマリアに、彼らに「隠れて一人の女性と、（しかも）公開ではなく語ったりした」こと、また、救い主が彼ら「以上に彼女を選んだ」ことを疑っている（一七）。しかし、これに対して、『マリア福音書』では弟子たちの一人として登場する「レビ」が（マルコ二・一四参照）、「ペトロよ、いつもあなたが怒る人だ。今私があなたを見ている（と）、あなたがこの女性に対して格闘しているのは敵対者たちのやり方だ」と言ってペトロを戒め、「救い主は彼女をしっかりと知っていて、このゆえにわれわれよりも彼女を愛した」ことを認め、「完全なる人間」を着て、それを「自分のために生みだすべきであり、福音を伝えるべきである」と言って、マリアをサポートしている（一八）。

イエスがペトロなど弟子たちよりもマリアを愛したという言説は、『フィリポ福音書』§五五bに、ペトロがマリアに示す敵愾心については『トマス福音書』一一四や『ピィスティス・ソフィア』Ⅰ、三六、Ⅱ、七二に、すなわちいずれもグノーシス文書に並行句が見出される。しかし、『マリア福音書』では、弟子側の人物（レビ）がペトロをたしなめてマリアを擁護しているのであるから、当福音書の背後にペトロに代表される正統的教会とマリアを支持するグループとの間の論争が想定されるとしても、両者間の対立が決定的なものになっているとはいえないであろう。『マリア福音書』はおそらく、『ユダ福音書』出自のラディカルなグノーシス派と正統的教会の間のグレーゾーンに成立したと想定してよいのではなかろうか。

2　『フィリポ行伝』

1　本文と成立年代

比較的最近発見された二つのギリシア語写本（①Xenophontos 32（A）、②Athenìensis 346（G））

に拠って、F. Bovon と F. Bouvier による校訂本が公にされている。(15) 写筆年代は五―六世紀と推定され、原本は、以下に説明される内容から判断して、三―四世紀に成立したものと思われる。

2　文学形式

『聖使徒フィリポの行伝（G）』（以下、『フィリポ行伝』と略記）は、元来別個に成立した二つの部分（一―七章、八章―一四章＋殉教物語）から成っており、第一部は「福音書宣教者」フィリポ（キリスト教史上最初の殉教者ステファノを筆頭とする「七人」の一人（使六・五））の宣教物語、第二部は「使徒たち」の一人フィリポ（マコ三・一八）の宣教と殉教物語（ただし、両フィリポは部分的に重ねられている）。第二部が第一部よりも成立年代は早く、マリアは第二部にのみ登場し、重要な役割を果たしている。

この第二部は、復活のイエスが使徒たちに顕われて彼らを世界宣教に派遣するという『マリア福音書』と同様の文学形式をもって構成されており、行伝ではフィリポとその「姉妹」（ἀδερφή）と言われるマリアの宣教活動が主題となっている。

3　思想的特色

①フィリポの「霊的」姉妹・宣教者

マリアはフィリポの「姉妹」と呼ばれている（八・二（G））。この呼称は「血縁的姉妹」というよりも、以下の文脈におけるマリアとフィリポの関係からみて信仰を媒介とする「霊的」姉妹を示唆している。すなわち、彼女はフィリポの宣教旅行に同行して、彼を勇気づけ彼の欠を補い（八・二—四）、フィリポによる癒しの奇蹟に与っている（一三・四、一四・七（A）、「殉教」二二・一三）。[16]

他方、イエスはマリアに言っている、「私は知っている、あなたが善き女で、魂に勇気があり、女の中で恵まれた者（ルカ一・二八の、天使ガブリエルによる処女マリアに対する呼びかけと同様の表現）であることを。女性の霊がフィリポに入った。他方、勇気ある男性の霊があなたの中にある」（八・三四（G））。

この言葉との関連でイエスがマリアに男装を勧めていること（一八・四（G））は注目に値しよう。これはテクラの男装（『パウロ行伝』二五、四一）と類似する関係にあるが、[17]『フィリポ行伝』では『パウロ行伝』の場合とは異なって、女性の「男性性」と男性の「女性性」が同時に認められている。これはむしろ、『トマス福音書』（二二）と通底していよう（一一四をも参照）。[18]ただし、『フィリポ行伝』には、『トマス行伝』に想定されるようなグノーシス的「両性具有」神話的要素は認められない。

さらにイエスによれば、マリアを含む「使徒たち」の宣教は、「殉教の業と全世界の救済」にある（八・三（G）。「殉教」九をも参照）。この意味でマリアは、「使徒たち」（ἀπόστολοι）の一人なのである（八・一六、一三・四（A）参照）。

②聖職者・典礼執行者

マリアが、男性の「長老」あるいは「司祭」（προσβύτερος）と並ぶ女性の「長老」あるいは「司祭」（πρεσβῦτις あるいは πρεσβυτερίς）であることについては、八章以下では直接言及されていない。しかし、この『行伝』の成立に与ったキリスト教共同体の中に女性の司祭が存在していたことは一章以下（特に一・一二。ここでは πρεσβῦτις の複数形）によって裏づけられる。しかも、八章以下においてもマリアは聖餐（パンと塩による）を準備する役割を果たしている（八・一）だけではなく、彼女は女性に対して（フィリポは男性に対して）洗礼を執行している（一四・九。「殉教」二をも参照）。[19]成立しつつある正統的教会においては、女性司祭は否認されており（エピファニオス『薬籠』79,4）、洗礼の執行は男性聖職者以外に認められなかった（たとえばテルトゥリアヌス『洗礼について』における批判を見よ）。[20]

4　初期キリスト教における位置

当行伝は、正統的教会の反異端論者たち、すなわちエイレナイオス（『異端反駁』I,18,1）、ヒュッポリュトス（『全異端反駁』VII,7; 20,1）、とりわけエピファニオス（『薬籠』47,1-5）が論駁しているキリスト教「節制派」（ἐγκρατῖται）出自と想定される。エピファニオスによれば、この派はピシディア、フリュギア、アシア、パンフィリア、キリキア、ガラテヤの諸地方に拡大されており、『アンデレ行伝』、『ヨハネ行伝』、『トマス行伝』その他「いくつかの文書」を重用していた。この「いくつかの文書」の中に『フィリポ行伝』も入っていた可能性がある。当福音書でフィリポは、バルトロマイ、マリアと共に、イエスによって「ギリシア人の土地」に派遣されたと言われているが（八一）、当行伝が用いられたのは小アジアであった可能性がある。このことは小アジア出土の碑文によっても、三六三年に開催されたラオデキア司教会議（第一一条と四四条）によっても、またエピファニオス（『薬籠』29,4）でも、女性の司教が存在していたことが裏づけられるからである。ただし、当行伝が「正典」から排除された「外典」文書の一つとして指名されたのは、ゲラシウス勅令（六世紀）に至ってはじめてである。[21]

おわりに

初期キリスト教において、成立しつつある初期カトリシズムでは、イエスの宣教旅行に男弟子たちと共に同行した女性たちの筆頭マグダラのマリア（ルカ八・一―三）が、彼女とは全く関係のない「罪人であった一人の女」（同七・三七）と同一視され、「悔い改めるべき罪人」のプロトタイプとして最も低く位置づけられた。それに対して、初期カトリシズムを代表する「反異端論者たち」によって「異端」として批判されたグノーシス派では、彼女は人間の「本来的自己」のプロトタイプとみなされ、初期カトリシズムにおいてその「信仰の基準」（regula fidei）を担う「使徒伝承」の起源に据えられたペトロをも批判的に超える、イエスの「最愛の女弟子」あるいはその

「伴侶」として最も高く位置づけられた。

しかし、このようなマリアの高い位置づけは、グノーシス主義に限られることなく、おそらく初期カトリシズムとグノーシス主義の中間、両者のグレーゾーンに成立したと想定される『マリアによる福音書』にも、この中で彼女がイエスから密かに伝えられた彼の言葉の伝達者としてペトロを批判的に超える存在とみなされている限り、妥当するのである。

同じようなマリアの高い位置づけは、グノーシス主義と全く無関係のキリスト教節制主義（エンクラティズム）を背景として成立したと想定される『フィリポ行伝』にも確認される。この行伝においてマリアは、フィリポ、バルトロマイと共に、「使徒たち」の一人として宣教に従事し、ペトロと共に癒しの奇蹟を行い、洗礼の執行さえしているからである。

とすれば、本稿の結論は、次のようになるであろう。マリアは初期キリスト教の周縁――グノーシス主義の一部、同主義と初期カトリシズムの境界、キリスト教節制主義（エンクラティズム）の一部――において、使徒たちの筆頭、あるいは少なくとも「使徒たちの一人」として高く位置づけられた。

注

（1）①「隠喩としてのマグダラのマリア――グノーシス主義における女性原理とその系譜をめぐって」（『原始キリスト教とグノーシス主義』岩波書店、一九七一年、第一〇刷＝二〇〇七年〔『荒井献著作集 第八巻 聖書のなかの女性たち』岩波書店、二〇〇一年〕所収）。②「イエスとマグダラのマリア」（『聖書のなかの女性観』岩波書店、一九八八年、第七刷＝二〇〇六年〔前掲『荒井献著作集』〕所収）。③「マグダラの女マリヤ小論――「遊女」説の起源によせて」（『聖書のなかの差別と共生』一九九九年〔前掲『荒井献著作集』〕所収）。④「『ユダの福音書』と『マリアによる福音書』――原始キリスト教におけるその位置づけ（『初期キリスト教の霊性――宣教・女性・異端』岩波書店、二〇〇九年所収）。

（2）以下、本稿第一章の論述は、前注に挙げた小論④の中の第三節（一二九―一三六頁）の改訂版である。

（3）この見解は、次の三冊の校訂本にほぼ共通している。W.C.Till, H.-M.Schenke, *Die gnostischen Schriften des koptischen Papyrus Berolinensis 8502*, 2. Aufl. Berlin 1972, S.24-77; R.Mcl.Wilson, G.W.MacRae, The Gospel of Mary(BG1), in: D.M.Parrott(ed), *Nag Hammadi Codices V,2-5 and VI with Papyrus Berolinensis 8502,1 and 4* (*NHS* 11), 1979, pp.453-471; A.Pasquier, *L'Évangile selon Marie* (BG1) (*BCNH*10), Quebec 1989.

（4）マリア福音書ではイエスが一貫して「救い主」と呼ばれている。

（5）K・L・キング「マグダラのマリアの福音書」『聖典の探索へ フェミニスト聖書注解』E・S・フィオレンツァ編、日本語版監修＝絹川久子、山口里子、日本キリスト教団出版局、二〇〇二年、四五五―四五七頁参照。

（6）E. de Boer, *Mary Magdalene -Beyond the Myth*, London 1997.pp.89-92によれば、マリア福音書には、当福音書の校訂本（注（2）参照）の編者が揃って認めている「グノーシス主義」は見出されない。当福音書は、古典的「グノーシス」の特徴である「ラディカルな二元論」、物質に対する「敵視」は存在しないからである。エスター・A・デ・ブール「いま、なぜ、マグダラのマリアなのか」（マービン・マイヤー『イエスが愛した聖女』藤井留美／村田綾子訳、日経ナショナル ジオグラフィック社、二〇〇六年、一六七頁、「私の見たところ、『マリアの福音書』に現れる二元論は穏健なもので、グノーシス主義ではなく、ユダヤ・キリスト教の系譜に属している」（邦訳を筆者が修正）をも参照。もちろん当福音書には、ユダ福音書にみられたようなラディカルな二元論は存在しない。しかし、後で指摘するように、とりわけ「自己認識」の要請にはグノーシス的要素を認めざるをえないと思われる。

他方キングは、ウィリアムズのグノーシス主義「再考」（M.A.Williams, *Rethinking "Gnosticism": An Argument for Dismantling a Dubious Category*, Prinston, 1996）を受けて、「グノーシス主義と呼ばれる宗教は、古代には存在しなかった。初期キリスト教の多様性を分類する作業の過程で、学者たちがこの用語を考案したのである」という見解に従って、マリア福音書とグノーシス主義の関係に言及することを拒否している（『マグダラのマリアによる福音書――イエスと最高の女性使徒』山形孝夫・新免貢訳、河出書房新社、二〇〇六年、二五七頁）。確かに「グノーシス主義」（Gnosticism, Gnostizismus）という用語は、一八世紀においてはじめて、フランス語（gnosticisme）経由で、軽蔑的響きをもつ「グノーシス」からの派生語として造られたものである。しかし、「グノーシス」という概念そのものは、紀元後二―三世紀におけるキリスト教とその周縁において、人間の「真の自己」がその本質において「完全なる人間」としての至高神に由来するという「認識」を救済とみなす宗教思想のキーワードであった。すでに牧会書簡が「誤ったグノーシス」という表現を用いており（Iテモ六・二〇）、エイレナイオスをはじめとする反異端論者たちもこの言葉を一般的呼称として採用し、それに対抗するものとして教会の「真のグノーシス」を擁護した。もちろん彼らが反駁した「誤ったグノーシス」

は、「グノーシス」そのものの実体の誤解に基づく側面がある。しかし、「グノーシス」を救済とみなす人々が自らを「グノースティコイ」（覚知者）と呼んだことも事実である。ルドルフ『グノーシス――古代末期の一宗教の本質と歴史』大貫隆・入江良平・筒井賢治訳、岩波書店、二〇〇一年、五六頁以下。H.-F. Weiss, *Frühes Christentum und Gnosis, Eine rezeptionsgeschichtliche Studie*, Tübingen, 2008, S. 508-521; B. Aland, *Was ist Gnosis? Studien zum Christentum, zu Markion und zur kaiserzeitlichen Philosophie*, Tübingen, 2009, S.1-36 をも参照。特に Aland によるキングの提案に対する評価と批判については、S.3f. を見よ。

（7）以下の邦訳は、荒井献・大貫隆編『ナグ・ハマディ文書Ⅱ　福音書』岩波書店、一九九八年、一七七―一二四頁所収の小林稔訳を下敷きにして、若干の箇所に筆者が修正を加えたもの。

（8）伝統的には「人の子」（Son of Man）と訳されるこの表現（Till, Schenke,op.cit., S.65: “der Sohn des Menschen”, Pasquier,op.cit.,P.33: “le Fils de l'Homme”, Wilson, MacRae, op.cit.,P.459: “the Son of Man”）を、キングは、前掲『注解』六〇六頁では「人間の子ども」（the child of humanity）、あるいは六〇七頁では「人間の種子」（the seed of humanity）と訳しており、A. Marjanen（*The Woman Jesus Loved. Mary Magdalene in the Nag Hammadi Library and related Documents*, Leiden/New York/Köln 1996, p.105）は、“the true human being” と訳している。デボールは、Mary Magdalene, p.82 では “the Human One” と訳しているが、前掲『イエスが愛した聖女』、一六九頁では「人間の子ども」（the child of humanity（or son of man））と訳している。

（9）グノーシス神話における「人間」については、前掲『ナグ・ハマディ文書Ⅱ』、一一頁の用語解説「第一の人間／完全なる人間／真実なる人間／人間」参照。

（10）この「人間」（rōme）を、キングは前掲『注解』四六一頁では「真の人間存在」（the true

humanbeings）と訳し、前掲『マグダラのマリアによる福音書』三五頁では「まことの人間」（true humanbeings）と訳している。Marjanen, op.cit., p.105 では、"the true human beings". デボール、前掲『イエスが愛した聖女』一六九頁では「真の人間」（true human）。

なおキングは、これに触れて次のように注解している。「「真の人間存在」であるということは、自分の内にある本質的な霊的本性を見出したという意味である。それは、内なる「真の人間の種子」を見出し、従うということである。そのためには、人間性の原型的なイメージを自分の最も本質的な性質として、それと同一化し、モデルとしてそれに合わせることが必要である。マリアはこの目標に到達している。彼女は「真の人間存在になった」のである」（『注解』四六一頁）。

（11）この「完全なる人間」は、前述のように、ユダ福音書三五の「完全なる人間」と用語法においても思想においても一致している。そして、これは『マリア福音書』では「真の人間」（九）と一致する。したがって、マイヤーのように一方を、前掲『イエスが愛した聖女』五八頁では「真の人間」（true human）と、他方を前掲『イエスが愛した聖女』六二頁では「完璧な人間性」（perfect humanity）と訳すべきではない。

（12）小林訳（前掲『ナグ・ハマディ文書Ⅱ』、一二一頁。Pasquie, op.cit., p.35 も同様。デボール（in: *The Gospel of Mary*, p.87）も、これを前掲『イエスが愛した聖女』一六九頁では「善なるもの」（good one）と説明している（ただし、前掲 *Mary Magdalene*, p.83 では "the Good" と訳している）。

（13）キング、前掲『注解』四六一頁。ただしこれは、前掲『マグダラのマリアによる福音書』三三、三五頁では、「善なる方」と訳されている。そして六一頁で、「神は「善き方」と呼ばれているに過ぎない。……神は「父」とも呼ばれていない。……人間の真の霊的本質に性差はない。その結果、人は本当のところ男でもなく女でもなく、超越した善き方としての神の似姿と一致した存在にほかならない」

と説明して、「善なる方」あるいは「善き方」を「神」ととっている。そのため、他の箇所（四八頁）ではこれを「善」とも訳しているのであろう。八〇頁では、「善なる方」と「善」を併記。九七頁では「善きもの」と訳し、「ギリシア語では文法上、中性を指示す用語である」と明記している。

（14）Marjanen, op.cit., p.108f. 参照。

（15）F. Bovon, B. Bertrand, F. Amsler, *Acta Philippi: Textus*. CCSA 11, Turnhout, 1999.

（16）一三四では、「使徒たちのグループ（フィリポ、マリア、バルトロマイ）がオフェオリュモスの町（この町はスミルナのヒエラポリスと同定されている（Bovon, Bertrand, Amsler, p.310, n.1; F. Amser, *Acta Philippi: Commentarius*. CCSA 12, Turnhout, 1999, ch.12, §3 参照）に着いた時、フィリポがマリアと共に廃棄された「診療所」（ἰατρεῖον）を探し出し、彼がマリアに言う、「私たちの主が私たちに先立ち「霊的診療所」（τὸ πνευματίκον τοῦτο ἰατρεῖον）を備えてくださったのです」と。一四一―七では、四〇年来盲目であったスタキュスという老人が一夜の夢で使徒たちのもとに連れて来られた時、フィリポはイエスの仕草に似せて、この老人を「唾」で癒すのであるが、マルコ八・二二―二六の場合と異なって、彼はマリアの口に手を入れて彼女の唾で彼を奇蹟的に癒している。この場面はA写本では欠損しており、「殉教」一二一・一三における並行箇所によって復元される（F. Bovon, Mary Magdalene in *the Acts of Philip, in, New Testament and Christian Apocrypha*, pp.259-272, 特に二四六頁。前注 Bovon, Bertrand, Amsler, op.cit., p.328, n.33 参照）。

（17）パウロ行伝におけるテクラの「男性化」については、前掲拙著、一〇六―一〇七頁参照。

（18）この問題については、拙論「見よ、私は彼女を（天の王国へ）導く」――トマス福音書の女性観再考」『聖書のなかの差別と共生』岩波書店、一九九六―二一〇頁（前掲『著作集 第八巻』三二七―三四二頁所収）参照。なお、『フィリポ行伝』の当箇所と『トマス福音者』一一四の類似関係については、Bovon, Bertrand, Amser, op.cit., p.242, n.(7) でも指摘されている。

(19) 以上、F. Bovon, Women Priestess in the Apocryphal *Acts of Philip*, in: *New Testament and Christian Apocrypha, Collected Studies II*, ed. by G. E. Snyder, Tübingen, 2009, pp.246-258, 特に二五三頁 ; Mary Magdalene in the Acts of Philip, op.cit., pp.265-266 参照。なお、前掲拙著『初期キリスト教の霊性』一〇八頁、終わりから四行目の「聖餐式」は「洗礼式」の誤植。

(20) 詳しくは、前掲拙著、九六—九七頁参照。

(21) 以上、Bovon, op.cit., 271-272 参照。

（二〇〇九年九月一四日 提出）

『日本學士院紀要』第六四巻第三号、二〇〇九年

30　杉山好「お別れの会」奨励

三月一一日に東日本を襲い多くの人々の命を奪った大震災を挟んで、この一〇ヶ月の間に私は、私の親しい隣人二人を相次いで失いました。その一人は妻・英子であり（昨年一一月二四日逝去）、その二人は敬愛する先輩、そして東京大学とここ恵泉女学園大学では同僚であった杉山好さんです（九月一〇日逝去）。

九月一三日に行われた杉山さんの通夜でお話しましたように、私の二年先輩である杉山さんと私は、私の東大教養学部教養学科ドイツ分科に在学中も（その間杉山さんは教養学部ドイツ語教室助手）、ドイツ・エルランゲン大学に留学中も、教養学部に在籍中も、お互いに定年後恵泉女学園大学に在籍中も、人生のほぼ半世紀間、同じ大学、同じ職場で、研究上のみならず信仰上の友として、親しく交わってまいりました。それだけに、敬愛していた先輩・親しい友人の一人であった杉山さんがその命を心不全によって奪われたことは、その一〇ヶ月前にがんの転移によって妻の命を奪われていた私にとっては、極めて重いダブルパンチとなりました。

人間の死は、いずれにしても人智を超えて「外から」やってくるものです。キリスト教ではこれを神の「摂理」と呼びます。しかし一般的に言えば、それは自然の「不可避性」でありましょう。私たちは今、この「不可避性」としての死を徹底的に認識せしめられています。そしてその究極が、その場面を先ほど司会者の水永先生から読んでいただいた、イエスの十字架死ではないでしょうか。イエスは十字架刑を前にして、ひどく恐れてもだえ、「この（死の）杯を取りのけてください」、と神に祈っています（マルコ一四・三六）。そして十字架上では、「わが神、わが神、なぜ私をお見捨てになったのですか」と神に迫り、息を引き取っています（同一五・三四―三七）。ここでは、イエスさえ、「不可避性」としての死を、終局的にはそれに身を委ねてはいますが、それを甘受してはおらず、最期まで苦しんでいる。これは人間の弱さの究極ではないか、と私は思います。

ところが、こうして死についたイエスを見て、十字架刑を指揮していたローマの百人隊長が、「本当に、この人こそ神の子だった」と告白しました（同一五・三九）。イエスの死がその敵から「いのち」を引き出す力になったのだ、と言われる。同様に、十字架刑を前にしてイエスを見捨てて逃亡したペトロをはじめとする弟子たちにも、イエスの死は彼らの「いのち」となった。このことを男弟子たちに告げるようにとイエス復活の場面で天使によって命じられたのが、マグダラのマリアをはじめとする、十字架の死に至るまでイエスに従って来て仕えていた女性たちであったと言われます（同一五・四一、一六・七参照）。

ところで、二〇〇七年二月に私は、この大学に開設されたキリスト教文化研究所の開設記念講演をいたしました。その内容は、一九七〇年代にエジプトで発見され、そのコプト語写本が二〇〇六年にはじめてアメリカで公刊された『ユダの福音書』を原始キリスト教史上に位置づける試みでしたが、その中で私は、すでに一九九五年に私が提起していた、次のようなテーゼを補強いたしました。――少なくともマルコ福音書においてユダはその裏切り行為をイエスによって赦されている、なぜなら、復活のイエスによって弟子たちに与えられた、ガリラヤにおけるイエスとの再会の約束にユダも含まれているから（一四・二六―二八）。

講演が終わった直後、杉山さんが壇上に駆け上がって私の手を握り、目に涙を浮かべて、私に言いました。「バッハもマタイ受難曲のなかで、イエスを裏切ったユダを、悔い改めて父のもとに帰った放蕩息子に重ねている」と。実は、私はこのことを、杉山さんの愛弟子のひとり磯山雅さんの著書『マタイ受難曲』（東京書籍、一九九四年）を読んで知っており、前述の私見を発表したエッセー「信なき者の救い」（雑誌『群像』別冊・特集「大江健三郎」）のなかで言及していたのです。しかしその一年後の開所記念会の時、杉山さんもまた、ユダのような「信なき者」にもイエスの十字架死に露わにされた神の愛が及ぼされているという、私のテーゼを支持されていることを改めて知り、感謝・感激したものでありました。

皆さんもよくご存じのように、杉山好さんは、矢内原忠雄先生の愛弟子のひとりでした。先生はアジア・太平洋戦争中にもその信仰を貫き、軍国主義政府によって東大の教壇から追放されましたが、戦後東大に復帰されて、私が東大に入学し、杉山さんがドイツ語教室の助手をしておられた時代、教養学部長でした。杉山さんはこの矢内原先生から直接、信仰の厳しさと同時に温かさを継承されたと思います。私もこの時代、学生として先生の厳しさと温かさの両側面を体験しました。当時私は、駒場寮生のひとりとして、レッドパージ闘争の先頭に立ち、期末試験を完全ボイコットした責任を問われ、矢内原学部長から厳しい「学部長説諭」処分を受けました。しかし、説諭の直後に先生から、実に温かいアドバイスを受けました。これから創立する教養学科に進学して、さらに上に創る予定の大学院西洋古典学科に入って、新約聖書を信仰の書としてだけではなくギリシャ古典の一つとして研究するように、と。私が現在あるのは、このような矢内原先生と、ドイツ留学時代から恵泉女学園の学長時代に至るまで私を温かくサポートしてくださった杉山さんのおかげと言っても過言ではありません。今日、この場に集った方々にも、それぞれ違ったかたちではありましょうが、その思いを同じくする人々が多いと思います。

矢内原先生の死が杉山さんのいのちとなったように、杉山さんの死が私たちのいのちとなり、私たちを温かく生かし続けてくださいますように、心からお祈りいたします。

（恵泉女学園大学「お別れの会」奨励、二〇一一年一〇月二九日）

31　我が家の「マコちゃん」

斎藤眞先生を我が家では「マコちゃん」と呼んでいた。

実は、眞先生が日本基督教団信濃町教会の「長老」（教会の役員）をされていた頃、私の妻・英子が同教会の担任教師（副牧師）をしており、彼女は先生と一〇年ほど教会でご一緒させていただいた。先生は勿論、彼女より三〇歳以上年長の「長老」であられたが（あるいは、それゆえにこそ？）、先生は彼女に、「カワイー！」という印象を与え続けたようである。そのためか彼女は、我が家で先生のことが話題にのぼると、いつも先生を「マコちゃん」と呼び、私もそれに応えて、先生を「マコちゃん」と呼んでいた。

私がはじめて先生に直接お会いしたのは、私が恵泉女学園大学の学長をしていた頃、学園の創立者・河井道の記念礼拝に、先生を講師としてお招きした時（一九九八年一月二二日）である。私はその時の先生のご講演の一部を、一九九八年度の卒業式（三月一二日）の式辞に織り込ませていただいた。幸い、この式辞の原稿が手元に残っているので、その一部を以下に再録させていただく（式辞の題は「隣人を自分のように愛しなさい」。聖書箇所は「マルコによる福音書」一二章二八―三四節）。

斎藤先生のお話は大変有意義でありましたので、その出だしの部分を少し紹介して、私の話に繋げたいと思います（斎藤先生は東大の名誉教授で、長年にわたるアメリカ研究の成果を高く評価されて、昨（二〇一〇）年度、文化功労者として顕彰されました）。

さて、斎藤先生によれば、アメリカにおける黒人解放運動史に輝かしい足跡を残したマーチン・ルーサー・キング牧師の思想と河井道先生の思想に一つの接点があるとのことでした。河井先生は英語で self-respect なしに respect for others はありえないと説いている。self-respect は「自尊（心）」と訳され、respect for others は「他人に対する尊敬」と訳されますが、斎藤先生は、前者を「自分を大切にすること」、後者を「他人を大切にすること」と訳した方がよい、と言われました。河井先生は、特に女性のことを視野に入れて、女性である自分を大切にすることなしに、男性を含めた他者を大切することはできない、と説かれた。自分を殺して、自己を滅ぼして、他者に仕えることは本当の愛ではない、ということです。

他方、マーチン・ルーサー・キングは、黒人のことを視野に入れて、黒人である自分を大切にすることなしに、白人を含めた他者を大切にすることはできない、と説いている。これがキング牧師によって推進されたアメリカにおける黒人解放運動を支えた基本的思想であった、というのです。――要するに、「self-respect なしに respect for others はありえない」と言い切った点において、河井道とマーチン・ルーサー・キングは共通している。そして、この二つの respects を繋げることができたのは、キングと河井が共通してもっていたキリスト教信仰、すなわち respect for God（「神への畏敬」）であった、というのです。

私は以上のような斎藤先生のお話を聞いていて、すぐ頭に浮かんだのが、先ほど司会者の塩田明子先生から読んでいただいた聖書の箇所、「マルコによる福音書」一二章二八―三四節、特に三一節の第二の掟「隣人を自分のように愛しなさい」でありました。新約聖書はギリシャ語で書かれていますが、「愛しなさい」はギリシャ語で agapēseis といいます。この動詞の名詞形が agapē です。そして、よく言われることは、キリスト教の「愛」（アガペー）は、ギリシャ的「愛」（エロース）と違って、自己愛（自己のために価値を求める愛）ではなく、隣人愛（隣人のために自己を放棄する愛）だ、ということです。これがアガペーとエロースの違いだ、と。しかし、少なくとも今私たちが読んでいる聖書の箇所は、隣人愛は自己愛を排除してはいない。この句を敷衍して訳せば、「自分を愛するように、隣人を愛しなさい」となるのですから、エロース（自分を大切にすること）なしにアガペー（隣人を大切にすること）はありえない、というのが私自身の年来の主張でありました。

このように、「隣人を大切にしなさい」というイエスの勧めは、「自分を大切にすること」を前前提にしているという解釈において、河井／斎藤説と「私（および英子）の年来の主張」は、期せずして一致していたのである。

ところで、その後私は、二〇〇一年一二月に日本学士院会員に選定されて以来、斎藤先生とは月に一回学士院の第一部会（人文科学部門）や総会で同席しただけでなく、しばしば昼食あるいは午後のお茶にご一緒させていただいた。お茶の席で、先生が最初に話題にされたのは、英子のことであった。先生によれば、ご家族に不幸な出来事が起こった時、英子は先生のお宅を訪問し、「私の話を親身になって聞き、慰めてくれたことには、本当に感謝している」とのことである。

翌二〇〇二年四月のこと。学士院恒例の春の懇親会が開かれ、英子もはじめてそれに出席することになっていた。ところが、会が始まっても、彼女が現れない。先生はそわそわして落ち着かず、「あるいは迷っているのかもしれない」と言われて席を外し、門の外に出て彼女を待っておられた。彼女は職務のため三〇分ほど遅れて到着したのだが、彼女を迎えた先生は、彼女を宴席まで案内してくださり、実に嬉しそうであった。

我が家では先生を「マコちゃん」と呼ぶ所以である。

追記

文中の妻・英子は、昨年一一月二四日、卵巣癌転移のため急逝した（二〇一一年二月記す）

『斎藤眞先生追悼集／こまが廻り出した』（斎藤眞先生追悼集刊行委員会）、二〇一一年

32　がんとの共生

——荒井英子『弱さを絆に——ハンセン病に学び、がんを生きて』

本書は、昨年（二〇一〇年）一一月に急逝した妻・英子の遺稿集である。その内容は、彼女の処女作『ハンセン病とキリスト教』（岩波書店、一九九六年）以降に公刊した九編の論文（本書第Ⅳ部）、卵巣がん発症前後約五年間に公にした、エッセー二編（第Ⅰ部）、チャペルアワー・礼拝メッセージ七編（第Ⅱ部）、講演二編（第Ⅲ部）から成っている。

英子は、二〇〇一年四月以降、恵泉女学園大学人文学部（後、人間社会学部）、人間環境学科の専任教員（担当は「キリスト教学入門」「女性とキリスト教」「キリスト教と人間形成」「旧約聖書学」などキリスト教関連科目）であったが、それ以前から牧師でもあったので、本書の第Ⅱ部にあたるメッセージの原稿あるいは録音データが極めて多い。本書のサイズが大きくなり過ぎないように、またその内容をタイトルにふさわしいものとするために、本書の第Ⅱ部は最近の原稿七編に限った。

ところが最近、恵泉女学園大学キリスト教センターの関係者から、この機会に彼女のチャペルアワー・メッセージをまとめて公にしてほしいという希望が私のもとに届いた。私はそれに応えて、本書とは別に、チャペルアワー・メッセージ集を一冊にして公刊する予定である。その中には、本書に編んだ四編のメッセージも入っている。このことに関しては教文館出版部の了解を得ているので、読者諸氏からもご了解をいただきたい。

本書のタイトル「弱さを絆に」は第Ⅱ部の中の一編のタイトルから、サブタイトル「ハンセン病に学び、がんを生きて」は第Ⅰ部の冒頭一編のタイトルから、それぞれ採用して組み合わせた。私には、「弱さを絆に」という主題が本書全体を通底している著者の基本的立場を最も的確に表現している、と思われたからである。

ただし、「弱さを絆に」は元来、著者がしばしば本書の中で言及しているように、「べてるの家」（北海道浦河町にある統合失調症など精神障がいを抱える人たちが暮す生活共同体）のモットーの一つである。そのために私は、この「べてるの家」に深く関わっておられる斉藤道雄氏（『悩む力――べてるの家の人々』〔みすず書房〕などの著者）と向谷地生良氏（『安心して絶望できる人生――浦河べてるの家』〔NHK出版〕などの著者）に対し本書のタイトルにこのモットーを借用する許可を申し出た。お二人ともそれに快く応じてくださったことを感謝して報告しておく。

そもそも英子がキリスト教「救癩」思想を歴史的・批判的に研究する端緒となったのは、彼女が日本基督教団信濃町教会の副牧師をしていた当時、初めて国立療養所多磨全生園を訪ねた際に、一人の元ハンセン病患者から受けた激しい拒絶反応であった。この時彼女は、「患者と同じ地面に跣足で立つ」ことなしになされるどのような行動的・知的営為も、彼ら・彼女らから拒否されることを実感した。その後、自分が「彼ら・彼女らになることは不可能である」という人間的限界を認識しながらも、この「不可能性」に居直ることなく、「自らの想像力と彼ら・彼女らとの対話を大切にしながら、ともに『骨の収容所』が残った意味を問い続けていきたい」と希って行動し思索した（前掲『ハンセン病とキリスト教』「はじめに」と「あとがき」参照）。結果、多磨全生園内・秋津教会からの招聘に応じ、信濃町教会から秋津教会に移った。同教会で三年間正牧師として牧会の後、東洋英和女学院大学人間科学研究科に入学、秋津教会での牧会経験とそこで得たデータをも活かし、二年後に修士論文「近代日本キリスト教『救癩』史の一断面――『小川正子現象』をめぐって」を提出した。この論文が、前掲の著書『ハンセン病とキリスト教』の基になったのである。

その後、富坂キリスト教センター研究理事（「近代日本キリスト教女性史研究会」担当）を経て、恵泉女学園大学に就職、研究と教育を本格化することになった。恵泉に在職中、特に彼女の心に刻まれた出会いが二つあった。その一つが、精神医学者で旧日本軍による戦争被害者の聞き取り調査を精力的に行っている野田正彰氏（『戦争と罪責』〔岩波書店〕などの著者）をリーダーとする、中国河北省興隆県への調査旅行に、渡辺祐子さんと張宏波さんと共に参加し、その過程で、日本人牧師による旧満州『熱河伝道』の対象となった戦争「被害者」に直接出会ったことである（二〇〇六年秋）。その結果彼女は、「熱河」伝道者と彼らを支えるキリスト者の信仰構造の中に、「救癩」活動を担ったキリスト者の信仰構造に通底するものを観取した。もともと「伝道」は「諸刃の剣」で、人々を「救済の客体」に閉じ込める方向性と「解放の主体」へ促す方向性という、二つの側面をあわせ持つ。ところが、「熱河」伝道者とその支援グループの場合、「救癩」活動者と同じように、国策の被害者らが置かれている歴史的・社会的状況を捨象して、第一の方向性を突き進む。その結果、被害者らの人間的な尊厳には無関心となる。いわゆる「信仰と人権の二元論」である。

そしてその二つ目が、先に言及した「べてるの家」の人々との出会いである。二〇〇七年夏に私たち夫婦は、当時すでに浦河町に居を構えておられた斉藤道雄さんに招かれ、彼の案内で「弱さを絆に」自助・共同生活をしている人々の「ミーティング」に参加する数日に恵まれた。これまで、統合失調症などの精神障がいを抱える人々は、医療や福祉の対象であったり、同情や伝道の対象であったりと、常に「対象化」される存在であった。しかし、べてるの当事者は、自分で自分の助けを「研究」し、自分で自分らしいお金の稼ぎ方を見つける、あくまで「主体」なのである。しかも、「弱さを絆」として、仲間や関係者と共に取り組む。もう一つ、英子が深い共感を覚えたのは、彼ら・彼女らがその「弱さ」を隠すのではなく、むしろそれを「情報公開」して、連帯やネットワークを広げていることであった。もともと「べてるの家」は、浦河教会の会堂を基にして成立した。このような意味で「悩む教会」もあり得たということは、これまでキリスト教「救癩」活動や植民地「伝道」の方向性を批判的に検証し続けてきた英子にとって、一つの希望であったと思われる。

　同年の冬、一二月から翌年の一月にかけて、私たちは野間口カリンさん（恵泉女学園大学の卒業生で青山学院中等部英語教諭）と一緒にドイツ・スイス旅行をした。一生に一度はドイツでクリスマスを体験したい、私のかつての留学先（エルランゲン―ニュルンベルク大学）と家族の滞在先（コーブルク近郊のグループ・アム・フォルスト村）を訪問してみたい、そして何よりも「べてるの家」の先駆的存在であるベーテル（ビーレフェルト近郊に拡がる、癲癇《てんかん》を抱える人々を主とする障がい者の大規模な自助・生活共同体）を見学してみたい、という英子の希望を容れての旅である。旅行の帰途、当時ベルンで研究休暇をとっており、お連れ合いと共にインターラーケン近郊に住んでいたかつての教え子・須藤伊知郎君（西南学院大学神学部教授）から招かれて、スイスをも旅することができた。

　二〇〇八年一月、実に楽しく有意義に、これが最後となった海外旅行から帰宅した直後、英子はお腹に痛みを訴え、診断の結果、左卵巣にがんが確認され、二月二六日にがん研有明病院に入院、三月五日に摘出手術を受け、その後一回目の抗癌剤治療を受けて、三一日に退院することができた。その後も五回の抗癌剤治療のため入退院を繰り返している。こうして手術は一応の成功をみたが、がんはすでにリンパ節に広範囲に拡がっており、それを全て摘出することができず、がんの進行は第Ⅲ期C段階で、再発は免れ得ない、と手術直後に担当医から告知されていた。

　それでも英子は、九月に秋学期が始まると同時に、嬉々として職場で復帰、担当コマ数を少し減らしていただいただけで、授業やゼミを従来通りにこなしていた。しかし、翌二〇〇九年一〇月一五日の検診でがんの腹腔・骨盤内への転移・再発が確認され、再手術が不可能なので、直ちに入院し、抗癌剤治療の再開を強く勧められた。しかし、本人は一〇月二九日の外来でそれを辞退し、担当医に、痛み止めの治療に限って緩和ケア科に通院する以外は、漢方、びわの葉温灸や岩盤浴など、いわゆる自然療法に専念し、がんと共存していきたいと願い出て、それを認めていただいた。以後、自分のからだの「情報公開」をしながら、可能な限り授業やゼミを継続し、「弱さを絆に」することを強化するメッセージを発信し続けたのである。

もちろんその間、腹腔・骨盤の痛みは次第に高まりつつあった。それを通院による薬の投与で調整することが不可能になり、二〇一〇年八月一一日、緩和ケア病棟に入院、強力な鎮痛剤の点滴によって調整に成功、二八日に一旦退院できた。しかし、やはり自宅ではそれを持続することができず、一〇月一四日に再入院、ドレナージ（のう胞性腫瘍内部に充満している滲出液を排出する）療法によって痛みが劇的に治まり、二九日には退院することができた。

ところが、一一月九日に大学のゼミ中に具合が悪くなり、自力で帰宅できなかった。結果、一一日に、緩和ケア病棟へ三度目の入院、翌一二日午後、ドレナージ療法再開直前に多発性脳梗塞を起こし、二二日に意識を失って、二四日夜、帰らぬ人となった。

二〇一〇年正月、英子は次のような文面の年賀状を出している。

「がんとの共存」を思い定め、神が備えてくださった最善の時を呼吸しつつ、新しい年を迎えました。自分にとって異質なもの厄介なものを徹底的に排除するのか、それとも別な生き方をとるのか、という問いに対する私なりの答え、ハンセン病を学んで得た一つの人生観です。その人生観・思想を自らの身体において生き抜いてみたいというのが、今の私の願いです。

私の弟・嗣《よつぎ》(秋田県大仙市で荒井医院を開業)が最近エッセー集(『三階・東向き和室(Ⅲ)』仙北印刷所、二〇一一年)を上梓し、その末尾に「透徹した人生観」というタイトルで英子に関するエッセーを掲載している。その中で弟は、次のように記している。

英子さんは、その……年賀状にもあったように、再発・転移の告知の後は「癌との共存」という重い決意をし、透徹した人生観を生き抜かれたが、人間である以上、その心は揺れたに違いない。その揺れがあったからこそ、その透徹した人生観は、より美しい光を放てたのだと私は思う。

確かに英子は、その「願い」を込めて「透徹した人生観」を最期まで貫いた。そして、その心に「揺れ」もあった。病室で意識を失う以前の数日間、彼女は迫り来る死を恐れた。特に夜になると不安がつのり、誰かが傍にいてくれないと眠ることができなかった。それらの日々の一夕、彼女は私の手を握り、泪してつぶやいた。――「（六月に亡くなった）母さんが私を呼んでいる。でも、まだあなたの傍を離れたくない」と。

二〇一〇年一一月二四日夜、英子は私の呼びかけにコクリと頷き、静かに「母さん」のもとに帰った。五七歳、私と結婚してちょうど二五年目のことである。

特に今年の三月一一日に三陸地方を襲った東日本大震災以後、思い出すのは、二〇〇三年と二〇〇四年の夏、英子が自ら企画していたフィールドスタディ（「三陸リアスと森と里――いのちを育み合う暮らしを体験的に学ぶ」）を十数名の学生たちを引率して実行し、初回に私もその一部に参加した時のことである。このフィールドスタディの目的は、「聖書の人間観を背景に、いのちを育み合う暮らしを体験的に学ぶ」というもので、前半の内容は、「〈三陸リアスの海岸で〉森・川・海の『三陸リアスのいのちの連鎖』について学ぶ。さらに、『ケセン語訳聖書　福音書全四巻』を完訳した山浦玄嗣氏に聞く」ということであった。私も気仙沼・唐桑では牡蠣とホタテの養殖業を営む畠山重篤氏の環境教育プログラム（「森は海の恋人」）に参加し、大船渡では山浦氏と聖書翻訳をめぐって対談し、釜石では新生釜石教会（当時、太田春夫牧師・英子の青学における同窓生）の会堂に一泊して、翌日私は礼拝のメッセージを担当した。旅の途中、三陸海岸漁師や学生たちと一緒に引き網まで体験したのである。

このフィールドスタディの後半では、〈みちのくの里〉（現・奥州市江刺区）でキリスト教保育施設「聖愛ベビーホーム」（当時、滝沢朝子園長・英子の姉）において保育体験をし、このホームに安全な給食の食材を提供する有機農場「うたがき優命園」（河内山耕・可奈夫妻経営）にホームステイをしており、〈みちのくの森〉（東和町）で「自然農園ウレシパモシリ」（酒匂徹・淳子夫妻経営）において「パーマカルチャー」の実践現場を、また「風景式庭園」（グロッセ・世津子氏）において園芸療法の実際を、それぞれ体験している。

ところが、この思い出の三陸地方が突然の大地震と津波に襲われ、一瞬にして多くの被災者たちの命が奪われた。その四カ月前に英子もがんによって命を奪われており、私にとっては極めて重いダブルパンチとなった。

人間の死は、いずれにしても人智を超えて「外から」やってくるものである。キリスト教ではこれを神の「摂理」と呼ぶ。しかし一般的に言えば、それは自然の「不可避性」であろう。私たちは今、この「不可避性」としての死を徹底的に認識せしめられている。そしてその究極が——英子もメッセージの中で言及しているように——イエスの十字架死ではないか。彼は十字架刑を前にして、ひどく恐れてもだえ、「この（死の）杯を取りのけてください」、と神に祈っている（マルコ一四・三六）。そして十字架上では、「わが神、わが神、なぜ私をお見捨てになったのですか」と神に迫り、息を引き取っている（同一五・三四—三七）。ここでは、イエスさえ、「不可避性」としての死を、究極的にはそれに身を委ねてはいるが、それを甘受してはおらず、最期まで苦しんでいる。これは人間の弱さの究極ではないか、と私は思う。

ところが、こうして死についたイエスを見て、十字架刑を指揮していたローマの百人隊長が、「本当に、この人こそ神の子だった」と告白した（同一五・三九）。イエスの死がその敵から「いのち」を引き出す力になったのだ、と言われる。同様に、十字架刑を前にしてその師を見捨て逃亡したペテロをはじめとする弟子たちにも、師の死は彼らの「いのち」となった。このことを男弟子たちに告げるようにとイエス復活の場面で天使によって命じられたのが、マグダラのマリアをはじめとする、十字架の死に至るまでイエスに従って来て仕えていた女性たちであったという（同一六・七。一五・四一をも参照）。こうして、「弱さを絆に」最初期のキリスト教が成立したはずである。

人間のいのちは、自然と共に、死と響き合って永遠に生き継がれている。このような体験に基づく英子のメッセージは、大震災の被害者たちにもその援助者たちにも届くのでなかろうか。

いわゆる「差別語」を気にされる読者のために付記させていただく。本書では、著者自身がことわっているように、史料・文献からの引用、あるいは歴史上の用語として使用せざる得ない限りにおいて、「癩」「癩病」などの用語を用い、その他は「ハンセン病」に統一している。「障害者」「障碍者」「障がい者」「しょうがい者」などの用語も本書では一つの用語に統一されていないが、それらを文脈によって使い分けているのであろう著者の意を汲んで、そのままにしておいた。地名「支那」「蒙古」なども同様である。差別や偏見の歴史を隠蔽することなく直視するために、そのような選択をした。このことを読者には了解いただきたい。

本書の上梓に際しては、多くの方々のお世話になった。とりわけ小宮（山田）愛さん（関東学院中学・高等学校教諭。私と同じ日本基督教団まぶね教会会員）は、教育・研究・育児の「三足草鞋」にもかかわらず、彼女のコンピュータ特技を活かして本書所収論文の原稿の一部をデータ化してくださった（ただし、死海写本などアラム・ヘブライ語本文からの引用打ち込みは、私と同じ日本聖書学研究所所員・鈴木淳之介氏による）。

最後になったが、本書の出版を快く引き受けてくださった教文館社長・渡部満氏と、編集・校正の実務を実に丹念に担当してくださった出版部の倉澤智子さんに心から感謝の意を表わす。

二〇一一年八月

荒井英子『弱さを絆に』（教文館）、二〇一一年、編者あとがき

33　「空の鳥、野の花のように」
――イザヤ書三四章九節―三五章六節、ルカ福音書一二章二二―三一節

荒廃と回復の象徴として

イザヤ書三四章には、イザヤによる諸国民に対する神の審判が、三五章には神の救済が、相次いで預言されている。とりわけ注目したいのは、三四章九節以下のエドムに対する神の審判の描写である。エドムの土地は荒廃に帰するが、その土地に「みみずくと烏が住む」（一一節）、「その城郭は茨が覆い／その砦にはいらくさとあざみが生える」（一三節）と言われている。しかし三五章では、神による栄光の回復が預言される。「荒れ野よ、荒れ野よ、喜び躍れ／沙漠よ、喜び、花を咲かせよ／野ばらの花を一面に咲かせよ」（一節）、「そのとき、見えない人の目が開き／聞こえない人の耳が開く。そのとき／歩けなかった人が鹿のように躍り上がる。口の利けなか

った人が喜び歌う。荒れ野に水が湧きいで／荒れ野に水が流れる」（五―六節）。

以上、イザヤ書三四―三五章において、神の審判による自然界・人間界の荒廃のいわば象徴として、烏とあざみが挙げられており、神の救済による自然界・人間界の回復の象徴として、咲き出でる花に言及されていることを確認しておこう。

烏《からす》

さて、ルカ福音書一二章二二―三一節はマタイ福音書六章二五―三四節と並行している。共に「思い悩むな」という小見出しのあるこの並行箇所を比較して、ルカ版のほうにマタイ版よりも古い、おそらくイエス自身に遡る文言が伝えられているであろうことは、通説となっている。

その証拠の一つが、マタイ福音書の「鳥」がルカ福音書で「烏」となっていること。烏は旧約聖書において、預言者エリヤに食料を運んで彼を養った鳥ということで積極的に評価されている場合もある（列王記上一七・四以下）。しかし、圧倒的に多くの場合汚れた鳥の一つに数えられている（レビ記一一・一三―一五、申命記一四・一二―一四、イザヤ書三四・一一）。それだけに、人間に対する神の配慮の比喩的比較表現が、口頭で伝えられていく際に、「鳥」という一般的表現から「烏」という個別的な表現に変わっていくよりも、逆に「烏」から「鳥」に変わるほうが自然であろう。

あざみ

他方、「野の花」（マタイ六・二八、ルカ一二・二七）であるが、口語訳から新共同訳に至るまで「花」と訳されている言葉（ギリシャ語で krinon）は「百合」をも意味する。ところが、この「野の花」が「百合」だという解釈は、現在では採られていない。このギリシャ語、それに対応するヘブライ語は「百合」に限定されないし、何よりもパレスチナで百合は野原に自生していないからである。

私は、既に二〇年ほど前に、「花」は元来「あざみ」だったのだという仮説を提起している。その論拠として私は、次の四点を挙げた。

第一点は、前に言及したイザヤ書三四章一一節と一三節という非常に近い箇所で、神の審判によるエドムの荒廃の象徴として、鳥と並んで、茨とあざみに言及されていた。つまり、あざみと鳥と共にマイナスのイメージをもっていることである。

第二点は、色の連想である。古代オリエントにおいて多くの場合、王や貴族、富者たちは紫色の衣をまとっていた。ガリラヤの野原にはあざみ、とりわけ紫あざみが多く自生している。だから同じ色の連想で、あざみとソロモン王の衣服とをイエスは対照させたのだと思われる。「野原の花（あざみ）がどのように育つかを考えてみなさい。働きもせず紡ぎもしない。しかし、言っておく。栄華を極めたソロモンでさえ。この花の一つほどにも着飾ってはいなかった」と（ルカ一二・二七）。

第三点は、聖書の多くの箇所であざみが茨と一緒に言及されていて（たとえばマタイ七・一六）、つまり、あざみと茨は二語同義だ、ということである。第二点との関連で注目すべきは、イエスが処刑される前に茨の冠をかぶられ、紫の衣を着せられ、「ユダヤ人の王、万歳」と侮辱されている場面であろう（マルコ一五・一六―二〇）。茨（あざみ）の冠と王衣との間に紫という色の繋りがある。

第四点は、あざみと茨は、枯れると燃料にされるということ（新約ではマタイ七・一六―一九、ヘブライ六・八など）。ルカ福音書一二章二八節に、「今日は野にあって、明日は炉に投げ込まれる草でさえ、神はこのように装ってくださる」と言われているが、「炉に投げ込まれる」というのは燃料に用いられることを意味する。

要するに（紫）あざみには、烏と同様に、ソロモンの紫の衣以上に美しいというプラスのイメージと同時に、より多くの場合、荒廃の象徴、あるいは炉に投げ込まれるという、マイナスのイメージがある、ということである。

神により生かされるいのち

最後に、このような「空の鳥、野の花」のイメージをもって、イエスが私たち人間に何を訴えようとしておられるのか、改めて考えてみたい。

第一に、イエスがここで「空の鳥」や「野の花」に言及するときに、当時のイスラエルにおいては、忌むべき鳥の中に教えられている鳥を引き合いに出していることに注目したい。花の場合も、今日美しくあっても明日は炉に投げ込まれる野辺の花、私の仮説があたっていれば、あざみを指して、それを人間が今、神により養われ生かされているいのちへのアピールとして受け取るようにイエスは求めている。このようなイエスの発言は、当時のユダヤ人の価値観を転倒するような衝撃を与えたはずである。イエスが通常嫌われ、無視された自然の小さないのちにその眼差しを注がれたということは、福音書の他の箇所でイエスが、「子供たちをわたしのところに来させなさい。妨げてはならない。神の国はこのような者たちのものである」（マルコ一〇・一四）と言われていることに通じると思う。また、イエスはもっとラディカルに、当時の宗教的指導者に対して断言している。「はっきり言っておく。徴税人や娼婦たちの方が、あなたたちより先に神の国に入るだろう」（マタイ二一・三一）。ちなみに、当時娼婦たちも紫の衣を着ていたと言われる（ヨハネ黙示録一七・四）。

いずれにしても、「神の国」、「神の愛の支配領域」においては、この世の価値基準から見れば最も小さいもの、最も弱いものが最も大切にされる、ということなのだ。

無為

第二に、今日の聖書箇所におけるイエスの言葉の中に、五回も否定形が用いられていることに注目したい。二四節には「烏」によせて、「種も蒔かず、刈り入れもせず、納屋も倉も持たない」、二七節には、「野の花」について「働きもせず紡ぎもしない」と言われている。この否定形が意味するところは、「無為」ということである。「無為」とは、在るがままにして作為しないこと。ことさらに何も作為しなくても、自然のままに在るがままで、今生かされて在る小さないのちを神はいとおしみ、養っておられる、とイエスは言う。

もちろん私どもは、特に予想もしなかった災害や苦難に襲われたとき、これからどう生きようかと思い悩まないではいられない弱い存在である。しかし、この思い悩みを人間の知恵に基づく作為によってコントロールできると思い上がったならば、人間は神により、自然を通して、滅ぼされる。あのソロモンは、その富と知恵を世界に誇ったが（列王記上一〇・二三以下）、その誇りのゆえに彼はイスラエルに背信し、神によって滅ぼされた（一一・一以下）。私どもは今、艱難《かんなん》の只中にあって、これからどう生きようかと思い悩む前に、今私どもは生かされてしまっているという事実に気づくべきであろう。この意味で、自然が人間に対するアピールになっている。自然が人間に何を語りかけようとしているのか。謙虚に、そして静かに、自然の声に耳を傾けてみようではないか。

（二〇一二年一月二九日、経堂緑丘教会にて）

追記　本稿では「空の鳥」と表記されているが、ルカ一二章二四節には「空の」という修飾語はない上に、「鳥」はギリシャ語で複数形になっている（この点については本書は四〇二―四〇三ページを参照）。

『いしずえ』（日本基督教団経堂緑丘教会）第七七号、二〇一二年

34　弱さを絆に

――震災の闇路から紡ぎ出す光

はじめに

「弱さを絆に」というタイトルで講演を依頼された。これは、一昨年一一月に卵巣がんの転移・再発のための急逝した、私の妻・英子の遺稿集のタイトルと同じである。この遺稿集は昨年一〇月に出版された。荒井献編・荒井英子著『弱さを絆に――ハンセン病に学び、がんを生きて』（教文館、二〇一一年一〇月、再版一二月）。

ただ、この「弱さを絆に」というキャッチフレーズは、元来「べてるの家」のモットーの一つである。私は前述の編書の「編者あとがき」に、次のように書いておいた。

「弱さを絆に」は元来、著者がしばしば本書の中で言及しているように、「べてるの家」（北海道浦河町にある統合失調症など精神障がいを抱える人たちが暮す生活共同体）のモットーの一つである。そのために私は、この「べてるの家」に深く関わっておられる斉藤道雄氏（『悩む力――べてるの家の人々』〔みすず書房〕などの著者）と向谷地生良氏（『安心して絶望できる人生――浦河べてるの家』〔NHK出版〕などの著書）に対し本書のタイトルにこのモットーを借用する許可を申し出た。お二人ともそれに快く応じてくださったことを感謝して報告しておく。（三八四頁）

続いて私は、次のようにも書いている。

二〇〇七年夏に私たち夫婦は、当日すでに浦河町に居を構えておられた斉藤道雄さんに招かれ、彼の案内で「弱さを絆に」自助・共同生活をしている人々の「ミーティング」に参加する数日に恵まれた。これまで、統合失調者などの精神障がいを抱える人々は、医療や福祉の対象であったり、同情や伝道の対象であったりと、常に「対象化」される存在であった。しかし、べてるの当事者は、自分で自分の助けを「研究」し、自分で自分らしいお金の稼ぎ方を見つける、あくまで「主体」なのである。しかも、「弱さを絆に」として、仲間や関係者と共に取り組む。もう一つ、英子が深い共感を覚えたのは、彼ら・彼女らがその「弱さ」を隠すのではなく、むしろそれを「情報公開」して、連帯やネットワークを広げていることであった。もともと「べてるの家」は、浦河教会の会堂を基にして成立した。このような意味で「悩む教会」もあり得たということは、これまでキリスト教「救癩」活動や植民地「伝道」の方向性を批判的に検証し続けてきた英子にとって、一つの希望であったと思われる。（三八六頁）

英子自身は、遺稿集に収録した、恵泉女学園大学のチャペルアワー・メッセージ「「べてるの家」の不思議なメッセージ」（二九―二四頁）と「弱さを絆に」（四五―四九頁）、特に二二頁と四八頁に、このことを次のようにまとめている。

これまで統合失調症などの精神障害を抱える人々は、専門家の研究の対象であったり、医療や福祉の対象であったり、時には同情の対象であったりと、常に対象化される存在でした。しかし、べてるの当事者は、自分で自分の助けを研究し、自分で自分と和解し、自分で自分らしいお金の稼ぎ方を見つける、あくまで主体なのです。しかも、弱さ、虚しさを絆にして、仲間や関係者と共に取り組むのです。（二二頁）

人は強さや大きさを絆にする時、すぐさま効率を最優先させ、排除の論理を振りかざし始めます。しかし、弱さを絆にしていく時、弱さには不思議な力があることに気づかされます。誰をも排除せず、お互いの賜物を生かして、和らぎ合う、心地よい場所を作り出せるからです。ここに生きていてもいいんだ。そして「お互いさま」の中で許しあい、補い合って作る安心と信頼。肩の荷がおりませんか。（四八頁）

英子はこの意味における「弱さを絆に」を、ハンセン病者に対する自分の関わりのありように適用した。まず、「編者あとがき」から引用すると、次の通りである。

そもそも英子がキリスト教「救癩」思想を歴史的・批判的に研究する端緒となったのは、彼女が日本基督教団信濃町教会の副牧師をしていた当時、初めて国立療養所多磨全生園を訪ねた際に、一人のハンセン病患者から受けた激しい拒絶反応であった。この時彼女は、「患者と同じ地面に跣足で立つ」ことなしになされるどのような行動的・知的営為も、彼ら・彼女らから拒否されることを実感した。その後、自分が「彼ら・彼女らになることは不可能である」という人間的限界を認識しながらも、この「不可能性」に居直ることなく、「自らの想像力と彼ら・彼女らとの対話を大切にしながら、ともに『骨の収容所』が残った意味を問い続けていきたい」と希って行動し思索した（荒井英子『ハンセン病とキリスト教』岩波書店、一九九六年、「はじめに」と「あとがき」参照）。（三八四―三八五頁）

次に、英子自身の言葉では、以下のように語られている。

今から二五年も前のこと、国立療養所多磨全生園の文化祭で、初めて会う私にこう語りかけてきた一人の老人がいました。

「あんた、キリスト教の牧師やてな。なんで聖書にあんなに『らい病、らい病』て書いてあるんや。あんなに『らい、らい』言うから、わしらは差別されるんや。なんとか言うてみい」。それが初対面の私への言葉でした。老人の眼光は鋭く、全く容赦ありませんでした。私は生まれて初めてハンセン病者と真向い、その問いに答える術もなく、ただ全身を耳にして彼の言葉を聞きいるほかありませんでした。

後から分かったことですが、彼自身、ずっと以前に洗礼を受けたクリスチャンでした。しかし彼は教会から離れ、他の多くのクリスチャンたちと違って、自分に負わされた苦しみ・十字架を受け入れてはいませんでした。なぜ、ハンセン病なんかになったのか。なぜ他の人ではなく、この自分がなったのか、若い日に発病と同時に家族を捨て、故郷を捨て、そして自分の名前も捨てました。長い間放浪し、療養所も転々とし、全生園に落ち着いて七〇歳もとうに越えたというのに、しかし彼は決して病気の自分を受け入れていないのです。その口調で小一時間ほど、彼はほとんど私を糾弾し続けるといった調子で日頃の憤懣やるかたない思いをぶつけ、そして別れ際にこう言ったのでした。「また来てくれるのか」。

私は一瞬、自分の耳を疑いました。老人はなおも語気荒く言葉を続けました。「ボランティアだ、見学だと称して、大勢の若者が園にやって来る。園の方からそういう若者に何か話をしてくれと頼まれるので、自分は一生懸命話す。だけど、彼らが帰った夜はむなしくて眠れない。結局自分は、若僧らに弄ばれたに過ぎない。一回こっきり、わしらを見に来ただけのあんな若僧に、なんであんなに夢中になって話したんやろ。あんたは今夜わしを眠らせてくれるのか。きっと、また来てな」。彼の目から怒りと悲しみともつかない涙が飛び散っていました。

こうして、実に厳しい水先案内人を介して、私はハンセン病療養所の世界を知るようになりました。彼は孫ほどの年齢の私に、「これを読んでみな。これも説教の足しになるから読みな」と――当時私は信濃町教会の副牧師をしておりましたが――ハンセン病関連の本を矢継ぎ早に送ってきました。そんなある日、例によって一冊送られてきた本の扉を開けて、私はハッといたしました。そこには次のような言葉が書き付けてありました。「辛かったけど生きられた。私どもの名を呼んで下さるお方がありましたので」。私は何度も何度もそれを読み返しました。彼はきっと、神とも自分とも和解したのだと思いました。

しかし当の彼は、決して神という言葉を口にしませんでした。もうすでに亡くなってしまいましたが、彼と付き合っている間、私は一度も神という言葉を彼の口から聞いたことはありませんでした。私の人生の途上で出会ったこの二人*は、障害や病を持つ持たないで、人間として何が違うのかを問うていました。しかし現実の社会の処遇はあまりにも違うのです。ですから私は、彼らの問いに応えなければなりません。たとえ彼らが自分と和解したとしても、それで終わりにはならない。彼らと隣人として生きるためのつながりを築くために、私が、社会が、どう変わるべきなのか、それを模索しなければならない（七八—八〇頁）

*二人のなかの一人は、前の文脈で言及されている「中途失明者で、しかも喜寿をこえるベテランの牧師」（七七頁）

三・一一以後、私はこれを被災者に対するボランティアの関わりのありように適用できると思う。「強さ」ではなく、お互いの「弱さ」を「絆に」できうる限りお互いに結び合うことによって、はじめて連帯が可能になるのではなかろうか。すでに私は、「編者あとがき」の結びに次のように書いていている。

特に今年の三月一一日に三陸地方を襲った東日本大震災以降、思い出すのは、二〇〇三年と二〇〇四年の夏、英子が自ら企画していたフィールドスタディ（「三陸リアスと森と里——いのちを育み合う暮らしを体験的に学ぶ」）を十数名の学生たちを引率して実行し、初回に私もその一部に参加した時のことである。このフィールドスタディの目的は、「聖書の人間観を背景に、いのちを育み合う暮らしを体験的に学ぶ」というもので、前半の内容は、「〈三陸リアスの海岸で〉森・川・海の『三陸リアスのいのちの連鎖』について学ぶ。さらに、『ケセン語訳聖書・福音書全四巻』を完訳した山浦玄嗣氏に聞く」ということであった。私も気仙沼・唐桑では牡蠣とホタテの養殖業を営む畠山重篤氏の環境教育プログラム（「森は海の恋人」）に参加し、大船渡では山浦氏と聖書翻訳をめぐって対談し、釜石では新生釜石教会（当時、太田春夫牧師・英子の青学における同窓生）の会堂に一泊して、翌日私は礼拝のメッセージを担当した。旅の途中、三陸海岸漁師や学生たちと一緒に引き網まで体験したのである。

―中略―

ところが、この思い出の三陸地方が突然の大地震と津波に襲われ、一瞬にして多くの被災者たちの命が奪われた。その四ヶ月前に英子もがんによって命を奪われており、私にとっては極めて重いダブルパンチとなった。

人間の死は、いずれにしても人智を超えて「外から」やってくるものである。キリスト教ではこれを神の「摂理」と呼ぶ。しかし一般的に言えば、それは自然の「不可避性」であろう。私たちは今、この「不可避性」としての死を徹底的に認識せしめられている。そしてその究極が――英子もメッセージの中で言及しているように――イエスの十字架上の死ではないか。彼は十字架刑を前にして、ひどく恐れもだえ、「この（死の）杯を取りのけてくださ い」、と神に祈っている（マルコ一四・三六）。そして十字架上では、「わが神、わが神、なぜ私をお見捨てになったのですか」と神に迫り、息を引き取っている（同一五・三四―三七）。ここでは、イエスさえ、「不可避性」としての死を、究極的にはそれを身に委ねてはいるが、それを甘受してはおらず、最期まで苦しんでいる。これは人間の弱さの究極ではないか、と私は思う。

ところが、こうして死についたイエスを見て、十字架刑を指揮していたローマの百人隊長が、「本当に、この人こそ神の子だった」と告白した（同一五・三九）。イエスの死がその敵から「いのち」を引き出す力となったのだ、と言われる。同様に、十字架刑を前にしてその師を見捨てて逃亡したペトロをはじめとする弟子たちにも、師の死は彼らの「いのち」となった。このことを男弟子たちに告げるようにとイエス復活の場面で天使によって命じられたのが、マグダラのマリアをはじめとする、十字架の死に至るまでイエスに従って来て仕えていた女性たちであったという（同一六・七。一五・四一をも参照）。こうして「弱さを絆に」最初期にキリスト教が成立したはずである。

人間のいのちは、自然と共に、死と響き合って永遠に生き繋がれている。このような体験に基づく英子のメッセージは、大震災の被害者たちにもその援助者たちにも届くのではなかろうか。

（三八九―三九一頁）

1　「よきサマリア人の譬」（ルカ福音書一〇章二五―三七節）

以上のような私の考えを、イエスの有名な譬話「よきサマリア人の譬」で裏付けてみたい。聖書テキストは岩波版『新約聖書』（福音書は佐藤研訳）による。一般に読まれている「新共同訳」との差異に注意していただきたい（佐藤訳は本講演の末尾に引用）。この譬に盛られたメッセージについて詳しくは、以下の拙論を参照。

「聖書のなかの差別と共生――「よきサマリア人の譬」によせて」（『聖書のなかの差別と共生』岩波書店、一九九九年版）。

「誰が隣人となったと思うか――「善いサマリア人」のたとえ」（『イエス・キリストの言葉――福音書のメッセージを読み解く』岩波現代文庫、二〇〇九年所収）。

この譬はどの視点から読むかによって意味づけが違ってくる。

一般的には「私の隣人とは誰ですか」と問いかける「律法の専門家」（二九節）の視点から読まれる。この視点からみると、サマリア人は「隣人愛」のモデルとして機能している。つまり、律法の専門家に対するイエスの勧め「あなたはそれ（隣人愛）を行いなさい。そうすれば生きるであろう」（二八節）は、サマリア人の譬が語られたあと、イエスの問いかけ（三六節）に対する専門家の応答を受けて、イエスは「行って、あなたも（サマリア人と）同じように憐れみ〔の業〕を行いなさい」（三七節）と再度勧めている。

しかし、このような「勧め」には、実は、譬そのもの（三〇節b―三六節）に、それが語られた場面（二五―三〇、三七節）を構成した、福音書記者ルカの視点が反映されている。これに対して、譬そのものは被害者、つまり半殺しの目にあったユダヤ人の視点から語られている。この譬は、「誰が盗賊どもの手に落ちた者の隣人になったと思うか」（三六節）という、聴衆に対するイエスの問いで終わっているのであるから（佐藤訳の傍注七をも参照）。

この譬をもってイエスは、ユダヤ人によって差別されていた「弱い」サマリア人が、「半殺し」にされた「弱い」ユダヤ人に対する「腸《はらわた》のちぎれる想いに駆られて」（新共同訳では「憐れに思い」）（三三節）、彼の隣人となったことを示唆している。なお、「サマリア人」について詳しくは、岩波版『新約聖書』補注　用語解説、一九頁を参照されたい（本講演の末尾に引用）。

ここで読者は、隣人を客体から主体へと転換し、自らの「弱さ」を自覚しつつ「弱さ」にある人々の隣人となって主体的に生きることが求められている。

2　イエス・男女の弟子たち・原始キリスト教

イエス自身、すでに「編者あとがき」から引用したように、十字架刑を前にして、ひどく恐れてもだえ、「この（死の）杯をとりのけてください」と神に祈っている（マルコ一四章三六節）。そして十字架上では、「わが神、わが神、なぜ私をお見捨てになったのですか」と神に迫り、息を引きとっている（同一五章三四―三七節）。ここでは、イエスさえ、「不可避性」としての死を、究極的にはそれに身を委ねてはいるが、それを甘受してはおらず、最期まで苦しんでいる。これは人間の弱さの究極ではないか。

他方、イエスの男弟子たちは、彼らの師が逮捕されたのち全員逃亡した（一四章五〇節）。弟子たちの筆頭ペトロはと言えば、イエスを三度も否んでいる（一四章六六―七二節）。これに対して女弟子たちは、イエスの十字架に至るまで、「彼に従い、彼に仕えていた」（新共同訳では「世話をしていた」）（一五章四一節）。ところが彼女らもまた、イエス復活の場面では天使の命令（一六章七節）に従いえず、「墓から逃げて行った」（八節）。要するに、イエスの弟子たちは男も女もここでその「弱さ」を露呈している。

しかし、イエスは男弟子たちに、復活後彼らにガリラヤでの再会を約束しており（一四章二八節）、復活の場面では天使がそのことを男弟子たちに伝えるようにと女弟子たちに告げている

（一六章七節）。マルコ福音書は、そのお告げを「（女たちが）誰にもひとことも言わなかった。恐ろしかったからである」という文言で突然終っているが、福音書全体からみると（特に一三章三一節のイエスの言葉「天と地は過ぎ行くであろう。しかし私の言葉は決して過ぎ行くことはないだろう」参照）、女弟子たちは天使の命令を男弟子たちに伝え、男弟子たちがガリラヤでイエスに出会ったこと、つまりイエスが弟子たちの弱さを赦したことが前提されている。以上詳しくは、荒井献「女たちの沈黙――マルコ福音書一六章八節に関する『読者』の視点からの考察」（前掲『聖書のなかの差別と共生』所収）を参照されたい。

こうして、イエスの死が弟子たちにとって生きる力となった。キリスト教は、元来イエスと弟子たちの「弱さを絆に」成立したのである。

おわりにかえて

私はかつて「付加価値と存在価値――大学教育の社会的責任に寄せて」というタイトルの小論を公にしている（『大学時報』四九巻、二七四号、二〇〇〇年。『「強さ」の時代に抗して』岩波書店、二〇〇五年所収）。この小論で私は、教育とは一般的に、教師が学生から潜在能力を「引き出して」彼らに「付加価値」を付けることにあるとみなされているが、私は、教師が学生の「存在価値」を受け入れて、学生がその内なる「生きる力」を自ら主体的に引き出す媒体となること。これが私には「大学の第一の社会的責任」と思われる。（拙著、二四六頁）

と主張した。

この主張の比較的正当性が三・一一以後の現実によって裏書きされているのではなかろうか。

第一に、「付加価値を付けること」を目的とする教育の方向性は、それのいわば究極である原子力技術の破綻によって、人間のいのちを破滅に導くことが証明された。人智に基づく無制限の科学技術の開発は、自然への畏敬、あるいは神信仰によって相対化されなければならない（桃井和馬『希望の大地』岩波書店、二〇一二年参照）。

第二に、大震災によって、性別、年齢、学歴、社会的地位を問わず、二万人に近い人々の命が一瞬にして奪われた事態に直面して、それでも生かされて在る私たちは、改めて人間の「存在価値」を大切にしなければならない。

しかし、人間はもともと、人と人の間にしか生きえない社会的存在でありながら、自分と同じように他人を大切にし尽すことは不可能な「弱い」存在である。社会的「弱さ」に生きる人々との「絆」は「弱さ」を自覚している人々との間にこそ結ばれる（荒井英子）。

キリスト教は元来、イエスと弟子たちとの「弱さを絆に」にして成立した。私たちは、イエスに自らの「弱さを絆に」に従った最初期のキリスト信徒がとった方向性を継承すべきではないか。

とりわけ三・一一以後、これを被災者に対するボランティアの関わりのありように適用すれば、「強さ」ではなく、お互いの「弱さ」を「絆に」、それぞれの立場から「死」に向き合い、できる限りお互いに寄り添いながら生きることによって、被災者とボランティアとの連帯が可能になると思われる。こうして、「震災の闇路」から希望の「光」が紡ぎ出されるのではなかろうか。

（二〇一二年七月六日、桜美林学園キリスト教センター主催特別講演）

『桜美林大学チャペルアワー説教集／キリストとの出会い』第三五号、二〇一二年

35　教育の客体から解放の主体へ
——イエスの癒しの奇跡物語の現代的意味

はじめに

一昨年（二〇一〇年）の一一月に私は妻・英子を亡くしました。死因は卵巣がんの再発・転移、享年五七でした。彼女は青山学院大学文学部神学科を卒業、日本基督教団信濃町教会で一〇年間副牧師として、またハンセン病国立療養所多磨全生園内・秋津教会（単立）で五年間牧師として働いた後、恵泉女学園大学人間社会学部人間環境学科専任講師（女性とキリスト教、人間形成とキリスト教、死生学、旧約聖書学担当）を経て、亡くなった時は准教授でした。

彼女の没後一周年を記念して私は、彼女がその著書『ハンセン病とキリスト教』（岩波書店、一九九六年）以後に公にしたエッセー、礼拝説教、チャペルメッセージ、講演、論文などを編集して『弱さを絆に――ハンセン病に学び、がんを生きて』というタイトルで一書を公にしました（教文館、二〇一一年一〇月、再版一二月）。この著書に収められた論文「伝道者たちの言説における「被害者」の不在――熱河伝道の場合」の中に、英子は次のように書いています。

伝道は諸刃の剣、人々を「救済の客体」に閉じ込める方向性と「解放の主体」へと促す方向性、この二面を併せ持つ。歴史的状況を無視して前者の道を突き進むとき、時として伝道それ自体が「犯罪性」を帯びることになる。（『弱さを絆に』三六三頁）

他方、私自身はかつて『大学時報』（四九巻、二七四号、二〇〇〇年）という雑誌に、「付加価値と存在価値――大学教育の社会的責任に寄せて」というタイトルの小論を寄稿しています（『「強さ」の時代に抗して』岩波書店、二〇〇五年所収）。この小論の最後に、私は次のように記しています。

教師が学生の「存在価値」を受け入れて、学生がその内なる「生きる力」を自ら主体的に引き出す媒体となること。これが私には「大学の第一の社会的責任」と思われる。（拙著、二四六頁）

以上のような英子の主張と私自身の主張とをドッキングさせて、今日は、イエスの奇跡物語、特に「長血の女の癒し」物語を読み解きながら、「教育の客体から解放の主体へ」というタイトルで、いわゆる「キリスト教教育」の方向性を批判的に検証してみたいと思います。

1 「長血の女の癒し」物語

この物語には、最初の三つの福音書（共観福音書）に、主題は同じですが、文言はかなり違う共通記事があります。これらの記事を読み解くに先立って、最初の三つの福音書の歴史的相互関係について、私は次のような仮説（これは新約聖書学者の間ではほぼ定説になっている）を前提しているることをご了解いただきたいのです。すなわち、最古に（七〇年代）書かれた福音書はマルコ福音書で、マタイとルカ福音書（八〇年代）は、マルコ福音書を資料とし、それぞれ独立の立場から、マルコの記事に手を入れて書き直された。

この仮説に従い、まずマルコの記事を読み解き、それをマタイとルカがどのように書き直したかを確認して、それぞれの福音書作家が読者に、同じイエスの奇跡物語をどのように読ませようとしているかを明らかにしてみたいと思います。

なお、私は今日、岩波版の『新約聖書』（文末資料を参照）を用います。新共同訳聖書では、以下において指摘しますように、それぞれの福音書の記事の差異が明確に読み取れないからです（ちなみに、岩波版『新約聖書』は、私を含めた七人によって訳されたものですが、その中の六人は全員、かつて私のゼミの学生でした)。

(1) マルコ福音書五章二五―三四節

二五節 この女性の病気は、現代の医学用語では異常な「不正子宮出血」にあたります。古代イスラエルではハンセン病を含む重い皮膚病や性病とともに、祭儀的に「不浄な病」とされていました。レビ記一五章二五―三七節によりますと、この種の病気を患う女性は、自分が不浄なだけでなく、彼女が触れるもの、また、彼女の触れたものに触れる者も穢れる。そのために、この種の病人は家族や社会から隔離され、「罪人」として孤独な生活を強いられました。一二年間もこうした社会的制約のもとで生きなければならなかった苦しみは、尋常を越えています。この「苦しみ」(二九、三四節。新共同訳では「病気」)の原語「マスティックス」は、肉体的「苦痛」と共に精神的・社会的「苦悩」を意味するのです。

二六節 このような女性をさらに苦しめ、全財産を巻き上げた「多くの医者」は、まさに「所有」を至上の「価値」とする人間の代表的存在と言えるでしょう。

二七―二八節 しかし彼女は、このような「苦しみ」にある自分の存在を、諦めをもって甘受していたのではありません。彼女は「人に触れてはならない」というユダヤ社会のタブーを破って、イエスの「着物に触った」。この行為は、彼女の「生きる力」(霊性)の発露と言えるでしょう。しかも彼女は、そうすれば「救われる」(新共同訳では「いやしていただける」)とかねがね「思っていた」と言われます。私たちはここから、この女性の「生きる力」とイエスの「生かす力」の、触れ合いを媒介とする相互性を読み取ることができます。

二九―三〇節　実際、女が「癒されたことを体で悟った」とき、「イエスは、自分から力が出ていったことを自らの中（体）ですぐ知った」。ここで「悟った」と訳されている動詞と「知った」と訳されている動詞は、原語ではほぼ同一の動詞（「ギオノースコー」、「エピギノースコー」）で、元来「感じ取る」「感知する」を意味します。私たちはここに、「体」を介する「感覚の相互性」を確認できるでしょう。

もう一つ、ここで注目すべきは、女がイエスから「力」を引き出していることです。能力を「引き出すこと」（educare）が「教育」（education）の語源と言われます。しかし、ここでは関係が逆になっている。教師が学生によって自らの中から力を引き出される姿勢なしに真の教育はありえない、ということでしょうか。

三三節　この女は、自分史を語ることによって、イエスの言葉を促しています。ここには「言葉の相互性」を見出すことができるでしょう。

三四節a　ここで「信（頼）」と訳されているギリシャ語の「ピスティス」は、通常（たとえば新共同訳）「信仰」と訳されますが、元来は「信頼」を意味します。イエスの超能力ではなく、イエスに対する女の信頼が彼女を癒したのです。癒し（教育）の基盤には、医師（教師）と患者（学生）の間の信頼関係が不可欠ということでありましょう。

さらにイエスは、「あなたの信があなたを救った」という言葉に次いで、「安らかに行きなさい」と促しています。イエスは女を救済の客体に閉じ込めるのではなく、彼女に解放の主体へと促しているのです。

三四節b　実際この物語は、「そしてあなたの苦しみから〔解かれて〕達者でいなさい」という、女に対するイエスの促しの言葉で終わっています。イエスの救済はまさに、「苦しみ」にある者に対する「解放の主体」への促しなのです。ちなみに、この箇所の新共同訳「もうその病気にかからず、元気に暮らしなさい」では、癒し〔救い〕の物語に盛られた元来のメッセージが伝えられないと思います。

もっとも、次に見るこの物語のマタイ版では、マルコ版に盛られていたメッセージがほとんど伝えられていません。

（2）マタイ福音書9章20―22節

このマタイ版で目立つのは、第一に、マルコ版における女性の「苦しみ」に関する叙述が全く削除されていることです。そして第二に、マルコ版で確認した、女性とイエスとの三つ〔「力」「感覚」「言葉」〕の「相互性」がなくなっていること。第三に、マルコ版では女が癒された後にイエスが、「あなたの信〔頼〕があなたを救った」と言っているのは対して、マタイ版では、この言葉の直後に、女が「その時より救われた」と言われていることです。しかも、この句で物語は終わっており、「救われた」女性のとるべき主体的行動については何も語られておりません。

こうして、マタイ版では癒された者への関心が薄れ、奇跡行為者としてのイエスの「言葉」に物語の中心が移されます。人々を「解放の主体」へと促す方向性が、「信頼」ではなく「信仰」に基づく「救済の客体」に閉じ込める方向性へと逆転している。

最後にみるルカ版では、マタイ版におけるほど「逆転」はしていないが、「解放の主体」へと促す方向性は希薄になっています。

(3) ルカ福音書8章43―48節

このルカ版ではまず、彼女を苦しめた医者に対する批判が削除されています。もっとも、このことは新共同訳では確認できません。四三節に、「医者に全財産を使い果たしたが」という一句があるからです。しかしこの句は、元来のギリシャ語本文になかった、後世の写字生がマルコ本文（二六節）に合わせて加筆した可能性があるのです（それを示すために岩波版ではこの句が［　］の中に入っています。この箇所の傍注一三をも参照）。

次にルカ版では、マルコ版でいわばキーワードになっていた「苦しみ」（二九節、三四節）という言葉が落とされています。これはルカ版で、女の「苦しみ」に対する関心が後退していることの証拠になります。

そして第三に、女とイエスとの「言葉の相互性」は保たれていますが（四七―四八節）、「力および感覚の相互性」は崩れています。すなわちルカ版には、マルコ版に特徴的な、この女性の「生きる力」に基づく積極的な思い（二八節）はなく、イエスの「生かす力」についてだけ言及されています。またマルコ版における「癒されたことを体で悟った」（二九節）がルカ版では落とされており、「生かす力」がイエスから出て行ったことを自分で「知っている」という文言（四六節）だけが残っている。

最後に、癒された女に語りかけたイエスの言葉「あなたの信〔頼〕が〔今〕あなたを救ったのだ。安んじて行きなさい」はマルコ版（四八節）でもルカ版（三四節）と共通していますが、これに続くマルコ版の言葉「そしてあなたの苦しみから〔解かれて〕達者でいなさい」は、ルカ版では削除されています。

要するにルカ版では、マタイ版ほどではないにしても、女性に内在する「生きる力」とイエスによる救われた者に対する解放の主体への促しについて、関心が薄くなっている、ということです。

2 「キリスト教教育」の方向性

一口に「キリスト教教育」と言っても、まず、「教育」の基盤となる「キリスト教」をどの視点から捉えるかを確認すべきでしょう。上述のように、最初の三福音書にさえ「長血の女」の

「救い」にかかわる視点が異なるからです。

すでにご想像のように、私は最初に著わされたマルコ福音書におけるイエスの視点を採ります。私はこの福音書に歴史上のイエスの振舞いが最も色濃く反映していると想定しているからです（詳しくは、『イエスとその時代』岩波新書、一九七四年、第二九刷、二〇一二年、『イエス・キリストの言葉――福音書のメッセージを読み解く』岩波現代文庫、二〇〇九年、第二刷、二〇一一年参照）。

マルコ版「長血の女の癒し」物語における、女に対するイエスの「救い」の姿勢を「教育」の姿勢に置き換えてみれば、キリスト教教育の方向性に重要な示唆を得ることができると思います。そもそも歴史的には、イエスはユダヤ社会において「教師」（ラビ）と呼ばれていたのですから（マルコ九・五、一〇・五一など）。

第一に、「長血の女」は当時のユダヤ社会において二重に差別されていました。もともと女性は、月経のゆえに不浄な性として、男性よりも低く位置づけられていました。血は体内にある限り命の源でしたが、それが体外に出ると不浄視されていたのです（レビ一五・一九以下参照）。この女の場合、出血が一二年間も続いていたというのですから、前述のように、彼女の接触が忌避され、隔離生活を強いられていたのです。彼女は「付加価値」（性別、学歴、社会的地位など）を望むことは一切ゆるされませんでした。

しかし第二に、彼女には「生きる力」あるいは「人間としての尊厳」、いわゆる「存在価値」があったのです。だからこそ彼女は、必死になってタブーを犯し、イエスに接触したのです。

第三に、その結果彼女は、「苦しみ」から癒されたことを体で感知し、イエスは自分から「生かす力」が出て行ったことを体で感知しました。癒し手（教師）が「癒されようとする者」（学生、生徒）から、ではなく、後者が前者から、「生きる力」を「引き出した」のです。教育（education）とは、一般的には、教師が学生・生徒から可能性を「引き出すこと」educare）と言われますが、ここでは逆に、癒しを希求する女性が教師イエスから「生きる力」を引き出しています。とすればキリスト教教育を担う者には、学生・生徒から教育力を引き出されるという姿勢で、彼ら・彼女らに寄り添うことが求められているのではないでしょうか。

第四に、イエスは、彼女のイエスへの語りに応えて、「あなたの信（頼）があなたを救った」と宣言しています。癒しとしての教育の基盤は、教育者と被教育者の相互信頼にある、ということです。

そして最後に、イエスは彼女に、「苦しみから解かれて、達者でいなさい」と言い、彼女を解放の主体へと促しています。癒し手あるいは教師は、癒しを求める者に対し、始めから終わりまで、癒された者が社会に出て行くまでその目線を離しておらず、彼ら・彼女らに「達者」で歩み続けることを祈念しているのです。

ところが、同じ「長血の女の癒し」物語でも、ルカ版、とりわけマタイ版になると、「あなたの信があなたを救った」というイエスの言葉はマルコ版と共通しているものの、女の「苦しみ」とそれからの「解放」についてはほとんど全く関心を示さず、マタイ版ではイエスの言葉が癒しの前提になっていました。したがって、ここでは、マルコ版の「信頼」が明らかに「信仰」の意になっているのです。ここから、キリスト教教育が、「信仰」を前提として被教育者を教育の対象あるいは客体に閉じ込める方向性をとる。これは、「信仰」の名によって「人権」は問わないという、いわゆる「信仰と人権の二元論」に陥りやすいのです。この方向性をとると、キリスト教教育を謳いながら、「教育とは学生・生徒に付加価値をつけること」という、結果としては人間の「存在価値」を貶める教育論に何ら疑問を抱かないことになるのです。

おわりにかえて

東日本大震災と福島第一原発事故によって、キリスト教教育の方向性も深刻な問いに直面していると思います。

第一は、「付加価値をつけること」を目的とする教育の方向性が、それのいわば究極である原子力技術の破綻によって、人間のいのちを破綻に導くことが証明された、ということです。キリスト教教育を担う者は、人智に基づく無制限な科学技術の開発が神信仰によって相対化されなければならないことを、まさに今、明確に発言すべきでありましょう。

第二は、大地震と大津波によって、性別、年齢、社会的地位を問わず、二万人に近い人々の命が一瞬にして奪われた事態に直面して、それでも生かされて在る私たちは、改めて人間の「存在価値」を大切にしなければならない、ということです。

しかし、たとえば私たちが、災害のために両親を失った子どもたちを教育的にサポートする立場になったとしても、私たちが彼ら・彼女らにとって第三者である限り、彼ら・彼女らと同じ地平に立ち尽くすことは不可能でありましょう。人間はもともと、人と人の間にしか生きえない社会的存在でありながら、自分と同じように他人を大切にし尽くすことは不可能な「弱い」存在だからです。

実際、被害者のもとに馳せ参じて彼ら・彼女らの援助に献身した、親しいボランティアの数人が私に、「実際には被害者に寄り添って役に立つことはできませんでした」と自分の弱さを涙して報告しました。私はそれに対して、「ボランティア体験により自分の「弱さ」を知っただけでも意味があった」と応えています。講演の冒頭で紹介した荒井英子の遺稿集『弱さを絆に』を通して私は、「弱さ」に生きる人々との「絆」は「弱さ」を自覚している人々との間にこそ結ばれることを知っていたからです。

人間の死は、いずれにしても人智を超えて「外から」やってくるものです。キリスト教ではこれを神の「摂理」と呼びます。しかし一般的に言えば、それは自然の「不可避性」でしょう。私たちは今、この「不可避性」としての死を徹底的に認識せしめられています。そしてその究極がイエスの死ではないでしょうか。彼は十字架刑を前にして、ひどく恐れてもだえ、「この（死の）杯を取り除けてください」、と神に祈っています（マルコ一四・三六）。そして十字架上では、「わが神、わが神、なぜ私をお見捨てになったのですか」と神に抗議し、息を引き取っています（同一五・三四―三七）。ここでは、イエスさえ、「不可避性」としての死を、終局的にはそれに身を委ねてはいますが、それを甘受してはおらず、最後まで苦しんでいる。これは人間の弱さの究極ではないでしょうか。

ところが、こうして死についたイエスを見て、十字架刑を指揮していたローマの百人隊長が、「本当に、この人間こそ神の子だった」と告白しています（同一五・三九）。イエスの死がその敵から「いのち」を引き出す力になりました。同様に、十字架刑を前にしてその師を見捨てて逃亡したペトロをはじめとする弟子たちにも、師の死は彼らの「いのち」となりました。このことを男弟子たちに告げるようにとイエス復活の現場で天使によって命じられたのが、マグダラのマリアをはじめとする、十字架の死に至るまでイエスに従って来て仕えていた女性たちでありました（同一六・七）。こうして「弱さを絆に」最初期のキリスト教が成立したのです。

とすれば、キリスト教教育を担う者、とりわけ「感恩奉仕」を建学の精神としてキリスト教女子教育を担う皆さんは、今こそ、自らの「弱さを絆に」イエスに従った最初期のキリスト信徒がとった方向性を継承すべきではないでしょうか。

マタイ福音書九・二〇—二二

長血《ながち》の女の癒《いや》し（マルコ五・二五—三四、ルカ八・四三—四八）

二〇さて、見よ、〔ここに〕十二年もの間、流血《りゅうけつ》を患《わずら》っている一人の女が、後《うし》ろから〔彼に〕近
づき、彼の着物の縁《へり》に触《さわ》った。二一「あの方の着物に触《さわ》るだけでも、私は救《すく》われる」と彼女は自
分の中で思っていたからである。二二そこでイエスは振り返って彼女を見て言った、「しっかりし
なさい、娘御《むすめご》よ、あなたの信《しん》〔頼《らい》〕が〔今〕あなたを救ったのだ」。

マルコ福音書五・二五—三四

長血《ながち》の女の癒《いや》し（マタイ九・二〇—二二、ルカ八・四三—四八）

二五さて、〔ここに〕十二年間もの間、血が流れ出て止まらない一人の女がいた。二六多くの医者
にさんざん苦しめられて、持っている財《ざい》をすべて使い果《は》たしてしまったが、何の役にも立たず、
むしろいっそう悪くなった。二七彼女はイエスのことを聞き、群衆《ぐんしゅう》にまぎれてやって来て、後《うし》ろ
から彼の着物に触《さわ》った。二八「あの方《かた》の着物にでもいいから触れば、私は救《すく》われる」と彼女は思
っていたからである。二九するとすぐに彼女の血の源泉《もと》が乾《かわ》き、彼女は自分が苦しみから癒され

たことを体で悟《さと》った。三〇そこでイエスは、自分から力が出て行ったことを自《みずか》らの中ですぐに知り、
群衆の中で振り返って言うのであった、「私の着物に触ったのは誰《だれ》か」。三一すると彼の弟子たち
が彼に言い出した、「群衆があなたに押し迫っているのを見て〔おられるはずなのに〕、『私に触
ったのは誰だ』〔など〕と言われるのですか」。三二しかし彼は、このことをなした者を見ようと、
あたりを見まわしていた。三三一方、女は自分に起こったことを知り、恐《おそ》れ、また戦《おのの》き、やって
来て彼のもとにひれ伏《ふ》して、彼に一切《いっさい》をつつみ隠《かく》さず語《かた》った。三四そこで彼は彼女に言った、「娘《むすめ》
御《ご》よ、あなたの信《しん》〔頼《らい》〕が〔今〕あなたを救ったのだ。安らかに行きなさい。そしてあなたの苦
しみから〔解《と》かれて〕達者《たっしゃ》でいなさい」。

ルカ福音書八・四三―四八

長血《ながち》の女の癒《いや》し（マルコ五・二五―三四、マタイ九・二〇―二二）

四三さて〔ここに〕十二年来《らい》、血が流れ出て止《と》まらない一人の女がいた。彼女は〔財産《ざいさん》のすべ
てを〔さまざまの〕医者《いしゃ》のために費《つい》やしてしまっても〕、誰《だれ》からも治《なお》してもらうことができずに
いたが、四四後《うし》ろから〔イエスに〕近づき、彼の着物《きもの》の縁《へり》に触《さわ》った。するとたちどころに彼女の
血の流出《りゅうしゅつ》が止まった。四五そこでイエスは言った、「私に触る者は誰か」。しかしすべての者が自
分ではないと言うので、ペトロが言った、「師《し》よ、群衆《ぐんしゅう》があなたのところに押《お》し寄《よ》せ、圧《へ》し合っ
ているのです」。四六しかしイエスは言った、「誰かが私に触ったのだ。私は自分から力が出て行

ってしまったのを、自分で知っているからだ」。四七一方、女は隠《かく》れおおすことができないと見てとると、戦《おのの》きつつやって来て彼のもとにひれ伏《ふ》して、すべての民《たみ》の面前《めんぜん》で、自分が何ゆえ彼に触《さわ》ったたか、またいかにしてたちどころに癒されたか、詳《くわ》しく話した。四八そこで彼は彼女に言った、「娘御《むすめご》よ、あなたの信《しん》〔頼《らい》〕が〔今〕あなたを救《すく》ったのだ。安《やす》らかに歩《あゆ》んで行きなさい」。

以上岩波版『新約聖書』（佐藤研訳）

（二〇一二年五月二四日、第一四回キリスト教教育特別講演会）

『西南女学院キリスト教教育年報』第五号、二〇一三年

36 「いなくなった羊のもとに」（ルカ一五・四）

――私の経験・信仰・研究から

はじめに

一九七四年に出版された小著『イエスとその時代』（岩波新書、第二九刷、二〇一二年）の「あとがき」に、私は次のように記している。「本書において私が試みたのは、イエスとその時代に対する歴史的接近である。当然のことながら私はこれを、イエス理解の唯一の方法などとは毛頭思っていない。現に、地下にある韓国のキリスト者学生諸氏から私のもとにも送られてきたメッセージの中で、彼らは――おそらく歴史的研究の余裕などはほんどないと思われるのに――イエスの志向するところを的確に言い当てている。イエス理解の基本は、やはり彼の振舞を現在において追体験することにあることを、私は改めて思い知らされた（二〇七頁）。

当時、韓国では朴政権下で、「民主化闘争」の担い手たち——その多くはキリスト者学生たちであった——に激しい弾圧が加えられていた。実は、彼らのメッセージの中に、「いなくなった羊」の譬が引用されていたのである。しかもそれは、ルカ一五・四の文言だけであった。そこに私は、自分の長年にわたる研究の成果（「イエスの諸像と原像——いなくなった羊の譬の伝承史的考察」秀村欣二・久保正彰・荒井献編『古典古代における伝承と伝記』岩波書店、一九七五年所収）との一致点を見出して、ひどいショックに襲われたことを憶えている。イエス理解は、必ずしも研究の成果によるものではない。それは、イエスの振舞を現在において追体験することにある。そのことを、当時私は、思い知らされたのである。

その後私は、私自身の研究成果にも私自身のイエス経験が無意識のうちに反映されているのではないかと想うようになった。そのような想いを私は、二〇〇九年三月に日本クリスチャンアカデミー・関東センター主催で開かれた「第一回神学生交流プログラム」における講演「信仰と新約学——私の歩みから」で披瀝させていただいた。このプログラムの運営委員の一人が増田琴牧師で、今日私が巣鴨ときわ教会に招かれたのは、その時の出会いがきっかけになったのだと思う。

実際、増田牧師から私に宛てた今日の講演依頼状に、次のように趣旨のことが記されていた。私の研究プロセスを信仰経験との関わりにおいて個人史的に話していただきたい、と。

そこで私は、増田牧師の依頼に沿って、イエスの「いなくなった羊の譬」に関する研究成果を、私の個人史との関わりから皆さんと共有させていただく。個人史については、先に触れたプロググラム「報告書」の中から、部分的に——適当な修正を加えて——引用させていただくが、このプログラムにおける講演の約一年半後（二〇一〇年一一月）に妻・英子が卵巣がん転移のため亡くなっていて、私は彼女からかなりの影響を受けているので、先の講演では触れなかった私の「英子」経験についても、今日は言及できたら、と思う。

1　敗戦体験から受洗まで

一九四五年八月一五日、私は一五歳、（旧制）中学三年生の時、敗戦を迎えた。その翌年、中学四年生の秋、敗戦前後の長期にわたる学徒動員の結果、私は栄養失調に陥り、おそらくそれが原因となって結核性肋膜炎を患い、病床に伏せる身となった。その頃私は、（旧制）第一高等学校の入試準備に没頭しており、枕元まで参考書を山積みにしていたのだが、父はそれを撤去して、代わりにアンドレ・ジイドやドストエフスキーなどの作品を並べた。半年間は休学しなければならないのだから、受験を諦めて、この機会に文学作品に親しんだらどうかという父の配慮だったと思う。

私は敗戦を契機として人間不信に陥っていた。たとえば中学校では、戦時中にあれほど「鬼畜米英」と呪い、敵性言語である英語でさえ授業から外しておきながら、敗戦になると途端に、英語ができない者は「民主主義」がわからず新日本の復興に貢献できないと、同じ校長が訓戒する。

私の父は秋田県の田舎の牧師であったが、戦争中は戦時体制に一定の抵抗はしたものの（日曜礼拝の式順に「国民儀礼」――国旗に敬礼し宮城遥拝をするなど――を組み入れなかったのは、秋田県ではおそらく父の牧する大曲教会だけであった）、私たち兄弟には毎朝牧師館の玄関前に出て宮城を遥拝させ、礼拝でも日本の「必勝祈願」をしていた。それが敗戦後に一変した。それまでは礼拝出席者が二、三人に過ぎなかったのに、八月一五日後の最初の礼拝には会堂が立錐の余地がないほど埋め尽くされ、父はと言えば、説教の中で敗戦を神の摂理として受け止め、会衆に激しく「悔い改め」を迫ったが、同時に断固として、涙ながらに天皇制護持を訴え、会衆の圧倒的支持を得たのである。

私は少年ながら、あるいは多感な少年であったからこそ、大人たちの豹変、しかも本質的には戦中戦後を通じて変わることのない価値観に戸惑うばかりであった。その人の名によっておびただしい数にのぼるアジアの民を殺害しておきながらその人の責任は問われず、また当時の「新興成金」が戦後の混乱期に困窮している人々を欺いて暴利を貪り富を築いていることに、私は激しい怒りを覚えていた。それが民主主義であろうとキリスト教であろうと、時代の体制を糊塗するイデオロギーに、私は一切信用をおかなくなっていた。信頼できるのは自分以外にない。ところがその自分が、当時としてはほとんど不治と思われていた結核性肋膜炎に罹り、しかもこの種の病に罹るとかえって高じてくる肉欲の虜となって、肉欲は悪と教えられていた牧師の家庭では、悶々とする日々が続いていた。

その後、私が『罪と罰』との出会いを介して洗礼を受け、最初期のキリスト教、とりわけ新約聖書を研究するようになった事情は、以下の通りである。

当時病床にあってはじめて手にとって読んだ聖書（文語訳）の中に、「噫《ああ》われ悩《なや》める人《ひと》なるかな、この死《し》の體《からだ》より我《われ》を救《すく》はん者《もの》は誰《たれ》ぞ」（ロマ七・二四）というパウロの叫びを発見したとき、はじめて私は聖書の中に自分と同じ一人の分裂した人間を感得することができたのである。

しかし、私が自分を変えられ、結局洗礼を受けるようになったのは、直接聖書を読んだ結果ではない。それはむしろドストエフスキーの作品を介してであった。私はその時までおよそ小説というものを読んだ経験がなかっただけに、人並みにまず『罪と罰』を読んだときは、それこそ完全に引き込まれていったことを憶えている。そして、それを最初に読んだとき、私はラスコーリニコフの中にほかならぬ私自身を見出して戦慄したものである。しかし、これを二度目に読んだとき、私はソーニャの父親マルメラードフの中に、彼と自分を重ねていくことがゆるされている何かを感じ取った。すなわち、マルメラードフがあの有名な独白の中で、娘を売りに出すほど完全な破綻に陥ったあらゆる意味で無資格者である自分をも、キリストは最後の審判のとき、「なんじ豚どもめ！……そなたらも来るがよい」と呼んでくださるのだ、と酔いしれながら告白するくだりを繰り返して読んでいるうちに、あるいは私のような自己中心的な恥知らずもキリストの愛の中に生きることがゆるされているのではないか、と思いはじめたのである。

これが誘引となって、私は聖書を通読した。その結果、とりわけイエスが中風の者に向かって、

「人よ、あなたの罪は赦された」（ルカ五・二〇）と宣言し、それに対して文句をつけた律法学者とファリサイ派の人々に、「人の子は地上で罪を赦す権威を持っている」（ルカ五・二四）と言う箇所と、「健康な人に医者は要らない。要るのは病人である。私が来たのは、義人を招くためではなく、罪人を招いて悔い改めさせるためである」（ルカ五・三一―三二）と言うイエスの言葉によって、私は悔い改めを決意したのである。もちろん当時私は、このイエスによる罪の赦しに至る悔い改めの勧めに、パウロのいわゆる「信仰義認論」を重ねて読んでいた。こうして私は、いわば正統的信仰の告白を、病の癒えた次の年、つまり一九四八年の春、一七歳のときに公にした。

しかし、その翌年新制高校二年に編入した後になってはじめて、戦争中、父などの所属する教団の中で「異端」的マイノリティとみなされていた旧教派の牧師若干名が殉教死をしていたことを、私は知ったのである。しかもちょうどその頃、高校では大石正雄先生が世界史の授業でローマ帝国によるキリスト教迫害を講じておられた。私はキリスト教と国家の問題を――敗戦直後の戸惑いを梃子に――キリスト教の源流に遡って客観的「知」の対象にしたいという思いに駆られた。そのとき私を支えたのが、戦中の日本の敗戦を見通していた母の優れて醒めた目である。母は元来旧制女学校の理科系の教師であった。こうして私は、父から受け継いだ「信」と母から継承した「知」との狭間に立って歴史と現実の相《すがた》を見際める生涯を切り拓いていくことになる。

2　東大入学から大学院終了まで

私は文学部西洋史学科に進学する希望をもって東京大学教養学部文科二類（現在は三類）に入学した。ところが、この年（一九五〇年）の秋に、朝鮮戦争に介入したアメリカで起こった「レッド・パージ」（共産主義者を公職から追放する運動）が日本にも及んだ結果、それに反対する「レッド・パージ反対闘争」が東大でも行われた。駒場の教養学部でも、私もその一員であった駒場寮の寮生が中心になって、反対の意思表示として期末試験をストライキによりボイコットする戦術をとった。寮生は大学の校門を封鎖して通学生の登校を阻止した。寮生の説得に出た教授陣の先頭に立った矢内原忠雄学部長に向かって、私たち寮生は、「ヤナイハラ！　ゴー・ホーム」とシュプレヒコールを叫び続けた。当時、学部長はアメリカにおける教育視察の旅を終えて帰国したばかり。「ゴー・ホーム」とは「アメリカに帰れ」という意味である。業を煮やした学部長は、警察隊を学内に導入して校門の封鎖を解いた。ところが、それを見た通学生の大部分が入構を自主的に拒否した。「国家権力の保護のもとに試験を受けたくない」という心意気を示したのである。こうして、我らの闘争は勝利した。

その後、レッド・パージ予定者として喧伝された教授リストは日共系の社研による偽報とわかり、闘争も鎮静して、後日に期末試験は無事実施された。試験終了後、私は学部長室に呼び出されて、矢内原先生から厳しい説諭処分を受けた。奇しくも、このときの先生との出会いが私の進路を決定づけたのである。

私は新制大学の二期生、つまり東大の場合、旧制一高が大学の教養学部に移行してから二年目の学生であった。したがって駒場ではまだすべてが新しく、大学のサークル活動も形成途上にあった。ただし、駒場寮では一高以来の伝統で部屋はサークル別に割り当てられていた。私は「聖書研究サークル」の中寮二〇番に入り、同室の学友たち（西村俊昭や久保田省吾など）と語らって「駒場聖書研究会」を立ち上げ、その顧問を矢内原先生にお願いしていたのである。その聖書研究会のメンバーが先生に向かって「ヤナイハラ！　ゴー・ホーム」と叫んだのであるから、先生が激怒されたのも当然である。しかし、先生は極めて冷静に懇々と私を戒められた。「君たちの志はよくわかる。だが、目的がいかなる手段をも正当化するものではない。しかも、虚報に基づいて軽挙妄動するのはよろしくない」と。私は一言もなかった。

ところが、説諭を終えると先生は、急に笑顔になって私に質問したのである。「ところで、君はどこに進学するつもりか」と。私は「文学部の西洋史学科へ行って、キリスト教の最初期の歴史を勉強したい」と答えた。それに対して先生は言われた。「君のように元気な学生を指導できる教師は本郷（教養学部以外の学部はすべて本郷に所在）にはいない。君は、今秋駒場に創設される教養学科へ進学しなさい。その上に大学院西洋古典学専門課程も設置されることになっており、この教養学科・大学院の専任に新約聖書学者として世界でその名が知られている前田護郎という若い教師が着任することになっている。駒場には古代ローマ史の専門でキリスト教成立史にも詳しい秀村欣二先生もおられる。この二人の指導を受けたなら、君の希望はきっと満たされるだろう」と。

私は一九五一年、教養学科のドイツ分科に進学した。一年生のとき同じクラスだった八木誠一君も同じドイツ分科へ、しかも編入学者に高橋三郎さんがいた。高橋さんは私たちより一〇歳年上で、当時すでに私立女子大学に勤めておられたが、聖書とキリスト教史研究の志を立てて、新設のドイツ分科へ入られた。しかも、一年先輩に佐竹明さんがいた。私も含めて四人は、いずれも大学院・西洋古典学科へ進学し、新約聖書を「古典」として研究することを目指した。こうして、「信」と「知」との関わりを学友たちと共同で究める環境が整えられたのである。

この間に私に大きな影響を与え、新約をはじめとする初期キリスト教の文学を「文献学」的に研究しようとする決断を与えた著書の一つに、M・ディベリウス著『イエス』(新教出版社、一九五〇年)がある。私はこの書からはじめて福音書の様式史的研究なるものを知った。

その過程において私は、私の単なる信仰が少なくともそのままのかたちでは学問的成果に耐え得ないことを次第に知らされていった。たとえば、先に引用したルカ福音書五章三一―三二節にしても、ルカがマルコ福音書二章一七節を素材にしてそれを自らの立場から書き改めたものであって、「罪人を招いて悔い改めさせる」の「悔い改めさせる」は元来マルコ福音書の当該箇所にはなく、ここでは端的に「罪人を招くためである」となっている。

また、ルカ福音書五章二四節（マルコ二・一〇と並行）の「人の子は罪を赦す権威を持っている」というイエスの言葉にしても、この言葉の「罪の赦し」とパウロのいわゆる「贖罪」とは明らかに意味内容が異なっている。前者の場合は、当時のユダヤにおける政治的・宗教的支配者たちが病人をはじめとする「不浄な民」（不可触民）に押し付けていた「罪」（律法に違反したことによる罪。複数形）であるのに対し、パウロの場合は人間の内部に巣食う悪魔的力（根源的エゴイズム）としての罪（単数形）である。しかも、このパウロの弟子と言われるルカは、イエスの十字架上の死を人間の罪の贖いとみなすパウロの「贖罪信仰」を知らないのである。とすれば、聖書記者の思想のすべてをパウロの立場から統一的に捉えること自体が無理なのである。

一九五四年に大学院に進学した私は、人文科学研究科西洋古典学専門課程で、私の敗戦体験から、成立途上にあるキリスト教正統教会（新約聖書の二七文書はこの教会の信仰告白を基準にして選ばれた「正典」）よりも、むしろこの教会から「異端」視されていたマイノリティー（いわゆるグノーシス派）に視点を置いて、キリスト教の成立を再検討してみたかった。しかし、当時は残念ながら、グノーシス派出自の原典が——正統的教会による隠滅により——ほとんど現存していなかった。そのために私はとりあえず、「正典」と「外典」の境界に位置づけられる、「使徒教父文書」の一つ『ヘルマスの牧者』を修士論文の対象とした。「『ヘルマスの牧者』における解釈天使」なる論文を、卒論「ルター『ガラテヤ書注解』における自由と愛」の場合と同様にドイツ語で書き、大学院に提出した。主査は前田護郎教授、副査はギリシア・ラテン文学の重鎮・呉茂一教授とローマ史の秀村欣二教授であった。
一九五六年、私は大学院博士課程へ進学。進学して間もなく、私はほかならぬキリスト教グノーシス派の原典『真理の福音』のコプト語本文（英・独・仏訳付き）を入手した。

その後にわかったのだが、一九四五年にエジプトのナグ・ハマディで全一二巻五二文書のコプト語写本（その大半がグノーシス文書）が発見されていた。しかし、古物商による転売、戦乱、特定の学者たちよる独占などによって文書の公刊が遅れ、発見されてから十余年後に、その中の一つ『真理の福音』の本文がはじめて公刊されたのである。私はその近代語訳を読んで、内容はわかったが、原語（この場合はコプト語）で読まなければ、もちろん本格的「研究」はできない。ところが当時、コプト語を読める日本人は一人もいなかった。私は早速、コプト語の辞書をイギリスから、文法書をドイツから、それぞれ取り寄せて、これを独学した。

一九五八年には、これもナグ・ハマディ写本所収の『トマスによる福音書』を入手。私の博士課程はじめの三年間は、『真理の福音』や『トマスによる福音書』などコプト語グノーシス文書の解読に明け暮れたといってもよい。しかし、これらを資料として博士論文を仕上げる環境は、当時の日本には整っていなかった。私はドイツ留学を決意し、その準備を進めた。

3　青山学院大学に就職からドイツ留学まで

私は博士課程修了の一年前、すなわち一九五八年春に、青山学院大学文学部キリスト教学科（のちに神学科。学科長・浅野順一教授）に石原謙教授の助手として採用された。そして、一九五九年春、博士課程満期退学と同時に専任講師に昇任、その一年後、一九六〇年五月に、念願かなってドイツ・エルランゲン大学に留学できたのである。

ドイツ留学中は、運がよかったとしか言いようがない。私の指導教授になってくださった「原始キリスト教史」主任のE・シュタウファー教授は、その年の夏学期、ゼミのテクストに『トマスによる福音書』を採用。ゼミ生は二〇人ほどであったが、コプトができる学生は私以外におらず、私は必然的にゼミのキーパーソンとなった。

その上、旧約聖書学のL・ロスト教授が、「旧約関連言語」のクラスで——明らかに私のために——コプト語本文を読むことにしてくださり、そのテクストに『真理の福音』を採用された。このクラスをとった正規の学生は私を含めて二名で、その一人は古代オリエント学専攻のM・ロスト（教授の長女）、その他のクラス出席者はすべて神学部や文学部の助手や若手の教授たちであった。彼らは、私がテクストを読んだ後、それぞれの立場からテクストについて意見を表明し、お互いに議論を交わした。私はそれをノートし、それを整理して、私の立場から批判的に統合していけば、その過程で学位論文の準備ができたのである。

しかも、私は一九六一年の夏休みに、シュタウファー教授の計らいで、オランダのユトレヒト大学教授G・クィスペル先生のお宅に一ヶ月間止宿する機会を持つことができた。実は、クィスペル先生は先に言及した『真理の福音』のコプト語本文を公刊した際に、それを校訂、編集した学者たちの一人だったのである。私はこれを、写本そのものと対照して読む過程で、翻刻（写本の手稿を活字に移す作業）にかなり多くの間違いと思われる箇所を見出していた。また、本文の近代語訳にも不正確と思われる部分がいくつかあった。私はこれを直接クィスペル先生に指摘して、先生はほとんどすべてを認めてくださったのである。

このように恵まれた環境の中で、私は博士論文「『真理の福音』のキリスト論——その宗教史的考察」（独文）を完成し、一九六一年冬学期にそれをエルランゲン大学神学部に提出した。一九六二年六月に「リゴローズム」（博士認定試験）を通り、「神学博士」（Dr. theol.）を「最高の賞賛をもって」（summa cum laude）授与された。ちょうどその時、日本聖書学研究所でお世話になった関根正雄先生が、テュービンゲン大学で開かれた国際旧約聖書学会の後、旧師ロスト先生を訪ねてエルランゲンに来られた。私に対するロスト先生の並々ならぬご好意の背後には関根先生がおられたことを、その時改めて知り、その学恩に感謝した次第である。

私の学位論文はクィスペル教授の推薦で、オランダのブリル社から一九六四年に出版された。それは、新発見のナグ・ハマディ文書研究領域ではじめて公刊されたモノグラフであり、その内容は従来のグノーシス観を根本的に変えるものとして国際的に高く評価されたものである。

なお、私の留学生活を家庭的に支えてくれた妻・英津子にも感謝をもって言及しなければなるまい。私は大学院博士課程に在籍三年後に山田英津子と結婚し、その一年後に長女・契子に恵まれていた。ドイツ留学時には、家族を養うに足る奨学金は支給されなかったので、私は妻子を日本に残し、一人渡独した。ところが、その後間もなくして親交することとなったJ・ハンゼルマン（コーブルクの北、グループ・アム・フォルスト村の牧師）が私の留学一年後に私の妻子を、教会員たちと計らって、牧師館に招き、そこの一室に住まわせてくれたのである。妻は教会付属の保育園でピアノのアルバイトをし、娘はその保育園に入園した。

エルランゲンからグループ・アム・フォルストまでは、汽車で二時間半はかかったこともあって、私は原則として二週間に一回週末に妻子のもとに通った。他方、シュタウファー、ロスト両先生はしばしば妻子を週末にご自宅に招いて泊めてくださり、両先生共に彼女らをそれぞれの仕方で歓迎してくださった。特にシュタウファー先生は英津子を愛してくださり、ご自分の著者『イエスの使信――過去と現在』の日本語版（川島貞雄訳、日本基督教団出版局、一九六七年）を英津子に捧げているほどである。

一九六二年の初秋、私たち親子はマルセイユから横浜まで航路一ヶ月以上もかけて実に楽しい旅を経験し、無事帰国することができた。

4　帰国から再渡独まで

帰国後の一九六三年四月に、私は青山学院大学助教授に昇任、その一年後、一九六四年四月に、いわゆる「大磯事件」が起こったのである。

青学キリスト教協議会が二八―二九日に大磯のアカデミー・ハウスで開催され、私は、大学の「理念」としてのキリスト教と大学教育・研究との関係について、自由な発題を求められた。そこでの発言に、院長・大木金次郎氏が激怒し、私は間接的ながら退職勧告を受けた。この勧告は、神学科長・浅野先生をはじめとする学科の諸先生の執り成しで、実現しなかったが、私の発題の内容は、たとえば一年生必修の「キリスト教概論」を、質量共に充実させた上で、選択ないし選択必修にしてはどうかというものであった。この提案それ自体はさほど支持されず、私もそれに拘ってはいなかった。大木院長の反感を買ったのはむしろ、福音宣教と大学教育をめぐる私の見解であったと思う。その際の要点は、以下の三つ。第一に、「建学の精神」は、それが学問の自由を促進するかたちで機能するには、公的な批判的検証に耐えるものであるべきこと。第二に、学問の自由には、学生たちの修学権（履修科目を自由に選ぶ権利）が含まれていること。そして第三に、必修科目を直接的な「伝道の場」とすることは、圧倒的に多数のノン・クリスチャン学生の「信教の自由」に違反する可能性があること。当時学院長は、キリスト教概論の担当教師として、宗教主任や神学科教師のほかに、必ずしも教育や研究の経験がない数多くの牧師たちを非常勤講師に雇用していたのである。

一九六五年の秋学期から、私はドイツ・ヴュルツブルク大学に客員教授として招かれた。同大学で私は、コプト語（文法と講読）、グノーシス派に関する講義、日本語上級クラスの担当を依頼されたのである。

在独中に、私の研究にとって大きな意味を持ったのは、一九六六年四月にイタリアのメッシーナ大学で開催された「グノーシス主義の起源」をテーマとする国際研究集会に招かれ、研究発表をしたことである。この集会で、クィスペル教授と再会の上、H・ヨナス、R・ウイルソン、J・M・ロビンソンなど、当時の代表的グーノシス研究者と知り合いになる。これがきっかけとなり、後にイギリスのセント・アンドリューズ大学やオーストリアのウイーン大学のみならず、エチオピアのアジスアベバ大学などから、集中講義に招かれ、一九六七年春に帰国した。

なお、この度は、長女が小学生になっており、留学直後に次女も生まれていたこともあり、何よりも妻が頭痛に悩まされていた（後に脳腫瘍を発症）こともあって、妻子を日本に残し、私一人で再渡独していた。

5　青学大から東大に転任まで――大学・教会「闘争」体験

一九六七年三月二六日、「第二次世界大戦下における日本基督教団の責任についての告白」が日本基督教団総会議長・鈴木正久の名で公表された。

このいわゆる「戦責告白」は、教団内部で激しい論争を引き起こす。ある者たちは、これこそ教団の未来を指し示すものとして歓迎したが、他の者たちは、この「告白」は、かつての指導者たちを無責任に否定するもの、ないしは教団を特定の政治主義に誘導するものに他ならなかった。事態の収拾を委ねられた教団の信仰職制委員・北森嘉蔵東神大教授は、「教会がもはや教会であることがゆるされないような過ち」と「教会がなお教会として存続しつつ犯す過ち」とを区別することで、教団の戦争責任を行為のレベルでは認めるが、「信仰」上の誤りはなかったとする理解を示唆した。しかし、一九七〇年、大阪万国博覧会における「キリスト教館」建設をめぐり、北森教授自身が批判の矢面に立たされることになり、日本基督教団は更に大きな混迷に陥る。

一九六八年春、私は、横浜市緑区（当時）のたまプラーザへ転居したこともあって、青学大神学科同僚で川崎・桜本教会の牧師もされていた関田寛雄さんの勧めにより、上京以来所属していた麻布南部坂教会から川崎のまぶね教会に転入会した。まぶね教会は、その二年前に佐世保教会から善野碩之助牧師を迎えて発足していた。

その後、キリスト教系の大学における大学闘争の余波が、前述した大阪万博問題に促進されて、教会にも及び、教団所属の諸教会もかなり混乱した。当時まぶね教会に礼拝に出席していた、農村伝道神学校の一神学生の提案により、月に一回牧師の説教の後に礼拝内で討論をすることが試みられ、それがやがて礼拝にはじめから討論を組み込んだ「懇談礼拝」になった。信徒たちが交代で、毎月第三聖日に牧師に代わっての問題提起的な証しを行い、それをめぐって討論を繰り返した（これは現在に至るまで続けられている）。

善野牧師も急進的であった。神奈川教区主催の教会婦人会に、加藤常昭東神大教授（説教学）が講師として招かれた時、善野牧師が若い牧師たちと共にそれを「粉砕」に行ったことがある。これを知ったまぶね教会の婦人会メンバーは憤慨し「集会粉砕のような実力行使だけは、やはり控えるべきである」と言って、牧師を説得するように私に依頼したものである。

一九六八年には青学大にも全共闘が結成されており、一二月一二日、彼らの主導によって大学の八号館（本部棟）が封鎖された。この封鎖は、学生の政治活動などを禁ずる「学長三公示」（一九六〇年）の撤回を求める「大衆団交」を大学当局（院長兼学長から任命された学生部長）が拒否し続けたことに対する反応であり、それを受け入れることを承認した、各学部から選出された学生委員（私もその一員）が学生部長をリコールした直後であった。全学の各学部教授会も「三公示撤廃」を承認していた。封鎖当日、それを実行しようとした学生たちと、運動部員を中心とする封鎖反対派の学生たちが乱闘寸前の状態になったが、学生部委員と教職員の一部が両者の間にピケラインをつくり、かろうじて乱闘が阻止された。一般学生も含む学生たちは、この事態に関する学生部長の見解を質すためにチャペルに集合したが、学生部長はリコールされた後は住所不在のまま。私は学生委員を代表して一人登壇し、学生部委員が全共闘と教授会を説得して全学集会を開く努力をすることを約束し、チャペル集会は辛くも解散した。やがて全学教授会が学生部委員会を支持し、大衆団交形式による全学集会を開くことを表明する。これを受けて大木金次郎院長兼学長は、学長を辞任し、桜井経済学部長が学長代行となった。

この間私は、学生たちの物理的暴力を決して肯定しなかった。また、「ゲバ棒」と十字架を掲げて、多くの大学でチャペルを封鎖した「闘うキリスト者学生同盟」のあり方を拒絶した。これに対して大学当局は、「不穏分子」の物理的暴力に手を焼き、機動隊を導入してかれらを一網打尽にした、あるいは、そうするように狙っていた。青学大もその例外ではなかった。妻・英津子は、このような大学当局のやり方に憤慨し、「学生にもクリスマスを祝う権利はある」と言って、幼い子供たちを連れてバリケードを突破し、当局からガス・水道を止められ「兵糧攻め」にされていた、八号館に立てこもる学生たちに食料と聖書・讃美歌を届けた。後に脳腫瘍のため死去する英津子が最初の発作を起こして倒れたのは、バリケードの中であった。彼女はその中から学生たちにより救急車で病院へ搬送されたのである。

一九六九年一月一八日、青学大では、「大衆団交」と称する全学集会において、全共闘が教授会との間に「六項目」を締結し、八号館封鎖を自主的に解除した。これとは対照的に、同日東京大学では、教授会が全共闘の立てこもる本郷キャンパス・安田講堂に機動隊を導入し、翌日、強制的に封鎖を解除した。

これを期に、全国の大学は大学当局による学生に対する弾圧が強化されていった。青学大でも大木院長が教授会に介入し、上記「六項目」の実行を求めて八号館を再封鎖していた学生たちを機動隊によって排除し、彼の学長退任の原因をつくった私には、二月に、退職勧告が出された。私は、三月末には失職するという状態に置かれ、しかも妻・英津子は、前述のような次第で、入院中であった。

これを知ってか知らずか、京都大学から武藤一雄教授（文学部キリスト教学科主任）から同大学へ招聘の打診があり、その二週間後には、恩師前田護郎教授から東京大学へ転出の打診があった。国立大学には、京大以外に「キリスト教学科」はなく、東大では（私自身そこで学んだように）新約学は「西洋古典学科」の枠内にあったので、私はどちらにしようかさんざん悩んだ末、東大への転職を決意。それには、京大のキリスト教学がどちらかと言えば神学（思想）的で、東大の新約学は文献学的であり、私には後者が向いているであろうことと、脳腫瘍を患っていた妻の転院は困難なことが、主たる理由であった。

私は三月に青山学院大学文学部神学科を辞職して、四月、東京大学教養学部教養学科助教授に就任、同大学院人文学研究科・西洋古典学講座担当となった。

東大転職後に私が行ったことの一つが、当時なお全共闘によって封鎖されていた教養学部第八本館の中に入って学生たちの「自主講座」を担当することであった。開講に先立ち、学生たちから、「われわれは荒井の講義を聴く気はない。ただ、聖書を原語で読みたいだけだ」と言われたことを今でも憶えている。

その後に授業は再開され、大学院の荒井ゼミ（一九六九―一九九一年）からは、多数の研究者が輩出している。青野太潮、小河陽、大貫隆、小林稔、柴田有、佐藤研、挽地茂男、笠原義久、出村みや子、保坂高殿、須藤伊知郎、今井誠二、廣石望、細田あや子、筒井賢治、上村静など。

一九六九年一一月以来バリケード封鎖されていた東京神学大学に、一九七〇年三月一一日早朝に機動隊が導入され、三人の学生が「不退去罪」で碑文谷署に逮捕された。大学当局は、大学本館と教員住宅に鉄柵を張り巡らせてロックアウトを行った。

キリスト教系大学の学生による問題提起は、先に言及した、一九七〇年の大阪万博に「キリスト教館」を建設して伝道の拠点にするという計画に対する異議申し立てであった。この計画の企画委員長は北森嘉蔵教授、それを補佐したのがカトリック作家・遠藤周作であった。批判グループの学生たちは、万博が経済大国日本の繁栄の祭典であると考え、キリスト教会館がそれに乗ることに疑問を投げかけた。すなわち、かつてアジアを戦争で征服し、現在は経済的搾取を行い、その結果として日本が経済的に繁栄しているという状況を無視して、むしろそれに乗るかたちで、万博会場に「キリスト教館」を建てて「伝道する」ことは本末転倒だと反発したのである。学生たちと討論中に、反対派の学生（実際には学生でなかったようである）が北森教授を殴るという事件があり、これを転機として東京神学大学側は、急速に態度を硬化させていく。

三月一一日のロックアウトの後、東神大の学生寮では、学生の出入りが厳重に監視された。学生たちは、その中で「自主講座」を開き、私も講師の一人として招かれた。そのため、東神大の教授たちと私の対立関係が決定的になる。

一九七一年、私の日本語での処女作『原始キリスト教とグノーシス主義』(岩波書店)公刊。

一九七二年三月、私は青学大文学部神学科非常勤講師を解雇された。同月、青学理事会は「大学への三箇条の命令」を下し、その中の二つは、「大学宗教部長の新設と大学宗教主任制度の改革」を命じている。前者は、従来は各学部に配属されて教授会メンバーでもあった「宗教主任」を、院長と学長の意を体現する「大学宗教部長」の直属として、各学部教授会から切り離すことを目的としていた。その結果、教授会の意向を無視するかたちで、教授一人の退職、四人の宗教主任の解任、そして私を含む三人の非常勤講師(浅野順一、田川建三)が出講停止となった。その理由は、私たちの授業内容が青山学院の建学の精神と合致しない、というものであった。

同年一一月、青学理事会が神学科の学生募集停止を決議。この募集停止は翌一九七三年四月から実施され、四年後の一九七七年三月で廃科となった。

募集停止のきっかけは、一九七一年、除籍退学となった東京神学大学の学生数名が青山学院大学文学部神学科に編入学を希望したことにある。編入試験の結果、文学部教授会は二名の編入学を承認したが、大木院長は、この教授会決議を拒否した。その責任を取って早川保昌学長は辞職。

彼は辞任の挨拶の中で、「今日をもって大学自治権崩壊の時点と考える」と述べている。

一九七三年四月九日、梅本直人が「神学科修士課程入学試験施行義務確認」を東京地検に提訴した。いわゆる「神学科裁判」の始まりである。梅本は東京大学法学部の出身、東大在学中「全学共通ゼミ」で私と出会った。彼はその間に牧師を志し、法学部を卒業後に青学文学部神学科に編入学し、佐竹明教授の指導を受けた。大木院長は、梅本の青学編入学を、私による策謀と考えたようである。神学科の学生募集停止により、梅本は大学院に進学できなくなった。

裁判は長く続いた。一九七五年七月一四日に東京地裁は、原告側訴えを却下する判決を下す。原告は、同年四月に東京高裁に控訴、最終的には、一九七七年一〇月六日控訴審判決で、原告が勝訴した。被告である学院理事会・大学執行部は、「信義則違反」の罪に問われたのである。これは、「大学が私学であっても公的教育機関であるゆえに、学生が大学と契約した時、つまり入学時に約束した事柄（このケースの場合、神学科は学部・大学院一貫教育であること）は、正当な理由がない限り信義に則り誠実に履行すべきである」というものである。

その間、私は支援会の代表を務めた。支援会の書記として参加していた学生の中に、一九八六年に私と結婚することになる目時英子がいた。彼女は、梅本と同級生であった。

一九七四年五月二一日、私は日本学士院賞を受賞し（『原始キリスト教とグノーシス主義』に対して）、同年一〇月二一日、前述した拙著『イエスとその時代』が刊行された。この新書は忽ち版を重ね、当時日本ではベストセラーになった。また、間もなく韓国語に訳され、当時韓国の民主化闘争を担ったキリスト者たちの神学的支えになったと言われる。しかし他方、日本のキリスト教界には賛否両論を巻き起こした。東京神学大学を中心とする神学者たちからの批判は、とりわけ一九七六年一〇月に開かれた日本基督教学会関東支部会（於・東京女子大）で行われた、松永希久夫東神大教授（新約学）と私との公開討論において頂点に達する。この討論会には東神大教授が全員出席し、討論は事実上私の「信仰」のいわば「異端審問」に終始した。後に大木英夫東神大教授（組織神学）は、自ら主幹者である雑誌『形成』の巻頭言に、討論で松永が荒井に勝ったという「勝利宣言」を公表。これを受けて、当日討論会の司会をしたカトリック系の新約学者・角田信三郎（当時、上智大学教授）が私信を寄せた。久しぶりに「大本営発表」を聞いた、と。

一九七七年三月三〇日、青学理事会は、文学部神学科の「廃科」を正式に決定。私は同年四月、東京大学教授に昇任した。

一九七七年、八月一九日、母・トシ死去。一九八二年、六月二四日、妻・英津子、一三年間の闘病生活の末、死去。一九八四年、二月二四日、父・源三郎死去。

同年四月一日、山口雅弘牧師が、まぶね教会の主任・担任牧師として就任。その妻・山口里子との出会いが、私がフェミスト神学に目を開かれるきっかけとなった。やがて彼女は、絹川久子と共に、東京大学教養学部の荒井ゼミ「キリスト教思潮」に参加。二人は後にアメリカに留学し、いずれも新約聖書のフェミニスト視点による研究で学位を得、帰国後、「日本フェミニスト神学・宣教センター」を設立し、その共同ディレクターとなって今日に至る。

6　「英子」経験

一九八五年一一月一六日、私は前述の日時英子と再婚した。彼女は青山学院大学文学部神学科を卒業後、神学科廃科のため大学院に進学できず、NCC（日本キリスト教協議会）に勤めながら独学で日本基督教団の「教師試験」に合格、当時、同教団信濃町教会の担任牧師（副牧師）に在任していた。英子は信濃町教会に一〇年間在職の後、国立ハンセン病療養所多磨全生園内の秋津教会（単立）牧師、農村伝道神学校兼任教師となったが、五年間秋津教会在職の後、東洋英和女学院大学大学院人間科学研究科に入学、二年後に修士課程を修了した。その際に提出した修士論文「近代日本キリスト教「救らい」史の一側面――「小川正子現象」をめぐって」は、改訂・増補の上、一九九六年に『ハンセン病とキリスト教』のタイトルで岩波書店から出版されている。

二〇〇一年四月、英子は恵泉女学園大学人文学部（後、人間社会学部）に専任講師として採用され（旧約聖書学、女性とキリスト教、人間形成とキリスト教など担当）、三年後に準教授に昇任、二〇〇八年三月卵巣がん摘出手術、一旦大学に復職したが、二〇〇九年一〇月がん再発・転移、二〇一〇年一一月二四日死去。享年五七歳であった。

没後一周年を記念して、私は彼女の遺稿を編集し、『弱さを絆に――ハンセン病に学び、がんに生きて』というタイトルで二〇一一年一〇月に教文館より出版した。この本を読んでくだささればわかるように、英子はその生涯をかけ、彼女の信仰の表現として社会的弱者、とりわけ病人、障がい者、ハンセン病(快復)者、性的・民族的マイノリティー、戦争被害者のもとに寄り添い続けた。

この間私は、一九九一年三月、東京大学教養学部を定年退官、名誉教授となる。同年四月、茨城キリスト教大学文学部教授に就任、その一年後に退職して一九九四年四月、恵泉女学園大学学長に就任した。

二〇〇一年一二月、日本学士院会員に選定。

二〇〇二年三月三〇日、学長就任中に新設された恵泉女学園大学チャペルにて、オルガン奉献式。午後、学生ラウンジにて、「荒井聖書研究会」の主催により『荒井献著作集』全一〇巻、別巻一(岩波書店、二〇〇一―二〇〇二年)の「完結記念感謝会」が開かれた。

同年三月三一日、恵泉女学園大学学長を退任。引き続いて同女学園に新設された大学院人文学研究科の研究科長に就任。

二〇〇四年三月、恵泉女学園大学退職。同名誉教授となって現在に至る。

7　イエスの問いかけに応えて

この講演の「はじめに」で言及したように、いなくなった羊の譬の中で、おそらくイエス自身に遡るであろう伝承の古層は、ルカ一五・四である。これに続く五―七節、マタイでは一八・一二に続く一三―一四節は、イエスの問いかけに対するルカあるいはマタイの応答（をイエスの口に入れた部分）と想定した。実際、イエスの譬は元来問いかけで終っていた（マタイ一二・一五、ルカ一〇・三六）。

その後私は、『問いかけるイエス――福音書をどう読み解くか』というタイトルの本を公にし（NHK出版、一九九四年、第五刷、二〇〇三年。＝『イエス・キリストの言葉――福音書のメッセージを読み解く』岩波現代文庫、二〇〇九年、第二刷、二〇一一年）、四福音書はこのようなイエスの問いかけに対する「応え」として読み取られるべきではないか、という問題を提起した。そして、二〇〇九年九月に、西南学院大学で開催された新約聖書学会第五〇回学術大会（＝創立五〇周年記念大会）において私は、記念講演「問いかけるイエスに応えて――新約聖書学会の回顧と展望」を行い、イエスの「問いかけ」の究極が十字架上における死にざまであり、それに対する応答が、イエスの処刑を指揮していたローマの百人隊長の告白「本当に、この人間こそ、神の子だった」（マルコ一五・三九）ではないか、と問いかけた（この講演は『新約研究』第三九号、二〇一一年、創立五〇周年記念号に収録。本書二五八頁以下）。

マルコによればイエスは、十字架上で（人ではなく）神に、「どうして私をお見捨てになったのですか」と問いかけた。それに対して神は、何も答えなかった。イエスは、何故自分でさえ神に見捨てられて死ななければならなかったのか、わからなかったのである。私にも、何故私の愛する人が私に先立って死ななければならないのか、わからない。ところが、このような人間の、いわば弱さの究極を露にしたイエスを見て、百人隊長は、「本当に、この人間こそ神の子だった」と告白したのである。マルコによれば、神はこの弱いイエスを受け入れ、彼の死をまことのいのちとして私たちに提示したのである。

おわりに

私の新約解釈（研究）には、私の体験に基づく信仰のありようの諸相とそれを身につけた経験が反映している。私はイエスに捉えられているからこそイエスを捉えようとして（フィリピ三・一二参照）今日に至っている。結果、新約聖書を含む初期キリスト教諸文書の多様なイエス理解の背後に、次のようなイエスを捉えつつある。――イエスの愛は元来、当時「罪人」として宗教的・社会的に差別されていた「不浄な民」（いなくなった一匹の羊）にむけられており、その愛を社会のなかで貫徹して生き、それを拒否した宗教的・政治的支配者たちを激しく批判したために、十字架刑に処せられた。しかも彼は、なぜ自分が神に見捨てられたのか、わからなかった。このイエスの死を神は――百人隊長の「神の子」告白を介して――まことのいのちとして受け入れた。とすれば、私たちを罪あるままに受け入れた神の愛の受容（信仰）とそれへの応答（信仰生活）は、必然的にイエスが受容した「罪人」の位置に赦されて立ち、彼ら・彼女らとの共生へと促されるのではないか。

(二〇一三年九月八日、巣鴨ときわ教会での講演)

37　イエス・キリストに妻？
――コプト語パピルス断片について

はじめに

同じタイトルで、朝日新聞（二〇一二年九月二一日朝刊）に、イエスが「私の妻……」と発言しているコプト語パピルス断片について報道された。この記事は、K. L. King が九月一八日にローマで開催された国際コプト学会で行った研究発表に基づく。King は、Harvard Divinity School のサイトに、当該パピルス断片のファクシミリとこれに関する論文を公表している。この論文を批判的に紹介しながら、私見を報告する。

1　テキスト

縦四センチ横八センチのコプト語パピルス（サヒド方言）断片。

表面

1　私の母が私に命を与えた。……
2　弟子たちがイエスに言った。……
3　マリアはそれに値する。……
4　イエスが彼らに言った、「私の妻……
5　彼女は私の弟子となることができるであろう。そして……」
6　悪人たちは増やされよ。……
7　私は……するために彼女と共にある。……
8　模像……

裏面（読解不能）

2　内　容

これは一枚のパピルスの表面と裏面に文字（コプト語）が記されているので、元来は写本《コーデックス》の一部断片と思われる。コプト語の字体も、パピルスの質も、後述する思想も、すでに公刊されているナグ・ハマディ写本と部分的に類似しているので、この写本と同様、これは元来ギリシア語で記された本文のコプト語訳で、原本は二世紀の中頃には成立した。

3　文学的ジャンル

これは、特に二、四行目から、イエスとその弟子たちとの対話集であろうと想定できる。この断片にはナグ・ハマディ写本所収の『トマスによる福音書』と並行関係があり、またイエスとその弟子たちとの対話による「語録福音書」なので、文学的ジャンルとしてはトマス福音書の系類に属すると言えよう。しかしこれを、King のごとく、顕現のイエスが弟子たちに語ったという文学形式で記された『イエスの妻の福音書』（Gospel of the Jesus's Wife）とみなす根拠はない。

4　並行関係

一行目「私の母が私に命を与えた」はトマ福一〇一に並行。「〔私の〕真実の〔母〕は私に命を与えた」。

三行目「マリアはそれに値する」のマリアは、後述の『フィリポによる福音書』から判断して、「マグダラのマリア」。「それ」は一行目の「命」を受けていよう。

四行目「私の妻」（コプト語で ta himē）。この「妻」は三行目の「（マグダラの）マリア」を指している。とすれば、この表現はフィリ福§32、§55a「キリストの同伴者はマグダラのマリアである」と並行関係がある。

ただしこれは、一方においてヴァレンティノス派（グノーシス派の一分派）の神話論（天上では「救い主」と「ソフィア」は「対《つい》」（syzygia）をなしていて、その地上における「模像」（hikōn）がイエスとマグダラのマリア）を背景としながら、他方において同派における最大の典礼「新婦の部屋」（nymphōn あるいは pastos）を背景として、アダムとエバの模像としてのイエスとマグダラのマリア関係に適用されている（§79）。なお、「結婚」は「肉体のものではなくて、むしろ清らかである」（§122a、§31をも参照）。

五行目「彼女は私の弟子となることができるであろう」。イエスがどの男弟子よりもマグダラのマリアを高く評価した、あるいは彼女を「愛した」ことについては、グノーシス派出自の文書（トマ福一一四、フィリ福55bなど）だけではなく、『マリアによる福音書』一〇でも言及されている。ただし、このパピルス断片では「彼女」が直接イエスによって「弟子」（mathētēs）と呼ばれているのに対して、トマ福六一ではサロメ（マコ一五・四〇参照）がイエスに対して「私はあなたの弟子（mathētēs）です」と告白している。

七行目「私は彼女と共にある」は、上記イエスと「妻」マグダラのマリアとの霊的夫婦関係を言い表していよう。

八行目「模像」（hikōn）が読み取れるとすれば、イエスとマグダラのマリアとの関係が救い主とソフィアとの「対」関係の「模像」であることを示唆しているのかもしれない（フィリ福67abc）。

おわりに

歴史上のイエスに妻がいたかどうかは不明である。二世紀に入ってはじめてアレクサンドリアのクレメンスが、イエスは結婚していなかったと主張する若干のキリスト教徒の存在について言及しており（『絨毯』三・六・四九）、三世紀に入るとテルトゥリアヌスが、イエスは結婚していなかったと主張している（『独身について』五・五）。四世紀に入ってヨハンネス・クリュソストモスが、男性聖職者の独身制をイエスが結婚していなかったことによって基礎づけている（『処女について』一二・一、一三・四）。これに対して、四世紀には正統的教会から「異端」として排除されたグノーシス諸派においては女性聖職者も存在し、とりわけその中のヴァレンティノス派において、マグダラのマリアがイエスの霊的「妻」あるいは「同伴者」とみなされていた。このパピルス断片は歴史的には、このような初期キリスト教おける「正統」と「異端」との聖職者のジェンダーをめぐる論争史上に位置づけるべきであろう。

『キリスト教史学』（キリスト教史学会）第六七集、二〇一三年

38　聖餐の成立をめぐって

はじめに

とりわけ日本基督教団において聖餐の成立をめぐり深刻な対立をきたしていることもあって、私は新約聖書における聖餐をテーマに過去四回講演をしており、そのうち三回の原稿は公刊されている。[1]今回は、従来とは異なる視点から、また新しい知見を活かして聖餐の成立過程について見解を述べたい。

実は、昨年（二〇一〇年）公刊された『基督教論集』第五三号で井谷嘉男氏が宮谷宣史『聖餐について』（信濃町教会『ことば』二〇〇九年所収）の書評を記しており、その中の一四〇頁で突然「脱線」し、『十二使徒の教訓《ディダケー》』（以下、ディダケーと略記）における聖餐に関する私見を批判して、次のように記している。

荒井献氏はここの「犬」を未受洗者を指すと解釈して新律法主義が言わしめた如く書いておられるが（『初期キリスト教の霊性』岩波書店、二〇〇九年、七三頁）この意見に対してだけは筆者は猛反対で、この文書の内容（抑圧されている者、貧しい者、困窮者への配慮）からも共同体構築（宣教）の視点からも考え難く、むしろ上述の受洗者集団の機密保持の視点から六・一の「教えのこの道から踏み外させる」ような異分子のことを指していると考える。フィリ三・二、黙二二・一五、イグ・エペ七・一参照。

井谷が上記の引用文で挙げている「ここ」とはディダケー九・五で、その文言は以下の通りである。

主の名をもって洗礼を授けられた人たち以外は、誰もあなたがたの聖餐から食べたり飲んだりしてはならない。主がこの点についても、「聖なるものを犬にやるな」（マタイ七・六）と述べておられるからである。

この箇所は、聖餐への参与を受洗者に限った、初期キリスト教における最初の記述であると一般的に認められているだけに、私見に対する井谷氏の批判への応答をもって本論を始めることにする。同氏が挙げている拙著の中で私自身は、同氏が指摘している如く、「犬」を「未受洗者を指す」と記してはおらず、「非受洗者」という表現をとっていることを予め断わっておく。

1　ディダケーにおける「聖餐」の場合

ディダケーは、キリスト教史上最初に著された「教会規則書」[3]である。ただ、その成立年代をめぐっては研究者の間に大幅な差異があり、最近の研究でも五〇—七〇年から一〇〇年代の間に意見が分かれている。[4]後者の成立年代を採る研究者が多いが、その場合でも、本書に用いられている伝承は、遅くとも一世紀後半にはパレスチナあるいはシリアのユダヤ人キリスト教会において成立していたと想定されている。[5]

「聖餐」(εὐχαριστία) に関する規則は、九—一〇章に記されている。ただし、九・一—五は「愛餐」[6]に関する規定であり、一〇・一—五は、「満腹した後に」という一句(一〇・一)に導かれて、「聖餐」に関する規定である、と一般的には想定されている。[7]そして、問題の文言(「主の名をもって洗礼を授けられた人たち以外は、誰もあなたがたの聖餐から食べたり飲んだりしてはならない。主がこの点についても、「聖なるものを犬にやるな」と述べておられるからである」)は九章の末尾(五節)に記されている。

ところが、井谷氏によれば、一〇章でも三節前半(「全能の主よ。あなたはあなたの名の故に万物をお創りになりました。また、人々があなたに感謝を献げるように、彼らに飲食のために食物と飲物とお与えになりました。」）の中の「人々」は、愛餐から聖餐まで受洗者と同席している未受洗者をも指しており、他方、同節の後半（「他方、わたしたちには、霊的な食物と飲物と永遠の生命とを、あなたの僕（イエス）を通して賜りました。」）の中の「わたしたち」は、聖餐に列席している受洗者を指している。ここでは聖餐が愛餐の枠内で行われており、そこには受洗者と共に未受洗者も陪席していることが前提されている。したがって、九・五で比喩的に挙げられている「犬」は「未受洗者」であり得ず、六・一で言及されている「教えのこの道から踏み外させる」ような、教会にとっての「異分子」のことである、と井谷氏は主張する。[8]

この主張に対しては、私は二つの論拠をもって反論したい。

第一に、六・一は九・五の文脈から余りにも離れすぎている。

第二に、井谷氏が佐竹訳に拠ってそのように解釈している一〇・三前半の「彼らに飲食のために食物と飲物をお与えになりました」の中の「彼らに」は、ギリシア語本文では τοῖς ἀνθρώποις「人間に」であり、これは、神の被造としての「人間」を意味し、[9] これに続く三節後半の「他方、わたしたちには」の「わたしたち」、つまり聖餐に与る受洗者たちと対照して、未受洗者を含む非受洗者を指している。したがって、この場合の「人間」は、「集会に参加している人々すなわち貧しい人々や困窮者を含む未受洗者・未信徒を指している」（井谷、前掲書、一四一頁）のではない。

ただし、一〇章を締めくくる六節では――この点では井谷が正しく指摘しているように――

「聖なる人（受洗者）は来るように。聖でない人（未受洗者）は悔い改めなさい」と勧められており、後者に「悔い改めて洗礼を受けなさい」とは勧められていない。

以上の考察から、問題の九・五の文言は、九章の「愛餐」と一〇章の「聖餐」を繋ぐ、ディダケーの編集句と判断するのが最も自然であると思われる。したがって、ここではやはり、「犬」を非受洗者の比喩的表現と判断せざるを得ない。[10]

とすれば、この句（九・五）と九章の導入句（一節）が編集者によって加筆される以前の伝承レベルでは、愛餐に続いて聖餐にも出席していた未受洗者には、悔い改めが勧められてはいたが、受洗が聖餐に与る条件とはされていなかった可能性は残るであろう。

ちなみに、ユスティノスもまたその『第一弁明』（一五三―五四年頃）六六・一において、聖餐に与る者は受洗者に限定されると明言してはいるが、六七・一以下の記事からは、「太陽の日」に行われるような未受洗者を含む全住民に開かれた聖餐（愛餐内聖餐）もあったことが読み取られる。[11]「愛餐」と「聖餐」が明確に区別されるのは、三世紀に入ってから、ヒッポリュトス『使徒伝承』（二一〇年頃）二六―二七においてはじめてである。ただ、この『使徒伝承』でも、「エウカリスティアとアガペーとの分離がまだ見られていない」。[12]

いずれにしても、井谷氏の批判をきっかけに、ディダケー本文を再読し、最近の文献に目を通した結果、聖餐の成立をめぐって、以下のような新しい知見を再確認することができた。

第一に、ディダケーの「聖餐の祈り」伝承は、ユダヤ教の「ビルカト・ハッマーゾーン」の

「食べ物の祝福」をキリスト教化したものであり、それは遅くとも七〇年頃から一〇〇年頃までには成立していた、と想定される。

第二に、ディダケーにおいて愛餐から聖餐に移行していることは、マルコ福音書でも第一コリント書でも前提されている（マコ一四・二二「彼らが食べている時に」、Iコリ一一・二五「同様に、食事のあとで」）。

ただし第三に、ディダケーにおける杯↓パン裂きという順序は、共観福音書の場合（マコ一四・二二―二四並行）と第一コリント書の場合（一一・二三―二六）とは逆になっており、ディダケーにおける順序はユダヤ教における食事の習慣に従っている。

第四に、ディダケーにおける「聖餐の祈り」には「主の晩餐」伝承にみられるイエスの贖罪死と結びついた表現は一切見出されない。ディダケーにおいて「杯」は「あなた（神）があなたの僕イエスを通してわたしたちに明らかにされた、あなたの僕ダビデの聖なるぶどうの木」（九・二）、「知識と信仰と不死」（一〇・二）であり、「（裂かれた）パン」[13]は「あなたがあなたの僕イエスを通してわたしたちに明らかにされた生命と知識」（九・三）、とりわけ「永遠の生命」（一〇・三）なのである。

こうして最後に、原始キリスト教の「聖餐」には二つの系統の伝承があったことが再確認される。それは、「パン裂き」と呼ばれた、イエスの復活の喜びに与るユダヤ人キリスト教の伝承と、「主の晩餐」と呼ばれた、イエスの十字架死に与るヘレニズムキリスト教の伝承である。ディダケー（九―一〇章）、ルカ文書（ルカ二四・三〇、使二・四六、二〇・七、二七・一五）、ヨハネ福音書（六・五一―五八）は前者であり、ディダケー以後に「感謝」（εὐχαριστία）という言葉で「聖餐」を意味するようになった。

ただし、ディダケーでも、伝承の段階では、聖餐に与ることができたのは「聖なる人」（受洗者）で、同席していた未受洗者には「悔い改め」が勧められていただけだった（一〇・六）のに対して、ディダケーの編集者が「聖なるもの」（九・五）を「聖餐」（九・一）と理解した上で、聖餐に与る者を「聖なる者」、悔い改めて（一〇・六）「洗礼を受けた者」（九・五）に限定したのである。

2 「主の晩餐」の場合

この記事に関する共観福音書の相互関係は、マタイ版（二六・二六―二九）がマルコ版（一四・二二―二五）に、ルカ版（二二・一四―二〇）がマルコ版とⅠコリント版（一一・二三―二六）に、それぞれ拠っており、マルコ版とⅠコリント版はお互いに独立しているので、この両版がマタイ版やルカ版より古いことは、ほぼ定説になっている。この両版のうちどちらにより古い形態が保持されているかについては意見が分かれているが、最近ではⅠコリント版の方を優先させる見解に傾いている。

ところで佐藤研は、この見解に立脚して、「最も原初の、そもそもイエスが語ったであろう形」

を「仮説的」に「再構成」している。

……イエスはパンをとり、祝してこれを裂いた。そして彼らに与えて言った、「これは私自身だ」。また、食事が終わって、杯をとり、祝して彼らに与え、言った、「この杯は約束だ。アーメン、あなたたちに言う、私はもはや葡萄の木からできたものを飲むことはない、神の王国においてそれを新たに飲む、かの日までは」(14)。

ここで注目すべきは、「杯」の言葉のうち「契約」(διαθήκη) をアラム語 gūfīy に遡らせて「約束」「誓い」と読み替えていることである。そしてこの仮説との関わりで、次のような問題を提起している。

ここで一つの疑問が浮かび上がる。これは本当に「(新しい) 契約」という話であったのか、むしろもっと単純に、真摯な「約束」「誓い」という意味ではなかったのか、という疑問である。もしそうなら、その約束の内容とは何か。それは、すぐその後の句に示されている。「アーメン、あなたたちに言う、私はもはや葡萄の木からできたものを飲むことはない、神の王国においてそれを新たに飲む、かの日までは」(マコ一四25)。この言葉は、多くの研究者によって、イエスの真正な言葉である可能性が極めて高いものと見なされている。しかしこの句が、「契約」の宣言の直後に置かれるのはどうもしっくりこない。ところが、これをイエスの「約束」の内容そのものだとすれば、なるほど十全な意味を発揮するのではないか。つまり、死を超えた、まもなく訪れる再会の約束、その誓いとしての「杯」の回し飲み、ということである。さらに言えば、ここで想定されている新しい「宴会」のイメージが、神の王国の具体的な映像であることは明らかであって、その「再会」とは、とりもなおさず押し迫った神の王国到来の最終的な期待と相即しているのである。ここでは、危機と待望が表裏一体となっていると言えるであろう。

こうした鮮明で単純な誓いの約束という元来の意味が、イエスの死後の教会において「契約」として把え直され、重々しい人類史的・救済史的な意味を持たされて、儀式の式文にされたのではないだろうか。

以上のような佐藤仮説の真偽のほどはしばらく措くとして、少なくとも「ここ（マコ一四・二五）で想定されている新しい「宴会」のイメージが、押し迫った神の王国到来の最終的な期待と相即している」ことは、ディダケー九・四、一〇・四―六（ただしこれらの箇所では「（裂かれた）パン」について）における、「愛餐／聖餐」のイメージにも妥当するであろう。

しかし私見では、Iコリント版に比較してより新しい形態と言われるマルコ版の方にも、マルコの福音書編集意図からトランスパレントとなる「食事」に対する最も原初的なイエスの姿勢が垣間見られる。

第一に、「杯」の言葉については、「『血を飲む』ということは、ユダヤ人には想像もつかないタブー行為」であるとすれば、[15] マルコはあえてそのタブーをイエスの言葉を介して破った、とも想定されるのではないか（マルコ七・一五参照）。

第二は、「多くの人のゆえに（ὑπὲρ πολλῶν）流された」という「私の血、契約の血」に対する説明句（一四・二四）に関する問題である。この問題については、すでに私は小論を公にしているので、[16] ここでは、食事に対するイエスの姿勢との関わりにおいて、短く述べるに留めたい。

まず、マルコの編集意図を問う際に、私は次のことを前提している。すなわちマルコが、イエスの受難・復活物語伝承（一四―一六章）の前にイエス伝承（一―一三章）を配し、全体をイエス物語として編集した意図は、エルサレムを舞台とするイエスの受難復活物語をガリラヤで始まるイエス物語との関わりにおいて再読するように福音書の読者に促すことにあった。

さて、マコ一四・二四における「多くの人」（οἱ πολλοί）が、イザヤ五三・一一―一二における「多くの人」を示唆しており、これは第二イザヤにおける「苦難の僕」に重ねたイエスの贖罪死を意味する表現であることはほぼ一般的に認められている。しかも、このギリシア語にあたるヘブライ語ないしはアラム語 rabbîm は、「多くの個を包含している全体」すなわち「すべての人」を意味し、これはセム語的要素である。[17] とすれば、マコ一四・二四の伝承においては、Ｉコリ一一・二四「あなたがたのための」とは対照的にイエスの普遍的贖いを暗示していた可能性があろう。

　このような「多くの人／すべての人」の用法を受難物語以前のマルコ本文の中に検証してみると、まず、ここでもイザ五三・一一—一二が示唆されているマコ一〇・四五（「〔人の子は〕自分の命を多くの人のための身代金として与えるために来たのだ」）が注目される。次に、明らかに一四・二二の「パン裂き」の視点から構成されている「五千人の供食」物語（六・三二—四三。特に四一節参照）においては、イエスが「腸のちぎれる想いに駆られ」て「供食」の奇蹟を行った対象は、彼のもとに集まって来た「多くの者」（πολλοί）あるいは「多くの群衆」（πολὺς ὄχλος）である（六・三三、三四）。そして最後に、イエスがファリサイ派の律法学者らによって非難されたのは、彼が「多くの徴税人や罪人たち」と共に食事をしていたからである（マルコ二・一五—一六。ここで「多くの」あるいは「大勢」（共に πολλοί）が二度繰り返されている）。

　要するにマルコは、「最期の晩餐」物語、とりわけイエスの「杯の言葉」の中の「多くの人」を、イエスがその命を与えるために来た「多くの人」、彼が供食をした「牧人のいない羊のような」「多くの人」、とりわけ彼が共に食事をとった「徴税人や罪人」を含む「多くの人」との関わりにおいて読み直すように読者に訴えているのである。

　とすれば、ここからトランスパレントとなる、「罪人との食事」を禁じるユダヤ教のタブーを破ったイエスの振舞いが、「聖餐」成立の基になると想定できるであろう。そして、このようなイエスの振舞いは、「アーメン、私はあなたたちに言う、徴税人と売娼婦たちの方があなたたちよりも先に神の王国に入る」というイエスの言葉（マタ二一・三一b）に盛られている、彼の「神の王国」理解と相関している。

もし以上の想定が正当であるとすれば、佐藤のいわゆるイエスの「約束」にも、「多くの人のために立てられた」が含意されていると私には思われる。その場合「あなたたち」と呼ばれている「十二人」の背後には、「多くの人」、とりわけ十字架に至るまでイエスに従い、彼に仕えていたマグダラのマリアをはじめとする女たち、「そして、彼と共にガリラヤからエルサレムに上って来た他の多くの女たち（ἄλλαι πολλαί）」も、マルコの構想の中に考えられていたのではなかろうか（一五・四一参照）。

それに対してIコリント版は、次の言葉で締めくくられている。「実際あなたがたは、〔再臨の〕主が来られるまで、このパンを食べ杯を飲むたびに、彼の死を宣べ伝えるのである」（一一・二六）。この言葉における「イエスの死」は、もしこの言葉が伝承（一一・二三b—二五）に対するパウロの加筆であるとすれば、伝承におけるパンを杯の贖罪論的解釈に対するパウロの配慮が反映されているであろう。なぜなら、青野太潮が繰り返し強調しているように、パウロは贖罪行為としてのイエスの「死」という表現を伝承から受け継ぎながらも、パウロ自身がその「悲惨さ、弱さ」を表現する際には、「死」ではなく一貫して「十字架」という言葉を用いているからである。[18]

いずれにしても、「主の晩餐」伝承とディダケーの「聖餐」伝承に共通している点は、「愛餐」

と「聖餐」が切り離されていないことである。これは、マルコ版における「多くの人のために」という表現からトランスパレントになる、「罪人」を含む「多くの人」とのイエスの共食に通底していよう。

おわりに

ディダケーの編集者は、その限りにおいては「主の晩餐」伝承に共通する、愛餐の枠内で行われている聖餐伝承を採用しながらも、「聖なるものを犬に与えるな」という「主」の言葉を引用して、「聖なるもの」を「聖餐」とし「犬」を未受洗者と解釈して、聖餐を受洗者のみに制限した。こうして編集者は、当時のユダヤ教徒、特にファリサイ派やエッセネ派における「聖なるもの」と「不浄なるもの」との峻別を破ったイエスの振舞いに逆行する道を一歩踏み出した。(19)

いわゆる「初期カトリシズム」がこのような道を踏み出した理由は明らかである。漸く制度的に成立しつつあった当時のキリスト教共同体が、対外的には異教や異端に対して自己を防御する必要に迫られ、対内的には自己のアイデンティティーを強化する手段として、統合儀礼としての聖餐を受洗者に限る道に一歩踏み出したのである。それは時代的・歴史的状況を考慮に入れればば、一定の評価をすることはできよう。しかし、それはあくまでキリスト教がアイデンティティーを確立する手段であって、それが共同体形成のために目的化されてしまったなら、キリスト教における入信儀礼としての洗礼は、ユダヤ教における割礼と本質的には異ならないことになろう。この立場は、初期カトリシズムの成立期（二世紀）においてさえ、文献的にも徹底されておらず、「聖餐」理解にも「揺れ」があった。[20] 聖餐がキリスト教の典礼として制度化されたのは三世紀に入ってからである。[21]

（1）荒井献「新約聖書における聖餐――受洗者のみに閉ざすか否か」『イエスと出会う』岩波書店、二〇〇五年所収。「新約聖書における「聖餐」再考――批判に応えて」『初期キリスト教の霊性――宣教・女性・異端』岩波書店、二〇〇九年所収。「「多くの人／すべての人のために」――滝沢克己の思想射程によせて」三島淑臣監修『滝沢克己を語る』春風社、二〇一〇年所収。

（2）佐竹明訳。荒井献『使徒教父文書』講談社文芸文庫、一九九八年、三四頁。

（3）山田耕太「ディタケーにおける聖餐」『ペディラヴィウム』六二、二〇〇八年、二八―二九頁。

（4）A. Milavec (The Didache. Faith, Hope, & Life of the Earliest Chiristian Communities, 50-70 C. E., New York/Mahwah. N. J., 2003) によれば、五〇―七〇年、K. Niederwimmer (Die Didache, Göttingen, 1989, S.78-80) によれば二世紀の初期。

（5）Niederwimmer, op.cit.; 山田、前掲論文、四〇頁参照。

（6）「愛餐」(ἀγάπη) という用語とその意味についてはユダの手紙一二と岩波版『新約聖書』傍注一二参照。「言葉通りだと「愛」。初期のキリスト者たちは一致、交わりとして、食物を持ち寄り、ともに食事をした（Iコリ一一・二一―二二参照）。その習慣をこの語で表わすのは新約聖書中ここだけである。イグナティオスのスミュルナへの手紙八二など同時代のキリスト教文書には用例がある。聖餐と呼ばれる儀式と切り離さずに行なわれていたらしい」（小林稔）。ただし、ディダケーでこの用語そのものは見出されない。

（7）Niederwimmer, op.cit., S.173-180 ; Milavec op. cit., pp. 351-415; 山田、前掲論文三一―三四頁参照。

（8）井谷嘉男、〈書評〉宮谷宣史「聖餐について」『基督教論集』第五三号、二〇一〇年、一四〇―一四二頁。

（9）Niederwimmer, op. cit., S. 197-198; 上掲論文、三七―三八頁。ちなみに山田は、ディダケー一〇・三が拠ったと想定されるユダヤ教のラビ文献「シュモレー・エスレー」（十八祈祷文）の中の「ビルカト・ハッマーゾーン」（食後の祈り）との並行関係を指摘している。ディダケー九―一〇とビルカト・ハッマーゾーンとの関係については、H. Van des Sandt. D. Flusser, The Didache. Its Jewish Sources and its Place in Early Judaism and Christianity, Assen/Mineapolis, pp.313-325 参照。

（10）Niederwimmer, op.cit., S.191-192; 山田前掲論文、三三―三四頁、四六頁も同様。なお、Niedrewimmer が指摘しているように、「この点についても」（καὶ γὰρ περὶ τούτου）という用語法からみても、この「主」の言葉における「犬」はマタ七・六の転用と思われる。これに対して Milavec（op. cit., pp. 394-398）は、この言葉を当時ユダヤ人の間に流布していた格言からの引用とみなし、ここでは受洗していない「異邦人」の比喩として用いられていると主張している。

（11）井谷、前掲書評、一三八―一三九頁参照。

（12）土屋吉正『ヒッポリュトスの使徒伝承――B・ボットの批判版による初訳』オリエンス宗教研究所、一九八三年、一二一頁。

（13）九・三の「パンについて」には二つの写本 περὶ δὲ ἄρτου「パンについて」と περὶ δὲ τοῦ χλάσματος「裂かれたパンについて」とがあって、最近では後者をとる校訂本が多い。Niederwimmer, op.cit., S.185;

Milavec, op.cit., p.30 参照。
（14）佐藤研「新約聖書における「危機」――イエスとパウロの場合」宮本久雄・武田なほみ編著『危機と霊性』日本キリスト教団出版局、二〇一一年、一三八頁（同『最後のイエス』岩波書店、二〇一二年、一六頁。以下の引用はこの著書より）。
（15）佐藤研、前掲論文、一三七―一三八頁（前掲『最後のイエス』一五頁）。
（16）荒井献、前掲論文「多くの人／すべての人のために」。
（17）J・エレミアス『イエスの聖餐のことば』田辺明子訳、日本基督教団出版局、一九七四年、二八四―二八七頁参照。
（18）最近では、青野太潮『「十字架の神学」をめぐって――講演集』新教出版社、二〇一一年参照。
（19）これは注（7）に挙げた山田論文の結論でもある。
（20）ちなみに、小林昭博氏によれば、ディダケーにみられる初期キリスト教会における「教師」像にも「揺らぎ」があった（「ディダケーにおける教師像――初期教会における教師像の揺らぎ」辻学・嶺重淑・大宮有博編著『キリスト教の教師――聖書と現場から』新教出版社、二〇〇八年、一四四―一五九頁、特に一五二―一五四頁参照）。
（21）本稿は、二〇一一年度「日本聖書学研究所公開講座」（一一月一二日、日本聖書神学校）に基づく。その後公刊された赤木善光（『イエスと洗礼・聖餐の起源』教文館、二〇一二年）は、本稿、注（1）に挙げられている最初の二つの拙稿を批判して、三世紀に入ってから制度化されたキリスト教の典礼をマルコからイエスにまで遡らせている。これは「信条」の「歴史化」としか評しようがない。

『聖書学論集』（日本聖書学研究所）45、二〇一三年

39　「野の花 空の鳥」によせて

はじめに

滝沢克己先生が揮毫された書の中で最も親しまれているのは、「野の花 空の鳥」であろう。これをタイトルとして『滝沢克己先生の思い出』（創言社）が、また、これを巻頭に掲げて『滝沢克己――人と思想』（新教出版社）が編集され、それぞれ同年（一九八六年）に出版されている。『滝沢克己先生の思い出』に「野の花・空の鳥」と題して先生の「思い出」と寄稿されている篠木祥子さんは、その文章を次の言葉で締めくくっている。――「滝沢先生の愛された野の花・空の鳥のように、自由で美しく生きたいと願いつつペンをおきます」（四四一頁）。

実は、私がいわゆる「イエス本」（『イエスとその時代』岩波新書、一九七四年、『イエス・キリスト』講談社、一九七七年、『問いかけるイエス――福音書をどう読み解くか』ＮＨＫ出版、一九九四年など）を執筆当時、常に念頭に置いていたのが、滝沢先生の以下の文書であった。

かれ（イエス）は罪人のただなかに立つ一人の人として、そこに引かれている人間の限界の、絶対に超えることができないこと、超えようとしてはならないことを、つねに覚悟していた。いな、すこしでもそれを超える必要のないこと、むしろ限界こそ、人間の純粋な信と望みと愛の尽きることなき源泉であることを、その日常に体験した。人の世の禍は、結局のところこの大いなる限界の忘却、インマヌエルの恵みの無視から来ることを、しかしこの無償の恵みはいまもなお各自の脚下にあってその迷いを醒ますべく呼びかけていることを、その十字架の死に至るまで呼びつづけた。（『自由の原点・インマヌエル』一九六九年、新教出版社、二二二頁）

ただし、先生が、イエスは「罪人のただなかに立つ一人の人として、……」と言われる際の「罪人」を、当時「不浄の民」と呼ばれて宗教的差別の対象とされていた「社会的弱者」に重点を置きつつ捉えておられたかどうか、この点に関する限り、疑念なしとは言えない。青野太潮君も滝沢先生の「罪人」理解に対してこの疑念を示唆しているように思われる（「滝沢神学と史的イエス」前掲『滝沢克己――人と思想』一五九―一六〇頁参照）。

いずれにしても、私には、他ならぬ「空の鳥」「野の花」についてのイエスの言葉が、神の

「無償の恵みはいまもなお各自の脚下にあってその迷いを醒ますべく呼びかけている」と思われる（傍点筆者）。

烏《からす》と薊《あざみ》

イザヤ書三四章には、諸国民に対する神の審判が、三五章には神の救済が、イザヤによって相次いで預言されている。その中でとりわけ注目したいのは、三四章九節以下、エドムに対する神の審判の描写である。

その中で、エドムの土地は荒廃に帰するが、その土地に、

「みみずくと烏が住む」（一一節）、

「その城郭は茨が覆い
その砦にはいらくさとあざみが生える」（一三節）

と言われている。

しかし三五章には、神による栄光の回復が預言されており、その冒頭で、

「荒れ野よ、荒れ野よ、喜び踊れ
沙漠よ、喜び、花を咲かせよ。
野ばらの花を一面に咲かせよ」（一節）

と言われ、次いで、

「そのとき、見えない人の目が開き
聞こえない人の耳が開く。
そのとき
歩けなかった人が鹿のように踊り上がる。
口の利けなかった人が喜び歌う。
荒れ野に水が湧きいで
荒れ地に水が流れる」（五―七節）

と預言されている。

以上、イザヤ書三四章―三五章において、神の審判による自然界・人間界の荒廃のいわば象徴として、鳥とあざみが挙げられており、神の救済による自然・人間界の回復の象徴として、咲き出でる花に言及されていることを確認しておこう。

さて、ルカ福音書一二章二二—三一節はマタイ福音書六章二五—三四節と並行している。新共同訳では共に「思い悩むな」という小見出しのあるこの並行箇所を比較して、ルカ版のほうにマタイ版よりも古い、おそらくイエス自身に遡る文言が伝えられているであろうことは、私たちのなかでほぼ通説となっている。

その証拠の一つに挙げられるのが、マタイ福音書六章二六節の「鳥」がルカ福音書一二章二四節で「烏」となっていることである。烏は旧約聖書において、確かに、預言者エリヤに食料を運んで彼を養った鳥ということで積極的に評価されている場合もある（列王記上一七章四節以下）。しかし圧倒的に多くの場合、汚れた鳥の一つに数えられている（レビ記一一章一四—一五節、申命記一四章一二—一四節、イザヤ書三四章一一節）。それだけに、人間に対する神の配慮の比喩的比較表現が、口頭で言い伝えられていく際に、「鳥」という一般的表現から「烏」という特殊な個別的な表現に変っていくよりも、逆に「烏」から「鳥」に変るほうが自然であろう。ここから推定して、「烏」の方にイエス自身の言葉使いが反映しているように思われる（大貫隆「からす、雑草、そして馬小屋」『神の国とエゴイズム——イエスの笑いと自然観』教文館、一九九三年、六四頁参照）。

ちなみに、ルカ版（二四節）には、マタイ版（二六節）のような「空の」という修飾語がない。あるいは、ここでルカは、ゴミ捨て場に群がる烏たちを連想しているのかもしれない（F. Bovon,

Das Evangelium nach Lukas. EKK III/2: Lk 9,51-14,35, Benzinger/Neukirchner, 1996, S.304 参照)。

他方、「野の花」は、マタイ福音書六章二八節でもルカ福音書一二章二七節でも、同じように「花」と呼ばれている。ただし、ルカ版（二七節）のギリシア語本文には、マタイ版（二八節）のような「野の」という修飾語がない。新共同訳はルカ版にも「野原の」を補っているが、これはマタイ版を意識した不必要な修飾句である。

いずれにしても、日本では口語訳聖書から新共同訳聖書に至るまで「花」と訳されていることの名詞は、ギリシア語ではkrinon（本文ではその複数形krina）であり、これは「百合」をも意味する。したがって、文語訳聖書では「百合」と訳されており、クリスチャンの家庭に「野百合」とか「小百合」とか「百合」という名の女性が多いのは、この「野の百合」に由来する。ところが残念なことに、この「野の花」が「百合」だという解釈は、現在では一般的には採られていない。krinonというギリシャ語、とりわけそれに対応するヘブライ語は「百合」に限定されないこと、何よりもガリラヤで百合は野原に自生していないことがその理由に挙げられている。このような見解が口語訳や新共同訳に反映して、「花」と訳されるようになったと思われる。最近は一般的にアネモネのことを指す、という説が有力である。それはともかくとして、この「花」はルカ版（二八節）では、その限りにおいてマタイ版（三〇節）でも、「草」と言い換えられている。「今日は野にあって、明日は炉に投げ込まれる草」（大貫、前掲書、六五頁によれば「雑草」）に「百合」はふさわしくないであろう。

既に二〇年ほど前に私は、「花」は元来「あざみ」だったのだという仮説を提起している（「「野の花」はあざみ」『荒井献著作集』第九巻、岩波書店、二〇〇二年所収。初出は一九九五年）。その論拠して私は、次の四点を挙げた。

第一点は、前に言及したイザヤ書三四章一一節と一三節という非常に近い箇所で、神の審判によるエドムの荒廃の象徴として、烏と並んで、茨とあざみに言及されていた。つまり、あざみは烏と共にマイナスのイメージをもっていることである。

第二点は、色の連想である。古代オリエントにおいて多くの場合、王や貴族、富者たちは紫色の衣をまとっていた。ガリラヤの野原にはあざみ、とりわけ紫あざみが多く自生している。だから同じ色の連想で、あざみとソロモン王の衣服とをイエスは対照させたのだと思われる。「花（あざみ）がどのように育つかを考えてみなさい。働きもせず、紡ぎもしない。しかし、言っておく。栄華を極めたソロモンでさえ、この花の一つほどにも着飾っていなかった」と（ルカ福音書一二章二七節）。

第三点は、聖書の多くの箇所であざみが茨と一緒に言及されていること（たとえばマタイ福音書七章一六節）、すなわち、あざみと茨は異語同義だ、ということである。第二点との関連で注目すべきは、イエスが処刑される前にローマの兵卒によって茨の冠をかぶせられ、紫の衣を着せられ、「ユダヤ人の王万歳」と侮辱されている場面であろう（マルコ福音書一五章一六—二〇節）。茨あるいはあざみの冠と王衣との間に紫という色の繋がりがある。
第四に、あざみと茨は、枯れると燃料にされるということ。これも聖書では多くの箇所で確かめられる（新約ではマタイ福音書七章一九節、ヘブライ人への手紙六章八節など）。ルカ福音書一二章二八節に、「今日は野にあって、明日は炉に投げ込まれる草でさえ、神はこのように装ってくださる」と言われているが、「炉に投げ込まれる」というのは燃料として用いられることを意味する。

要するに（紫）あざみには、鳥の場合と同様に、一方においてソロモンが纏っていた紫の衣以上に美しいというプラスのイメージと同時に、より多くの場合、荒廃の象徴という、あるいは枯れると炉に投げ込まれるという、マイナスのイメージがある、ということである。

最後に、このような「鳥、花」のイメージをもって、イエスが私たち人間に何を訴えようとしているのか、この問題について改めて考えてみたい。

第一に、イエスがここで「鳥」や「花」に言及するときに、鳥の中でも、当時のイスラエルにおいては、人間にとって忌むべき鳥、汚らわしい鳥の中に数えられている鳥を引き合いに出していることに注目したい。花の場合も、今日は野にあって美しくあっても明日は炉に投げ込まれる野辺の草花——私の仮説があたっていればあざみ——をイエスは指して、それを、いま神によって養われ生かされているいのちへのアピールとして受け取るように求めている。このようなイエスの発言は、当時のユダヤ人の価値観からみれば、それを転倒するような衝撃を与えたはずである。イエスがこのように、通常嫌われ無視された自然の小さないのちにその眼差しを注いだということは、福音書の他の箇所でイエスが、「子供たちを私のところに来させなさい。妨げてはならない。神の国はこのような者たちのものである」（マルコ一〇章一四節）と言ったことに通じると思う。また、イエスはもっとラディカルに、当時の宗教的指導者に対して、次のように断言している。「はっきり言っておく。徴税人や娼婦たちの方が、あなたたちよりも先に神の国に入るだろう」（マタイ福音書二一章三一節）。ちなみに、当時淫婦たちも紫の衣を着ていたと言われる（ヨハネ黙示録一七章四節）。

いずれにしても、「神の国」とは、「いのちを生かす神のはたらき」のことである。神の支配領域においては、この世の価値基準から見れば最も小さいもの、最も弱いもののいのちが最も大切にされる、ということなのだ。

第二に、問題の聖書箇所におけるイエスの言葉の中に、五回も繰り返して否定形が用いられていることに注目したい。二四節には、「烏」によせて、「種も蒔かず、刈り入れもせず、納屋も持たない」と言われており、二七節には、「花」について「働きもせず、紡ぎもしない」と言われている。この否定形が意味するところは、「無為」ということである。「無為」とは、在るがままにして作為しないこと。ことさらに何も作為しなくても、自然のままに在るがままで、今生かされて在る小さないのちを神はいとおしみ、養っておられる、とイエスは言う（大貫「初期キリスト教における信仰と自然」前掲書、一七八頁参照）。

もちろん私どもは、特に予想もしなかった災害や苦難に襲われたとき、これからどう生きようかと思い悩まないではいられない弱い存在である。しかし、この思い悩みを人間の知恵に基づく作為によってコントロールできると思い上がったならば、人間は神により、自然を通して、滅ぼされる。あのソロモンは、その富と知恵を世界に誇ったが（列王紀上一〇章二三節以下）、その誇りのゆえに彼はイスラエルに背信し、神によって滅ぼされた（一〇章一節以下）。

私どもは今、艱難の只中にあって、これからどう生きようかと思い悩む前に、今私どもは生かされてしまっているという事実に気づくべきであろう。この意味で、自然が人間に対するアピールになっている。自然が私ども人間に何を語りかけようとしているのか。私どもは謙虚に、そして静かに、自然の声に耳を傾けてみようではないか。

おわりに

野間口カリンさん（恵泉女学園大学卒、青山学院中等部教諭）が、勤務先の宗教センター発行の冊子『ウェスレーホール・ニュース』の今年度クリスマス号に、「忘れられないクリスマス」と題して、今は亡き妻・英子（二〇〇八年一月に卵巣がん発病、二〇一〇年一一月に逝去）と私と一緒に三人で、二〇〇七年一二月にドイツに旅した思い出を寄稿し、それを以下の文章で閉じている。

あのときドイツでご一緒させていただいた荒井英子先生はいま天国にいらっしゃる。「弱く」「小さく」された人々への彼女の温かい「共苦」のまなざしを思い出す。かつて英子先生が私の聖書に記してくださった言葉に励まされながら、私も「弱さを絆に」人生をふみしめていきたい。

ごらん　空のからす　野のあざみ
蒔きもせず　紡ぎもせずに　やすらかに生きる
こんな小さな命にさえ……

カリンさんの聖書には、英子が、上記の言葉に添えて、あざみの絵を描いていた。私はこのことを、最近カリンさんから聞いて初めて知ったのである。

実際英子は、前に言及した小論「『野の花』はあざみ」を読んで以来、あざみに取り憑かれ、あざみの絵葉書を蒐集、自分のブラウスや枕カバーにあざみの刺繍をしていただけではなく、自分に「あざみ」という綽名をつけていた。同僚や学生たちが彼女を「あざみ先生」と呼んでいたほどである。――彼女の逝去一周年を記念して私が編集・上梓した遺稿集『弱さを絆に――ハンセン病に学び、がんを生きて』（教文館、二〇一一年）の表紙カバーにあざみの絵を配していただいた所以である。美しくもはかない命であった。

実は、最近になって私は、英子の蔵書の中に、本稿の冒頭で言及した滝沢克己『自由の原点・インマヌエル』（第四版・一九七二年）を発見した。この本の巻末余白に、「英子蔵書」の捺印、「一九七三／六／六　Aogaku Kobaikai」の購入日付と場所、「Eiko Metoki」の署名までしてあった（「目時」は英子の旧姓）。しかも驚くべきことに、私が本稿の冒頭でこの本の初版から引用した文章の最終部分（「この無償の恵みはいまもなお各自の脚下にあってその迷いを醒ますべく呼びかけていることを、その十字架の死に至るまで呼びつづけた」）に鉛筆で傍線が引いてあった。あるいは、英子は、滝沢先生の言われる「いまもなお各自の脚下にあ」る「無償の恵み」を、小論を介して、「あざみ」と重ね、自分もあざみのように在りたいと希ったのであろうか。

それにしても、滝沢先生は、マタイ版に記されている「空の鳥」→「野の花」の順序（この順序に関する限りルカ版も同様）を逆にして、「野の花 空の鳥」と揮毫しておられる。先生はとりわけ「野の花」を「愛された」（篠木祥子）からであろうか。

追記

本年（二〇一三年）一一月二七―二八日、私は西南学院大学のフォーカス・ウィークにおいてチャペル講話を二回、「事務局聖書に親しむ会」で講話を一回、それぞれ担当する予定である。本稿は、最後の講話に加筆して脱稿したものである。すでに私が小論「多くの人／すべての人のために――滝沢克己の思想射程によせて」（三島淑臣監修『滝沢克己を語る』春風社、二〇一〇年）の冒頭（四一頁）で言及したように、私がかつて西南学院大学神学部で集中講義をした際に、滝沢先生はそのクラスに出席されていた。今度の「講話」原稿も、それを基に加筆した本稿も、往年の先生を想いつつ用意したことを、感謝をもって付記させていただく。

（二〇一三年一一月一八日記）

『思想のひろば』（滝沢克己協会）二五号、二〇一四年

40　追悼　松本富士男さんを想う

松本富士男さんは、立教大学で三浦アンナ先生に師事し、その学統を受け継いで、日本の学界にキリスト教図像学の分野を開拓した重要な研究者・教育者の一人であった。「図像学」とは、「美術作品を解釈の対象とする歴史的研究の方法」である（木俣元一『岩波　キリスト教辞典』七六頁）。したがって、キリスト教史の比較的新しい一分野であり、少なくともキリスト教史学会において、松本さんはこの分野の第一人者であった。彼の代表作『イエスの原風景――聖の図像学』（神泉社、一九七五年）は、拙著『イエスとその時代』（岩波書店、一九七四年、第一九刷・二〇一二年）とそのテーマと出版時期において重なったこともあって、松本さんと私の間には研究の上でも深い交流があった。

更に、私の新著『ユダとは誰か――原始キリスト教と「ユダの福音書」の中のユダ』（岩波書店、二〇〇七年）の巻頭には、松本さんの高弟・石原綱成さんによる図像構成「イエスとの再会」が、その巻末には、石原さんの長文にわたる優れた論文「ユダの図像学」が併載されている。松本さんと石原さんとの心温まる師弟関係は、本誌前号（第一一五号、二〇一二年一二月）に掲載された石原さんの追悼文「松本富士男先生を偲んで」から、読みとることができる。私は松本図像学から、二代にわたって裨益されたことになる。ここに改めて感謝の意を表わしたい。

なお、前述の『ユダとは誰か』に次いで、『ユダのいる風景』（岩波双書　時代のカルテ、二〇〇七年）が公刊されている。この小著の冒頭にも「ペトロとユダ　赦された者と赦されざる者」と題する石原綱成さんによる図像構成が併載されているが、小著の「序」にあたる部分に私は次のように記している。「『ユダとは誰か』ではユダの歴史的実像に関心を寄せたのと対照的に、本書においては福音書記者をはじめとする歴代の著者や伝承者たちがユダをどのように解釈して読者に伝達しようとしたか、その結果ユダが代々の風景にどのような姿をとって存在するようになったか、という問題を注目していくことにする」。

拙著のタイトル『ユダのいる風景』は、前に言及した松本さんの代表作『イエスの原風景』からヒントを得たものであり、その内容は、石原さんによるユダに関する図像構成を傍証として叙述されたものである。松本－石原図像学と荒井新約聖書学・キリスト教史学は、こうしてクロスしていた。

以上のような松本富士男さんに対する研究上の想いとは別に、キリスト教史学会における彼への私の想いは、また格別である。私は、六期一八年間、キリスト教史学会の理事長の任にあったが、松本さんはすでに私の前任理事長・秀村欣二先生の時代から専務理事をされており、それを私の理事長時代にも引き継いでくださり、私は理事長時代最も長い間、彼にサポートしていただいた。

この間私は、創立以来多分に「同好会」的「学会」であったキリスト教史学会を、真に「学会」たらしめるべく努力したつもりである。この努力を――私の真意を深く理解してくれた上で――よくサポートしてくれたのが、ほかならぬ専務理事としての松本さんであった。彼は学術大会において、とくに図像学関係の研究発表には厳しい批判を繰り返し、しばしばそれを休憩時間にまで持ち込んで、若い研究発表者を泣かせたことさえあった。私はいささか厳しすぎるのではないかと危惧した時もあったが、彼は同時に、懇親会の後の二次会にまでその発表者を誘い、飲み会では打って変わって、発表者を彼のやさしさで包んだものである。前に触れた石原綱成さんによる追悼文を読んで、この辺の事情がよくわかったが、こうして松本さんは、キリスト教史学会の「質」を上げるべく、私をサポートしてくれたのである。

最後に、葬儀の後に、松本昌子夫人から、二〇一二年七月一一日付けで、荒井献宛に届けられた手紙の中に、荒井をはじめキリスト教史学会の方々に対する感謝の言葉が記されているので、その部分を引用させていただく。このお言葉の中で荒井はいささか理想化され過ぎているが、この言葉によって慰められたのはむしろ荒井自身であることを付記して。

松本にとってキリスト教史学会は最も有意義なしかも居心地のいい世界であったと思います。先生のことはずっと畏敬と親愛の念をもって見上げていました。葬儀の折に話しましたように、彼が師事し、あるいは交わりを持った方々は皆、いわゆるサラブレットでした。彼自身は、自分が駄馬であることを痛いほど自覚していたと思います。しかし、その方々に恩師として、畏友として、終生変らぬ敬愛をもって従っていけたことは言葉につくせぬほどの幸運であったと、本当に幸せな人生であったと、先生も含めて、その方々に、私も感謝しています。

『キリスト教史学会会報』第一五六号、二〇一三年

41　同期の桜

軍歌のタイトルを使って申し訳ない。しかし、私の現在の心境はこのタイトルにぴったりなのである。替え歌を披露すれば、次のようになる。

貴様と俺とは　同期の桜
離れ離れに　散ろうとも
花の都の　神の国
春の梢に　咲いて会おう

西村俊昭君と私は、東大教養学部で同期であった。その上、駒場寮で同室（中寮二〇番）、毎朝、当時駒場キャンパスの裏にあった浅野順一先生のご自宅（＝美竹教会）の早天祈祷会に通う仲であった。もっとも、少なくとも私が祈祷会に「精勤」したのは、祈り会に同席した先生の長女・

光子さんの美しいお顔を見たかったからでもあった。ところが何と西村は、その素振りも見せなかったのに、光子さんにラブレターを出し、それが成功して、在学中に彼女と結婚してしまった！

もともと西村は仏文学でアンドレ・ジッドに関する卒論をものし、将来は小説家になるはずであった。しかし卒業して間もなく光子さんと結婚し、その直後に肺結核を患い、入院中に（おそらく光子さんの影響で）旧約聖書専攻に「転向」したのである。

その間に、佐竹明さんの妹さんから聞いた有名な話がある。彼女が東京女子大の同窓会で光子さんと同席した折、「どうして西村さんと結婚したの？」と聞かれた光子さんは、こう答えたそうである。「私は西村の『価値』とではなく『存在』と結婚したの」と。

その後、西村は日本を代表する旧約学者の一人となった。しかし、光子さんが亡くなると、西村は急速に元気を失い、彼女の後を追うかのごとく、散って逝った。

木田献一君と私は職歴において同期であり、同僚であった。一九五八年に、二人は共に青学のキリスト教学科（後の神学科）助手に採用された。一九六九年に私が東大に転職するまで、私たちは同時に専任講師から助教授に昇進し、一一年間同僚であった。ただ、六〇—六三年に私がドイツへ、五九—六一年に彼がアメリカへ、七〇—七二年にドイツへ、それぞれ留学しており、この間いわゆる大学紛争で最も困難な時期に苦楽を共にできなかったことが残念至極である。

私が木田君に最も恩義を感じているのは、彼が亡妻英子の青学における指導教授だったことである。英子の逝去一周年記念会で木田君に最初にスピーチしてもらったが、その時彼は、繰り返し「今でも英子さんの喪失感はない」と言っていた。彼女は死んでも木田君のうちに生きていたのだろう。実際、英子がその遺稿集『弱さを絆に』（教文館、二〇一一年）のなかで繰り返し主張している次のような言葉には、恩師の研究・教育の影響が生きている。

苦しむ者に現われた神の業とは、彼を「救済の客体から解放の主体へ」と促す筋道であった。（九〇頁、三〇五頁）

伝道とは、遣わされる地とそこに住む人々の苦しみを分かち合うただ中で、神の言葉を宣べ伝える業である。（三六〇頁）

私もそう長くはないだろう。ゆるされれば『使徒行伝』注解の中・下巻を上梓したのちに、「同期の桜」の「春の梢に　咲いて会おう」。

『青山学院大学神学科同窓会／会報』No.37、二〇一三年

42　イエスのメッセージの現代的意味
――民衆神学と福音書研究

はじめに

こんにちは（アンニンハシムニカ）。

ただいま紹介いただいた荒井です。韓信大学校にお招きいただき、講演の機会を与えられたことを光栄に思い、心から感謝しております。

六〇数年に及ぶ新約聖書あるいは原始キリスト教研究において、私は、当初から韓国の民衆神学に多くを負っています。今日は感謝をもってそれを報告し、改めてイエスのメッセージの現代的意味を皆さんと共有したい。

1 「失われた羊のもとに」（ルカ福音書一章四節）

一九七四年に私は『イエスとその時代』と題する小著（岩波新書）を上梓した。この本はその後刷を重ね、一昨年に第二九刷が出版され、合計三〇万冊ほど出ている。この本の初版「あとがきに」に、私は次のように記した。

> 本書において私が試みたのは、イエスとその時代に対する歴史的接近である。当然のことながら私はこれを、イエス理解の唯一の方法などと毛頭思っていない。現に、地下にある韓国のキリスト者学生諸氏から私のもとに送られてきたメッセージの中で、彼らは——おそらく歴史的研究の余裕などほとんどないと思われるのに——イエスの志向するところを的確に言い当てている。イエス理解の基本は、やはり彼の振舞を現在において追体験するにあることを、あらためて思い知らされた。——イエスのどこに視座を据えてそれを追体験するかが問題であろうが。（二〇七頁）

この本は、民衆神学の担い手の一人・徐南同（ソ・ナンドン）牧師によって韓国語に訳され、韓国でもかなり多く刷を重ねていると聞くので、今引用した箇所を含めて本書を読んでいる方も皆さんの中にはいるかもしれない。

当時、韓国では朴正熙（パク・チョンヒ）大統領が軍事独裁政権を敷き、資本主義経済を優先して、貧富の差が拡大し、特に若年女子労働者への劣悪な条件、都市貧民層の増大をもたらした。一九七〇年の秋、これに抗議して全泰壱（チョン・ティル）が焼身自殺。この「代償」の死がきっかけとなって、知識人・牧師・学生キリスト者が民主化闘争に立ち上がった。政権は彼らに激しい弾圧を加え、彼らの多くが投獄された。

先に引用した文章の中で言及されている「地下にあるキリスト者学生諸氏」とは、この時代に弾圧下にあって、「地下運動」をしていた学生たちのことである。彼らは、当時民主化闘争をサポートするために渡韓した日本人牧師たちに託して、彼らのメッセージを日本の私たちにも届けてくれた。それを読んで私は驚いたのである。このメッセージの冒頭に、「失われた譬」（ルカ福音書一五章一―七節）の中の一句（四節）のみが引用されていたからである。

他方私自身は、長年にわたりこの譬を並行記事（マタイ福音書一八章一二―一四節／トマス福音書一〇七）と比較して伝承史・編集史的方法で研究し続け、この譬伝承の最古層をルカ福音書一五章四節に想定していた（『イエスとその時代』一三〇―一三一頁参照）。つまり、この想定は、民主化闘争においてイエスを「追体験」しつつあった韓国のキリスト者学生たちがその典拠としたイエスの譬の一句と重なっていたのである。――「あなたたちのうちの誰かが百匹の羊を持っていて、そのうちの一匹を失ってしまったとしたら、九十九匹を荒野に打ち捨てて、失われてしまったその一匹が見つかるまで、それを求めて歩いていかないだろうか」。

もっとも私自身にも、日本においてイエスを追体験する現場がなかったわけではない。当時日本は、一九六〇年代から七〇年代にかけて、国際的には日米安全保障条約に支えられて経済的には高度成長期を迎えたと言われるが、これは日本とりわけ沖縄の民衆のみならず、アジア諸国の民衆を犠牲とするものであった。そして、一九七〇年に大阪で開催された万国博覧会は、日本の経済発展を世界に誇示する象徴のようなものであった。にもかかわらず、日本のキリスト教指導者たちは、この会場にキリスト教会館を設置して、日本のキリスト教を世界に「誇示」しようとした。このような動向に対して、自覚的牧師たちをはじめとするキリスト者学生たちがラディカルな反対運動を展開したが、多くのキリスト教系大学の理事会はこれを学生の政治運動として禁じ、それに反抗した学生を機動隊の導入によって逮捕するという挙に出た。

当時、私は青山学院大学文学部神学科の助教授であったが、終始学生の側に立ち、理事会を批判したために、三回にわたって理事会から退職勧告を受けている。このような体験を背景にして、福音書の歴史的・批判的研究の成果を活かして、『イエスとその時代』を執筆したのであった。社会的に「失われた」民衆のもとに歩み続けたイエスに視座を置いてイエスを追体験した韓国のキリスト者学生たちのイエス理解は、私の研究の成果と重なっていたのである。

ルカ福音書一五章には、「失われたもの」を共通テーマとする三つの譬（「失われた羊」三―七節、「失われた銀貨」八―一〇節、「失われた息子」一一―三二節）が編集されている。そして、これらの

「失われたもの」は、すべて「悔い改める罪人」とみなされている（七、一〇、一七―一九）。しかし、「失われたもの」を「悔い改める罪人」の隠喩として読ませるのは、福音書を編集したルカであって、歴史のイエスではない。

なぜなら、これらの譬が語られた状況設定になっている一五章一―二節は、マルコ福音書二章一五―一七節（収税人や罪人たちとの食事に関する論争物語）を下敷きにしてルカが編集した部分であり、この物語を締めくくる「私は義人どもを呼ぶためではなく、罪人たちを呼ぶために来た」という有名なイエスの言葉（マルコ福音書二章一七節）が、ルカ福音書の並行句（五章三二節）では「私は義人どもを呼ぶためではなく、罪人たちを呼んで悔い改めさせるために来ているのだ」と改変されているからである。この「悔い改めさせるために」という、イエスが「罪人たちを呼ぶために来た」理由句は、明らかにルカがマルコ福音書の本文に加筆した編集句である。

しかも、「悔い改め」と訳されるギリシャ語の metanoia は、原意では認識と心性の方向性を一八〇度逆転し、「神」の方向を向くこと、すなわち、価値の基準を人間の過去性から神の将来性に転ずることである。したがって、これは「回心」と訳されるべきであろう。たとえば、ガリラヤにおけるイエスの「福音」宣教の第一声「時は満ちた、そして神の王国は近づいた。悔い改めよ、そして福音において信ぜよ」に用いられている「悔い改め」の勧めは、先に述べた意味における「回心」の勧告なのである。

ところが、ルカはその福音書において、このイエスの宣教第一声を削除して、metanoia あるいはその動詞形 metanoeō を、「罪人」がその悪行としての「罪」を「悔いて」「改める」という倫理的な意味で用いる場合が多い（たとえば一三章三節、一六章三〇節、一七章三、四節）。この場合のメタノアは、「回心」ではなく「改心」であろう。

実際、「失われた羊の譬」は「神の王国」の譬とされてはおらず、この一匹の羊は、その「罪」を「悔い改める」一人の「罪人」の隠喩として編集されている。

マルコ福音書において「罪人」は、律法とその細則を守ることのできない社会的弱者であり、つまり社会的概念であった。ルカはそれを、宗教的・倫理的概念にシフトしたのである。したがって、「失われた羊の譬」は元来、私見によれば「神の王国」の譬として語られた可能性がある。神の王国とは、人間とりわけ社会的弱者の命を生かす神の働きだからである（マルコ福音書一〇章一五節「アーメン、あなたたちに言う、神の王国を子どものように受け取らない者は、決してその中に入ることはない」、マタイ福音書二一章三一節「アーメン、私はあなたたちに言う、徴税人と売春婦たちの方が、あなたたち〔祭司長たちと民の長老たち〕より先に神の王国に入る」など参照）。

2　「ガリラヤへ」（マルコ一六章七―八節）

一九七九年に私は、上述した『イエスとその時代』の続巻として『イエス・キリスト』と題する著書を講談社から上梓した。同書で私は、歴史のイエスが彼に関する諸伝承（イエス伝承）を介し、マルコ、マタイ、ルカの三福音書の中に、それぞれに固有な「イエス・キリスト」として造形されるに至るまでの過程を追求した。

この本の巻末で私は、「ガリラヤへ」という小見出しの下、ガリラヤ教会創立者の一人・安炳茂（アン・ビョンム。当時、韓国神学大学教授）の文章を引用している。彼は、他の教授らと共に、一九七五年に韓国当局によってその職を解かれ、翌七六年には「民主救国宣言」に署名した廉で投獄され、翌年特赦されて、「ガリラヤ教会」を設立した。この「ガリラヤ教会」における「説教集」の日本語訳が一九七八年に『主よ、来たり給え』というタイトルで編集・出版されたが、その「まえがき」を執筆しているのが安炳茂である。彼は、第二次世界大戦中にドイツの「告白教会」が出した「バルメン宣言」を「独裁者の横暴を前にして」「キリストのみ」(sola Christus)に拠って「教会を防御しようとした決意の表明として高く評価し」ながらも、これを批判つつ、「ガリラヤ教会」設立者たちの「民衆の神学」の立場を次のように明確化している。

「キリストのみ」は、そのままわれわれの告白である。しかし、それが単なる観念にとどまらないためには、民衆のために生きたまもうガリラヤのイエスの行動に参与しなければならない。それ故に、御言葉を語られる神ではなく行動される神を、行動でもって告白しなければならないと考えた。この行動は、《民衆と共に》によって具体化される。

私はこの言葉と私の福音書研究の成果との対応関係を、次のように記している。

この人々は、復活のキリストに、地上のイエスがそこで民衆と共に生きたガリラヤで出会い、こうしてキリスト・イエスの生涯全体を、苦難の相において、自らの生に重ね合わせようとしている。ここにこそ、私がマルコ八・三〇（キリスト告白）を軸にして一六・七（ガリラヤ顕現予告）と一・一五（ガリラヤでの宣教第一声）との対応関係から読みとったマルコ福音書の構成全体が、まさに体現されているのではなかろうか。（『イエス・キリスト』五〇〇頁）

ただし、ここで想起すべきは、ペトロをはじめとする弟子たちは、彼らの師イエスが逮捕された後で彼を見棄てて「逃げ去って」おり（マルコ福音書一四章五〇節）、イエス復活後にその墓に香油を塗りに行ったマグダラのマリアをはじめとする女たちも、ペトロら弟子たちに対する天使によるイエスのガリラヤ顕現予告を聞いて、墓から「逃げ去って」恐ろしさの余りそれを誰にも言わなかった（一六章八節）ことである。こうしてマルコは、イエスに従い（一章一八節）彼に対して「あなたこそキリストです」と告白した（八章三〇節）ペトロをはじめとする弟子たちのみならず、イエスの十字架に至るまで「彼に従い、彼に仕えていた」女たち（一五章四一節）の「弱さ」という人間の限界を提示している。

にもかかわらず、マルコ福音書によれば、イエス自身が弟子たちに対して、ほかならぬ彼らの「躓き予告」の中で、彼の復活後に「あなたたちより先にガリラヤへ行くであろう」と約束しており（一四章二八節）、女たちに対しては復活の場面で天使がこの約束を弟子たちに伝えるように促している（一六章七節）。

マルコ福音書は、この約束を女たちが「誰にも何も言わなかった。恐ろしかったからである」という文言（一六章八節）でいささか唐突に終っている（ちなみに、九節以下は後代の付加）。このような唐突な幕切れに秘められているマルコの意図を、私はその後、いわゆる「ナラトロジー」（物語論）の用語を借りて、次のように説明した。

マルコ福音書の plotted time（物語の筋を構成するプロットとして、登場人物が配列された時間）は、一六章八節で切れている。しかし、history time（物語の展開が予想されている時間。マルコ福音書では、弟子たちがガリラヤでイエスに再会するまでの時間）は、物語に前提されているまま残っている。「物語時間」から「配列された時間」を差し引いた残りの時間（女たちの沈黙から弟子たちのイエスとの再会の時間）をどのようにして埋めるかは、読者のイマジネーションに委ねられている。

私は一九九一年三月に、東京大学で、「プロローグとしてのエピローグ――マルコ福音書一六章七―八節によせて」と題して最終講義をした。この講義の最後に、私はマルコ福音書の最後の一句から得た私のイマジネーションに基づき、マルコのメッセージを、以下のように再現している。

マルコはイエスに従い仕えた女たちを、まことの弟子として、イエスに従い得ない男弟子たちの対極として描きながら、最後の場面で、この女たちも、ペトロらにガリラヤでの再会を約束したイエスの言葉を伝達するようにという天使の命令に従い得なかったこと、つまり女たちの限界を示したのは、今までこの女たちに自らを同一化して読んできた読者、とりわけ女性の読者に、彼女らへの天使の命令を自ら果たすことを促している。そして男性の読者には、その命令を受けてガリラヤでイエスに出会う道行へと出発し直すことが求められている。ここで男と女は同一の地平に立ち、お互いに助け合って人間としての弱さを克服し、彼らにとってのガリラヤでイエスと再会すること、彼に従って仕えることが許され、約束されている。（『問いかけるイエス――福音書をどう読み解くか』ＮＨＫ出版、一九九四年、第五刷・二〇〇三年、三五九頁）

おわりに

私は、上述の著書『問いかけるイエス』において、イエスはそのメッセージを、とりわけ譬で語ったメッセージを、聴衆への「問いかけ」でもって閉じている（たとえば、マタイ福音書二〇章一五節「葡萄園の労働者たちとその主人の譬」、ルカ福音書一〇章三六節「よきサマリヤ人の譬」、一五章四、八、三二節「失われたものの譬」）、そして各福音書は、このようなイエスの問いかけに対する「応え」

として読み取られるべきではないか、という問題を提起した。私は現在、このイエスの「問いかけ」の究極が十字架上におけるイエスの死にざまであったと想定している。

イエスは十字架上で「大声を放って息絶えた」(マルコ福音書一五章三七節)。マルコはこれを最期のイエスの「問い」として受けとめ、それに対する「応答」としてイエスの受難・復活物語を構成した。

マルコによれば、十字架上のイエスの最後の言葉は、「エロイ、エロイ、レマ、サバクタニ、わが神、わが神、どうして私をお見捨てになったのですか」(一五章三四節)であった。このような神への「問いかけ」をもって息絶えたイエスを見て、ローマの百人隊長は告白した、「ほんとうに、この人間こそ、神の子だった」と(一五章三八節)。

このような意味における「神の子」イエスを、彼の復活物語に登場する天使の言葉によれば、神が「起こされた」(一六章六節)。そして、天使は女たちに告げる、「行って、彼(イエス)の弟子たちとペトロに言え、『彼はあなたたちより先にガリラヤへ行く。そこでこそ、あなたたちは彼に出会うだろう』、と。彼がかねてあなたたちに語った通りである」、と(一六章七節)。ところが女たちは、それを「誰にもひとことも言わなかった。恐ろしかったからである」(一六章八節)。ここでマルコ福音書は唐突に終っている。このような結末が、イエスの問いかけを受けた、福音書記者マルコの読者に対する問いかけであることは、上述の通りである。

とすれば、韓国におけるガリラヤ教会の創設者たちは、マルコを介するイエスの「問いかけ」

に対して、彼らの行動をもって応答したことになろう。私たちはもちろん現在、彼らとは違う状況に置かれている。しかし私たちは問われている――「現在のガリラヤにおいてあなたたちは、あなたたちの優れた先達に倣い、イエスの問いかけに応えてどのような教会を創りだすのか」と。

ご清聴ありがとうございました。

（二〇一四年一一月二八日、韓信大学における講演）

追記

筆者はこの講演を基に、二〇一六年六月二五日、大阪で開かれた「安炳茂著作選集刊行記念公開講演会&シンポジウム・二一世紀の民衆神学――日韓の神学的対話を求めて」において基調講演をした。その内容は、「イエスの問いかけに応えて――民衆神学の現代的意味」と題して、『キリスト教文化』、二〇一六年秋、かんよう出版に掲載されている。

43 「あなたはどこにいるのか」

――今、聖書とキリスト教史に学ぶ者として

イエスは群集に、「あなたたちは、地と空との模様を吟味するすべを知っていて、どうして〔今の〕この時を吟味するすべを知らないのか。また、あなたたちはなぜ、正しいことを自分自身で判断しないのか」と問うている（ルカ福音書一二章五六―五七節）。（以下、聖書からの引用は岩波訳による）。

この「時」（ギリシア語で一般的に「時」「時間」を表現する「クロノス」ではなく、「好期」「機会」を意味する「カイロス」）とは、イエスがその「徴」（マタイ福音書一六章三節参照）として生きた「神の王国」であり（ルカ福音書一七章二一節「神の王国はあなたたちの〔現実の〕只中にあるのだ」）、「神の王国」とは「いのちを生かす神の働き」である。にもかかわらず、現実にはこれを知らず（トマス福音書語録九一「あなたたちは、あなたたちの面前にあるものを知らなかった」参照）、これに逆らって、結果的にはいのちを殺す働きが世に満ちている。どうしてあなたがたは、「正しいことを自

分自身で〔批判的に〕判断し（ギリシア語で「クリネイン」）ないのか」（ルカ福音書一二章五七節）。

当時ユダヤは、ローマ帝国の属州の一つであり、ユダヤ人はローマ帝国が武力によって創り出した「ローマの平和」（Pax Romana）を享受していた。この「平和」は、「武力」（force）に基づく帝国とその傀儡国家を守るために、それに抗って社会的弱者をいのちの「力」（power）の支配領域（「神の国」）に招いたイエスの命を十字架上に殺した。

昨年の今頃私は、孫の森平立衛に促されて、小宮愛さんと一緒に映画「ハンナ・アーレント」を観た。アーレントはナチス政権によるユダヤ人迫害を辛くも免れてアメリカに亡命した政治哲学者。この映画の台本となった、アーレントによるアイヒマン（ユダヤ人抹殺計画の実行責任者）裁判傍聴記（『イェルサレムのアイヒマン』）によれば、アイヒマンの「悪」は、人間に根源的な悪魔的力というよりも、時の流れに順応して、自分の責任を他人に転嫁する「陳腐さ」「凡庸さ」にある。これは人間に普遍的なもので、ユダヤ人でさえその責任を免れない。これは、人間が他者と共に生きるための「思考力」と「判断力」の欠如に由来する。――彼女が、大学時代の恩師であり恋人でもあったハイデガーから「思考力」を継承しながらも、彼と離別したのは、彼に「判断力」が欠如していた（その結果ナチスに協力した）ことが原因ではなかろうか。いずれにしても、当時の「ドイツ・キリスト者」（Deutsche Christen）は、この「悪の凡庸さ」に流されていたドイツ・プロテスタントの最大組織であった。日本基督教団の成立も、まさにこれに通底していた。ヒトラー暗殺計画に加担して敗戦直後に処刑された牧師ボンヘッファー、教会闘争の結果八年間投獄されていた牧師ニーメラー、日本の植民政策を批判したために東大から追放された矢内原忠雄などは、いずれもほとんど例外的に「〔今の〕この時」あるいは「時の徴」を吟味し、それを批判的に判断する力に生きたのだ。

もっとも、ニーメラー牧師でさえ、ナチが教会を攻撃するまで、（今朝の使信の主題とした）「あなたはどこにいるのか」という神の問いかけ（創世記三章九節）に気づかなかった。この問いかけに彼は、有名な詩で応えている。

ナチが共産主義を襲ったとき、
自分はやや不安になった。
けれども結局自分は共産主義者でなかったので
何もしなかった。
それからナチは社会主義者を攻撃した。
自分の不安はやや増大した。
けれども依然として自分は社会主義者でなかった。
そこでやはり何もしなかった。
それから学校が、新聞が、ユダヤ教徒が、
というふうにつぎつぎと攻撃の手が加わり、

そのたびに自分の不安は増したが、
なお何事もしなかった。
さてそれからナチは教会を攻撃した。
私は教会の人間であった。
そこで自分は何事かした。
しかし、そのときはすでに手遅れであった。

キリスト教史とは、新約聖書を創出した原始キリスト教時代以来、その端緒となったイエス・キリストの問いかけに応えた信仰共同体の歴史である。それは、イエス・キリストの影響史と言えよう。私たちは、この教会に連なる者として、私たちはその歴史に学ぶ者としてその時代のキリスト者がイエスの問いかけにどのように応えたかを学びながら、私たち自身がそれにどう応えるかという問いを持ち続けなければなるまい。そもそも歴史は、歴史的事実とそれに対する解釈の循環、すなわち「解釈学的循環」によってのみ成り立つのだから。

聖書は「エデンの園」の物語（創世記三章八―一三節）からして象徴的である。――人間に内在する、自己絶対化への根源的性向を象徴する蛇（悪魔）の唆しによって禁断の「知恵の木の実」を食べた女は、その実を夫にも与え、彼もそれを食べた。夫婦は「その日の風が吹くころ、園を往き来する神ヤハウェの〔足〕音を聞いた。人とその妻は木々の間に身を隠した。神ヤハウェは、人に呼びかけて言った、「あなたはどこにいるのか」。彼は言った、「園であなたの足〔音〕を聞き、自分が裸なので、おそれて、隠れたのです」。そこで神ヤハウェは言った、「あなたが裸であると、誰があなたに告げたのか。わたしが取って食べることを禁じた木から〔実を〕取ってたべたのか」。人は言った、「あなたが私〔伴侶〕にと与えて下さった妻がその木から〔実を〕取って私に与えたので、私は食べました」。神ヤハウェは妻に言った、「あなたは何ということをしたのか」。彼女は言った、「蛇が私を欺いたのです。それで、食べました」。

知恵の木の実を取って食べた責任を、夫は妻に、妻は蛇に転嫁している。原罪は蛇（悪魔）に由来すると言われるが、人間の罪はむしろそれを他人に転嫁して自ら責任を取らない人間の「凡庸さ」にある。

今は、誰が見ても、「強さ」志向の時代である。七月一日に閣議決定された「集団的自衛権」は、要するに、「国民の命を守る」ことを口実に、強大な軍事力に基づく「アメリカの平和」（Pax Americana）に加担して、社会的弱者を排除し、外敵を剣で殺す「強さ」志向実現への道を拓くものである。

しかし、イエスは断言した、「アーメン、あなたたちに言う、徴税人や売春婦（「弱さ」に生きる人々）の方が、あなたたち（司祭長たちと民の長老たち、すなわち「強さ」に生きる人々）より先に神の王国に入る」（マタイ福音書二一章三一節）。そして彼は、自ら徹底して「弱さ」に生き、強さ志向の時代に抗い、十字架死を遂げた。「彼に向かい合って立っていた百人隊長（「強さ」の権化）

は、彼がこのように息絶えたのを見て言った、「ほんとうに、この人間こそ神の子だった」」（マルコ福音書一五章三九節）。

私たちは、このような信仰告白の影響史としての新約聖書とキリスト教史に学びながら、「強さ」の陰に隠れ、悪の「凡庸さ」に甘んじて、「〔今の〕この時代」を吟味し、それを自ら批判的に判断する力に生きていないのではないか。

今、問われているのは私たちである、「あなたはどこにいるのか」と。

週報などでご存じのように、今年度（二〇一四年）の夏季集会は八月三〇日（土）と三一日（日）の二日間に開かれることになっている。主題は、「今、教会の課題とは」であり、一日目に渡辺祐子先生（明治学院大学教授、宇都宮松原教会会員）がこの主題に沿い「対話の回路をつくり出すために」と題して講演をしてくださることになった。この夏季集会の準備の一つとして、六月の懇談礼拝で石井智恵美牧師が今年度の宣教標語〈命の喜びと悲しみを分かち合う群れ〉をテーマに使信をされた。私も今朝、同じく夏季集会の準備の二つ目として使信を引き受けた。もっとも、今朝の私の話の元原稿は、『キリスト教史学会報』（第一五九号、二〇一四年三月発行）に掲載された小論である。これを使信向けに改稿して、皆さんとの懇談に供したことをおゆるし願いたい。

（二〇一四年七月四日、まぶね教会使信）

44　最後のパウロ
――使徒行伝二八章三〇―三一節に寄せて

はじめに

使徒行伝は、ローマにおけるパウロの宣教活動の描写で唐突に閉じられている。――「彼は、自分の借家に、まる二年間住んだ。そして、彼のもとを訪れて来る者をことごとく迎え入れた。実に大胆に、妨げられることもなく、神の王国を宣べ伝え、また主イエス・キリストのことを教えて」（二八・三〇―三一）。

ところで、一九九一年三月一二日に私は、東京大学教養学部において「プロローグとしてのエピローグ――マルコ福音書一六章七―八節に寄せて」というタイトルで最終講義をした。この講義は、同年秋に発行された季刊誌『哲学』（vol.V-1）にほぼ原稿のままで掲載されている。(1) この講義の中で私は、次のようなテーゼを提起した。

一六章八節で唐突に終るマルコ福音書のエピローグ（七―八節）は、読者に対して、この福音書のイエス物語の筋（プロット）に割り当てられた登場人物の時間（plotted time「配列された時間」）、すなわち一六章八節で終了する福音書で叙述の対象とされている時間を越えて、イエスが復活後ガリラヤで弟子たちに出会うであろう（一四・二八、一六・七）という、イエス物語の中で予想されている時間（story time「物語時間」）を自らの行動によって担うように促している。そのためには、福音書の「再読」を必要とする。この意味で、マルコ福音書のエピローグは、読者にとって自らの読書行為と宣教行動のプロローグとして機能する。(2)

月刊誌『福音と世界』二〇一三年一二月号で使徒行伝の注解連載を完結し、私は――その限りにおいて――マルコ福音書におけると同様に――唐突に終る行伝のエピローグ（二八・三〇―三一）をも、如上と同じ物語論的視点から説明できるように思い至った。

ただし、マルコの場合は、福音書の読者に対して、イエス物語の「物語時間」をガリラヤにおけるイエスとの出会いという未来から「［神の子］イエス・キリストの福音のはじめ」（一・一）に遡行し、「配列された時間」を越えて福音書の再読と宣教を促すのに対して、ルカの場合は、福音書・行伝の読者に対して、イエス物語と使徒たち／パウロ物語の「物語時間」をエルサレムから「もろもろの国民に」（ルカ二四・四七）「地の果てに至るまで」（使一・七）イエスを証しする未来に設定し、イエスの誕生からパウロの最後の活動に至る「配列された時間」を越えて「神の王国」と「主イエス・キリストについてのこと」の宣教（使二八・三一）を促している。
他方私は、ルカのいわゆる「最初の書物」（使一・一）における叙述対象を「イエスの時」とすれば、行伝のそれは「教会の時」ということになることを認めながらも、行伝の叙述範囲はルカが行伝を著作している時点に至るまでの時全体にはなっておらず、それはエルサレムからローマに至る時で区切られている、つまり「教会の時」は行伝の叙述対象とされている「教会のはじめの時」から区別されている、ルカはこうして、「教会の時」に属する読者に、「教会のはじめの時」の理想像を規範として提示することにより、読者の信仰を覚醒・強化する意図をもっていたと思われる、と想定した。(3)(4)
この想定を先に述べた物語論的考察に重ねれば、次のようになるであろう。すなわち、行伝の三分の二を占めるパウロ物語において予想されている「物語時間」からパウロ物語に「配列された時間」を差し引いた、「物語の読者の時間」が「教会の時」となり、配列された時間の最後の叙述内容となる二八・三〇―三一は、教会の時に属する信徒たちに彼らがそれを継続すべき規範として提示されている。したがって、物語時間において予想されている「地の果てに至るまで」の異邦人宣教（一三・四七参照）が実現され始めた、ローマにおけるパウロによる宣教活動の叙述で配列された時間が終るのは、ルカの行伝執筆意図に相応しい。彼がパウロの死を知っていた（二〇・二五、二九参照）にもかかわらず、パウロの最期について記さなかったのは、彼の著作意図からみてその必要がなかったからである。(5)

いずれにしても、ルカが行伝の読者に提示する「最後（行伝物語の終わりの部分）のパウロ」のローマにおける宣教活動の意味を明確化するためには、彼がパウロの最期（命の終る時期、死に際）についてどの程度知っていたのかを推定しておく必要があろう。

1　パウロの最期

パウロの最期に関する最初の証言は、九〇年代の後半にローマ司教クレメンスがコリントのキリスト者に宛てて書いた手紙の中に見出される。

> 嫉妬と諍いのため、パウロは忍耐の賞に至る道を示した。彼が東方においても西方においても、福音の説教者として登場した時、七度鎖に繋がれ、追い払われ、石で打たれたのだったが、そのため彼はその信仰の栄ある誉を得たのであった。彼は全世界に義を示し、西の果にまで達して為政者たちの前で証を立てた。かくして世を去り、聖なる場所へと迎え上げられたのだ――忍耐ということの最大の範例となって。（Ｉクレ五・五―七）[6]

この手紙はクレメンスがコリント教会における長老の座をめぐる紛争を戒めるために発信したもので、紛争の原因が「嫉妬と諍い」にあり、苦難に「忍耐」をもって耐えて証を立てることを勧告しており、前の文脈（四・一以下）でその事例をアベルからペトロに至るまで列挙して、パウロにまで及んでいる。したがって、パウロの苦難と殉教が「嫉妬」の結果であるというのはクレメンスの修辞的構成で、史実に基づくものではない。また、パウロが全世界に宣教して、「西の果てまで達した」という文言は、パウロ自身がローマの信徒たちへの手紙の中で、ローマからイスパニアへ行く希望を述べている箇所（ロマ一六・二四、二八）を受けていると思われる。クレメンスはパウロの手紙を読んではいるが、使徒行伝は知らなかったと想定されるからである。クレメンスによれば、パウロは「西の果てまで達して為政者の前で証を立て」、その結果「世を去り、聖なる場所へと迎え上げられた」。彼はイスパニアで宣教して、官憲によって逮捕・監禁され、殉教の死を遂げた、というのであろう。この手紙には、どこで「世を去った」のか明確には述べられていない。(7)

二世紀後半に成立した想定される『パウロ行伝』の最後部分（一一・一―七）にあたる「聖なる使徒パウロの殉教」によれば、パウロはローマで皇帝ネロの命により斬首刑に処せられた。――ローマ郊外の借家に住んでいたパウロのもとに「真理の言葉」を聴きに集まった数多くのローマ人（使二八・三〇―三一参照）、とりわけ「皇帝の家の人々」（フィリ四・二二参照）の中にパトロクロスというネロ帝の「酌取り」がいた。彼は大勢の聴衆のため部屋に入ることができず、高い窓からパウロの話を聴いていたが、窓から落ちて死に、パウロは彼を蘇生させた（使二〇・九以下参照）。彼からそれを聞いて恐れたネロはパウロを斬首刑に処したが、パトロクロスと共にキリスト者となったロングスと千人隊長ケストゥスがパウロの墓に行って見ると、パウロが二人の男（ルカ二三・五参照）の間に立っていた。

以上のパウロ殉教物語は、明らかに、マコ一六・九以下が元来一六・八で終っていたマルコ福音書への補遺であると同じように、使徒行伝への付加物語とみなされよう。(8)

ところが、同じ二世紀末に成立したと想定されている『ムラトリ正典目録』三六―三九行には、使徒行伝に関連して次のように記されている。

ところで、すべての使徒たちの行状は、一書の中に記載されている。ルカは「テオピロ閣下」に、その在職中に生起した事どもを述べた。これらのことを彼はペテロの受難とパウロのローマ市を去りイスパニアへの旅立ちを省略することによって明らかにしている。(9)

この記事には、使徒行伝が「われら章句」によって断片的に綴られており、この章句は「私たちは、ローマに到着した」（使二八・一四、一六）ところまで続いており、この章句を書いたのはパウロの「同行者」にして「医者」であるルカなること（コロ四・一四、フィレ二四）が前提されている。したがってこの記事によれば、ルカは「ローマ市を去りイスパニアへの旅立ちを」知っていながら、それを「省略することによって」「すべての使徒たちの行状」を「一書の中に記載」した。

しかし、行伝の著者はパウロの「同行者」ルカとは別人であり、著作年も九〇代の後半である。[10] ここで注意すべきは、使徒行伝とクレメンスの手紙とが、その著作年代において重なっていることであろう。前述のように、クレメンスは行伝を読んではおらず、パウロのイスパニア宣教に関する記述は、ロマ一五・二四、二八の宣教予告によっており、他方ルカは、行伝の物語時間（一・八、一三・四七）において「地の果て」までの証言予告を前提していながらも、それがイスパニアを示唆することまで意識していない。ただ、パウロの死については、それをルカは暗示しており（二〇・二四、二五）、クレメンスはそれを「西の果てにまで至る」「為政者たちの前で」立てた「証」の結果とみている。そして『パウロ行伝』によれば、パウロのローマにおける「まる二年間」（使二八・三〇）の宣教後に行われた宣教活動に対する皇帝ネロの迫害、斬首刑であった。

使徒行伝のエピローグを受けながらも、パウロの殉教に関するクレメンスの記事とパウロ行伝の記事とを結びつけたのが、四世紀に著わされたエウセビオス『教会史』（Ⅱ、二二、一―二。二五、五）である。――ルカはパウロがローマで丸二年間自由な身で過ごし、妨げられずに神の御旨を宣べ伝えたところで物語を終えている。「伝承によれば」第一回の裁判にかけられた後、解放されて教えの奉仕のために（イスパニアまで）遣わされ、再びローマに足を踏み入れ、第二回の裁判で有罪判決を受け、ネロ帝の命によって斬首された。したがって（ペトロの殉教と共に）パウロの殉教は、ネロ帝によるキリスト教徒迫害の時、つまり六四年である。[11]

以上、パウロの最期に関する四種類の記事から彼の殉教の歴史的詳細を確定することは不可能である。[12] ただし、これら四つの記事の中で共通している一点は、パウロがローマで死を遂げたことである。ルカもまた、先にも言及したように、そのことは知っていた。彼がローマにおけるパウロの宣教活動期間を「丸二年」と限っていることも、その後にパウロがローマで死んだことを前提していよう。[13]

2　最後のパウロ

ルカがパウロの最後を物語る際に、彼の死を前提しながらも、それについて、とりわけ殉教死について直接言及しなかった理由として、しばしばルカがローマ帝国に対して護教的であることが挙げられる。[14] 確かにルカによれば、パウロがエルサレムでユダヤ人の迫害を免れたのは、ローマ官憲の介入によってであり（二一・二七以下）、カイサリアにおけるパウロ裁判でもローマ総督フェストゥスのみならずローマ皇帝の傀儡王アグリッパ二世も死罪に当たるパウロの罪を認めていない（二五・八、二五。二六・三一）。そもそもパウロがローマに到達できたのは、彼自身がローマ市民の特権を利用して皇帝に上訴し（二五・一一）、それが総督によって承認され（二五・一二）、百人隊長によってローマまで海路手厚く護送された結果である（二七・一以下）。

しかし他方、ルカによればパウロはローマの官憲を批判的にも描いている。「囚人」パウロから賄賂を取る魂胆を持っていた総督フェリクス（二四・二八）、パウロの「宣教」的弁明を「気が狂っている」と言って遮った総督フェストゥス（二六・二四）など。要するに、「ルカ（のパウロ）は国家に対して批判的忠誠の立場を体現する」。[15]

こうしてみると、ルカがパウロのローマにおける最後の宣教活動を要約的に報告するに際して用いている「妨げられることなく」という表現に、「ローマの支配体制によって」が含意されている可能性を否定することはできないとしても、この表現からキリスト教に対するローマ当局の「好意」を読み取る[16]ことはできないと思われる。前述したように、ルカはこの報告におけるパウロの宣教活動を読者に対する規範として提示しているとすれば、この句は、ルカが当節を記している時点でローマ帝国による迫害下になかった——おそらくドミティアヌス帝によるキリスト教徒迫害（九五年）以後であった——ことを暗示していよう。[17]

こうしてパウロは、ルカによれば、「神の王国を宣べ伝え、また主イエス・キリストについてのことを教えて」いた。行伝において「神の王国」は、イエスの「福音」の総括的術語であり（とりわけ二八・二三、一・三参照）、「主イエス・キリストについてのこと」もルカの好む用語であって（とりわけ一八・二五、ルカ二四・一九参照）、「宣べ伝える」（あるいは「告げ知らせる」）ことと「教える」ことは異語同義なのである（五・四二参照）。しかも三一節は、ギリシア語本文では三〇節の「彼（パウロ）のもとに来た者をことごとく迎え入れた」（「迎え入れた」にあたるギリシア語動詞 ἀπεδέχετο は ἀποδέχομαι のアオリスト形。この動詞も新約ではルカ文書でのみ用いられている）を受けて、現在分詞形で綴られている。その上ルカは、このような行伝のエピローグを読者に対しプロローグとして機能させようとしているとすれば、彼はこれをもって読者に福音書・行伝の再読を促していると思われる。

行伝の読者にとって「主イエス・キリストについてのこと」とは、ルカが行伝に先立って著わした「最初の書物」（使一・一）、すなわち『福音書』のイエス物語のことである。ルカはその「献辞」において、先行する（おそらくマルコ福音書を含む）イエス物語に飽き足らず、それらを編み直して叙述する意図を「テオフィロス閣下」に申し述べている（ルカ一・一―四）。そして実際に、イエスが宣教し、弟子たちにもそれを宣教するように命じたのは「神の王国」であった（ルカ四・四三 diff. マコ一・三八、ルカ八・一、九・二 diff. マコ六・七、ルカ九・一一 diff. マコ一六・三四、ルカ九・六〇 diff. マタ八・二二、ルカ一〇・九 diff. マタ一〇・八、ルカ一六・一六 diff. マタ一一・一二）。

行伝では、顕現のイエスが「神の王国」を語り、これを受けてフィリッポス（八・一二）が、そしてパウロが「神の王国」を宣教している（一九・八、二〇・二五、二八・二三、三一）。

ルカによれば、イエスの宣教を担ったパウロは、イエスの場合と同じように、ユダヤ当局、ローマ官憲による「受難」を結果した。注目すべきは、イエス裁判とパウロ裁判がパラレルを成していることである。イエスとパウロ共に、彼らの裁判は、ユダヤ当局の尋問（ルカ二二・六六―七一／使二二・三〇―二三・九）→ローマ総督の尋問（ルカ二三・一―五／使二五・六―一二）→ユダヤ王の謁見（ルカ二三・六―一二／使二五・二三―二六・二九）という順序を経て行われ、イエスの場合はローマ総督の再度の尋問によって十字架刑が確定される（二三・一三―二五）のに対して、パウロの場合はローマ皇帝への上訴が総督によって受理される（二五・一二）。しかも、いずれの場合も、ユダヤ人の死刑要求に対し、ローマ当局は無罪を認めている（イエスの場合、二三・四、一四、二二、パウロの場合、使二三・二九、二五・二五、二六・三〇）。イエスは死人から最初に甦らされ、パウロはこの甦りの希望を証したが故にユダヤ人によって告発され（二三・六、二四・一五、二八・二〇）、「エルサレムで私のことを証したと同じように、ローマでも証しなければならない」という「主」イエスの使命預言（二三・一一）が行伝を締めくくる一句（二八・三一）において成就することとなる。

ルカは、マルコ福音書では絶叫で終るイエスの十字架上における凄惨な最期（一五・三七）を、自らの霊を神に委ねて息絶える静謐な最期（二三・四六）に改訂している。ルカにとってイエスは「神の義人（罪なき人）」であった（二三・四七、使三・一四、二二・一四）からである。パウロもまた、回心後も律法に忠実なファリサイ人なのである（使二三・六、二六・五）。

他方、ルカによれば、病める者の癒しがイエスの説く「神の王国」現臨（ルカ一七・二一）の徴である（一一・二〇。八・一—二、九・二、一一、一〇・九参照）。それは病人を癒し、彼らから悪霊を追放する神の力の支配であって（ルカ六・一九 diff. マタ四・二四）、これはパウロによる癒しの奇蹟にも通底する（使一九・一一—一二）。この意味で、苦しむ者への「癒し」が「人間の尊厳」の回復であったことを示唆するイエスの言葉も見出される（ルカ一三・一六）。[18]

しかし、たとえば「長血の女の癒し」物語のルカ版（八・四三—四八）では、そのマルコ版（五・二五—三四）における女の「苦しみ」（二九節）、とりわけイエスによる「苦しみからの解放」（三四節）が、その並行箇所（四五、四八節）で削除されている。行伝でもパウロがフィリピで一人の少女奴隷から悪霊を追放するが（一六・一六―一八）、彼女の「苦しみ」には関心を示していない。ルカの関心は、癒される女性よりもむしろ癒すイエス／パウロの力のほうに移行している。このことは、病人もその中に含まれる「罪人」に対してルカ版のイエスが「悔い改め」を求めていることに関連していよう（ルカ五・三二 diff. マコ二・一七）。ルカにとって「罪人」は、社会的に差別されていた人々であるよりも、むしろ倫理的に堕落した人々なのである。実際ルカは、「失われたもの」の回復をテーマとしたイエスの譬話を三つも福音書一五章に採用しながら、これを「悔い改める罪人」（七、一〇節）の比喩的表現にとっている。このようにルカはイエスの譬話を倫理化して解釈するよう促すために、もはや「神の王国」の譬ではなくなっている。[19]

ルカの場合、「悔い改め」は「神の王国」に直面した人間の「回心」（マコ一・一四）ではなく、「罪の赦し」に至り（ルカ三・三 diff. マタ三・一、二四・四七、使二・三八。三・一九、五・三一、八・二二、二六・一八、二〇をも参照）、洗礼あるいは霊を受領（使二三・八、一一・一八）するための「改心」である。[20]「イエスの時」においては邪心から真心への転換であり、「教会のはじめの時」においては真の神への「立ち帰り」とその実践である（使三・一九、二六・二〇）。したがって、福音書の末尾において顕現のイエスが十一人の弟子たちに言う、（旧約）聖書に書いてあるように、「彼（キリスト）の名において罪の赦しに至る悔い改めが、もろもろの国民に宣べ伝えられる。エルサレムから始めて、あなたたちこそこれらのことの証人となるであろう」（二四・四七―四八）

と。これに対応して、ペトロによる「罪の赦しに至る悔い改め」と「洗礼」の勧めが先ずイスラエルに（二・三八、三・一九）、次いで異邦人に（一〇・四八）向けられ、パウロの宣教も先ずユダヤ人に向けられるが、彼らの反抗により異邦人にシフトされ（一三・四六、一八・六）、それがローマにおいて決定的となる（二八・二八）。「最後のパウロ」の宣教活動（二八・三〇―三一）は、こうして異邦人の読者に規範として開かれているのである。

3 おわりに

上述したように、ルカは福音書の献辞の中でマルコ福音書を含むイエス物語を批判的に改訂して、自らのイエス物語を提示する意図を表白している。この意図は、彼が第二巻として著わした使徒行伝にまで貫かれており、ルカはとりわけ受難物語においてイエスにパウロを重ね、受難を介してパウロをローマに至らしめる。ルカによれば、こうしてパウロは、「地の果てにまで、私の証人になるであろう」という、使徒たちに対するイエスの使命預言（一・八）をローマで果たし、その実現を「教会の時」を担う読者に委ねている。とすれば私たちもまた、ルカに倣い、福音書のイエス物語と行伝のペトロ／パウロ物語を批判的に吟味して、イエスのリアリティーを現代に問うことを求められている。

注

（1）この講演はその後、「女たちの沈黙――マルコ福音書一六章八節に関する『読者の視点からの考察』」と改題・増補して、WAFS刊行会編『主のすべてにより人は生きる――K・M・ワルケンホルスト先生六十五歳記念論文集』リトン社、一九九二年、拙著『聖書のなかの差別と共生』岩波書店、一九九九年、『荒井献著作集』第三巻、岩波書店、二〇〇一年に収録されている。

（2）「配列された時間」と「物語時間」との物語論的区別については、N・ピーターセン『新約学と文学批評』宇都宮秀和訳、教文館、一九八六年、一一七―一二八頁参照。マルコ一六・八の結び――女たちの沈黙――から私は、次のような、読者に対するマルコのメッセージを読み取っている。「マルコはイエスに従い仕える女たちをまことの弟子として、イエスに従いえない男「弟子」の対極として描きながら、最後の場面で、この女たちもイエスとの再会約束伝達に従いえなかったこと、つまり女たちの限界を明示することにより、今までこの女たちに自らを同一化して読んできた読者、とりわけ女性の読者に、彼女らへの命令を自らは果たすことを促している。そして男性の読者には、その約束を受けて、ガリラヤでイエスに出会う道行へと出発し直すことが求められている。ここで男と女は同一の地平に立ち、神の言葉に対する信頼によってその弱さを克服し、彼らにとってのガリラヤでイエスと再会すること、彼に従って仕えることがゆるされて、約束されている」（前掲『聖書のなかの差別と共生』一七一頁）。

（3）H・コンツェルマン『時の中心――ルカ神学の中心』田川建三訳、新教出版社、一九六五年、二六頁。

（4）拙論「概説 使徒行伝」『荒井献著作集』別巻、岩波書店、二〇〇二年、一四〇―一四一頁。（本書に「補論」として収録した拙論の改訂版では、四二一頁。）

（5）このような結論に関する限り、上村静「ルカはなぜパウロの最期を記さなかったのか」『新約学研究』第四一号、二〇一三年、七―二六頁、特に一九頁。Wm. F. Brosend II, The means of Absent Ends, in: History, Literature and Society in the Book of Acts, ed. by Ben Witherington III, Cambridge, 1996, pp.348-362, 特に358-362と同様である。

（6）小河陽訳。『使徒教父文書』荒井献編、講談社文芸文庫、一九九八年、八六―八七頁。

（7）H. Löhr, Zur Paulus–Notiz in Clem 5,5-7, in: Das Ende des Paulus. Historische, theologische und literaturgeschichtliche Aspekte, hrsg. von F. W. Horn, Berlin・New York, 2001, S.198-213 参照。Löhr は、パウロがイスパニアで殉教したとみている（S.213）。

（8）C. Büllesbach, Das Verhältnis der Acta Pauli zur Aposelgeschichte des Lukas. Darstellung und Kritik der Forshungsgeschichte, in: Das Ende des Paulus. Historische, theologische und literaturgeschichtliche Aspekte, S.215-237, 特にS.236 参照。

（9）井谷嘉男訳。『新約聖書正典の成立』荒井献編、日本キリスト教団出版局、一九八八年、二六二頁。

（10）上掲拙論、一五九頁参照。

（11）B. Wander, Warum wollte Paulus nach Spanien? in: Das Ende des Paulus. Historische, theologische und literaturgeschichtliche Aspekte, S.176-195, 特にS.194 はこの立場を採って、にもかかわらずルカがパウロの死について記さなかったのは、パウロのローマからの宣教活動が悲惨な結果に終ったからである、と推定している。

（12）H. D. Betz, Der Apostel Paulus in Rom, Berlin/Boston, 2004, S.13 も、パウロの殉教死について「われわれは歴史的に信憑性のある資料を有していない、結果としてルカの沈黙に甘んじざるを得ない」と結論している。なお、Betz は、ローマにおけるパウロの獄中体験をフィリピ人への手紙から裏づけている

(S.16ff.)。しかし一般的には、この手紙は――少なくともその大半は――ローマからではなくエフェソで執筆されたと想定されている（たとえば、佐竹明『ピリピ人への手紙』新教出版社、一九六九年、八頁。同『使徒パウロ――伝道にかけた生涯』新教出版社、二〇〇八年、二二二頁）。

（13）H. Omerzu, Das Schweigen des Lukas. Überlegungen zum offenen Ende der Apostelgeschichte, in: Das Ende des Paulus. Historische, theologische und literaturgeschichtliche Aspekte, S.127-156, 特に S.155f.; F. W. Horn, Einführung, in: Das Ende des Paulus. Historische, theologische und literaturgeschichtliche Aspekte, S.3 も同様。

（14）たとえば、川島貞雄「牧会書簡」（荒井献・川島貞雄他『総説 新約聖書』日本キリスト教団出版局、一九八一年、三六一頁、佐竹明『使徒パウロ――伝道にかけた生涯』新版、新教出版社、二〇〇八年、二五一頁など。

（15）G・タイセン『新約聖書――歴史・文学・宗教』大貫隆訳、教文館、二〇〇三年、一七三頁。なお、K. Yamazaki-Ransom (The Roman Empire in Luke's Narrative, New York, 2010, p.202) も、ローマ帝国に対するルカの立場はネガティブであるが、これは神の民に対するローマの為政者たちの政治的抑圧によるというよりは、むしろ彼らが神の主権とキリストの君臨を認識することに失敗したからである、という。

（16）ヘンヒェン、コンツェルマン、H.W.Tajra, The Trial of St. Paul. A Juridical Exegesis of the Second Half of the Acts of the Apostles, Tübingen, 1989, p.193 も同様。

（17）私は行伝の成立年代を一世紀末と想定している。前掲拙論「概説 使徒行伝」一五九頁（本書四四二頁）参照。

（18）佐藤研『最後のイエス』ぷねうま舎、二〇一二年、三九頁。ただし、ルカ福音書の文脈では、一三・一六はユダヤ教律法の安息日例外規定を前提しており（一三・一五）、一三・一二も「（病）弱さからの解放」であって、「弱い時にこそ強い」(Ⅱコリ一二・一〇)のではない。

(19) U. Luz, *βασιλεία*, in:『ギリシア語　新約聖書釈義辞典』Ⅰ、教文館、一九九三年、二四五頁。

(20) 木原桂二(『ルカの救済思想――断絶から和解へ』日本キリスト教団出版局、二〇一二年)は、「メタノイア」を「改心」と「回心」の訳語によって複雑な神学的理解を区別する(岩波版『新約聖書』補注九頁の用語解説――筆者)ことは実質的には不可能である」との想定に基づき、ルカ文書における「メタノイア」に「中立的訳語」として「暫定的に」「改心」という訳語を用いている(三頁、注二)。しかし、この研究書では「神の王国」に関わるメタノイアの、マルコ福音書とルカ文書の意味上の相異が明確でない。

追記

本稿は、「新教出版社創立七〇年記念 連続講演会」の一つとして、二〇一四年一〇月二五日に日本基督教団信濃町教会で筆者が担当した講演原稿の増補・改訂版である。

講演後に筆者は、テーマに関連する、以下の三つの文献を入手した。

1　ジョン・テイラー『西洋古典文学と聖書　歓待と承認』土岐健治訳、教文館、二〇一四年。同書の中で著者は、行伝におけるパウロ物語が突然終っていることについて、マルコ福音書、ホメロス『イリアス』、ウェルギリウス『アエネイス』、アイスキュロス『オレステイア』との類似関係を挙げながら、以下のように記している。

「ここ(使28:31)で物語は突然終わり、それはまるで突然終るマルコの結末部分と張り合っているかのごとくである。ここでも我々もまた、さらにもっと語られるべき物語が残っていることを推測する。『イリアス』のように、使徒行伝はその主人公と彼の切迫している死への集中へと、焦点を合わせていくが、死そのものは描かれないまま放置されている。『アエネイス』のように、使徒行伝は一見困惑させるような、満足のいかない仕方で終るが、それ以降の諸々の出来事によって与えられる観点を要求している。『オレステイア』のように、使徒行伝はすでに旅を終えた巨大な距離の感覚をもって我々を後にし、テキストを超えてその聴衆の生の中へと突き進む勢いを持っている。エルサレムからの旅は終った。福音のメッセージは、のろしのように地中海全域を渡って共同体から共同体へとひらめき、ローマの玄関の中へ入った」（二六四頁）。

2　Kyrychenko, A., The Roman Army and the Expansion of the Gospel. Role of the Centurion in Luke-Acts, Tübingen, 2014. 著者によれば、ルカはローマの軍隊とりわけ百人隊長を、福音宣教のターゲットとしての異邦人聴衆の代表的像として用いている（p.183）。

3　Brink, L., Soldiers in Luke-Acts, Engaging, Contradicting, and Transcending the Stereotypes, Tübingen, 2014. 著者によれば、ルカは、物語論的レベルで、ローマの軍隊をイエス／ペトロ／パウロの「弟子志願者」（would-be disciple）として描いている（p.172）。

45　〝fiat〟
――故井上忠先生を偲ぶ

先月、相次いで二度の告別式に出席した。一度目は、東京大学教養学部で同僚であった井上忠さんの、二度目は、同学部大学院西洋古典学専門課程でゼミ生であった小林稔君の告別式である。小林君は、上智大学神学部で新約聖書学担当の現役であったが、院生時代に井上さんにもギリシャ哲学の薫陶を受けていただけに、縁浅からぬ二人を送って、私も不可避性に身を任せなくては、という思いをますます深くした次第である。

一九八〇年春のことである。私は、秀村欣二先生に誘われ、「パウロの足跡を訪ねる」旅に同行し、その途中、トルコのタルソス（パウロの古里！）近くで突然網膜剥離に罹り左眼の視力を失って、急遽ひとりアンカラから空路帰国、東京の国際医療研究センターに入院、一二時間にわたる手術を受けた。手術前の検査の結果、もう手遅れであり、手術をしても視力の回復はおそらく望めない、右眼も近日中に視力を失うであろう、要するに全盲になる可能性が高いことを宣告されていた。とにかく、手術は施行され、右眼の手術も含めて約六ヶ月間入院を余儀なくされた。

最初の手術を終えて、まだ一ヶ月も経っていない頃だった。私の恩師で上司でもあった前田護郎先生が定年退職後間もなくして舌癌に罹り、入院手術直後に急逝された。私は立場上葬儀の下働きをしなければならないのに、それもできず、ベッドに伏して悶々としていた時である。井上さんが前田先生の葬儀に出席され、帰途私を病院に見舞ってくれた。私が彼に、「古典文献学などではなく哲学でも専攻していれば、もう少し長く仕事が出来たのに……」と、多少自嘲気味に話したら、彼が一言大声で応えたことを、今でも忘れることができない。——「フィアト」と。

周知のように、このラテン語動詞は、処女マリヤが天使から受けた受胎告知に応えた言葉の中に用いられている。

「ご覧下さい。私は主のはしためです。あなたのお言葉通り、私に成りますように。」(『ルカ福音書』一章三八節)

「成りますように」のウルガータ訳が〝fiat〟にあたる。

以後も私は、度重なる不幸に見舞われたが、その度ごとに天命に身を委ねてきた。そしてその間に、上記マリヤの言葉によせて、次のように記している。井上忠さんから贈られた、見舞いの言葉を想いながら。——

このマリヤの言葉のうち、「私に成りますように」という表現は、よくラテン語 fiat mihi で引用され、自らの人生に迫り来る不可避性に恐れおののきながらも、究極的にはそれに天命として身を開く、人間の覚悟としての諦念を示唆する際に用いられる。

(荒井献・池田裕編著『聖書名言辞典』講談社、二〇〇四年、四四九頁)

『井上忠先生追悼集』(井上忠先生追悼集刊行委員会)、二〇一四年

46　苦しみから解かれて

——マルコ福音書五・二五—三四

これからのお話には二つのことを前提させていただきます。一つは、聖書のテキストに、新共同訳ではなく岩波訳を用いることです。証詞の題「苦しみから解かれて」は、マルコ福音書五章三四節から採ったものですが、この文言は岩波訳によったもので、新共同訳ではこのような題にはならないのです。

二つ目は、最初の三つの福音書（共観福音書）の歴史的関係について。私は次のような仮説を前提していることです。すなわち、最古に書かれた福音者はマルコ福音書（七〇年代）で、マタイ福音書とルカ福音書（八〇年代）は、マルコ福音書を資料とし、それぞれ独立の立場から、マルコ福音書に手を入れて書き直されました。

以下に、「長血の女の癒し」のマルコ福音書のテキスト（五章二五—三四節）を、岩波訳に沿って、新共同訳と比較しながら読み解き、そのメッセージを学び取ってみたいと思います。

二五節　この女性の病気は、現代の医学用語では異常な「不正子宮出血」にあたります。古代イスラエルではハンセン病を含む重い皮膚病や性病とともに、祭儀的に「不浄な病」とされていました。レビ記一五章二五―三七節によりますと、この種の病気を患う女性は、自分が不浄なだけではなく、彼女が触れるもの、また、彼女の触れたものに触れる者も穢れる。そのために、この種の病人は家族や社会から隔離され、「罪人」として孤独な生活を強いられました。一二年間もこうした社会的制約のもと生きなければなかった苦しみは、尋常を越えています。この「苦しみ」（二九、三四節。新共同訳では「病気」）の原語「マスティックス」は、肉体的「苦痛」と共に精神的・社会的「苦悩」を意味するのです。

二六節　このような女性をさらに苦しめ、全財産を巻き上げた「多くの医者」は、まさに「所有」を至上の「価値」とする人間の代表的存在と言えるでしょう。

二七―二八節　しかし彼女は、このような「苦しみ」にある自分の存在を、諦めをもって甘受していたのではありません。彼女は「人に触れてはならない」というユダヤ社会のタブーを破って、イエスの「着物に触った」。この行為は、彼女の「生きようとする力」（霊性）の発露と言えるでしょう。しかも彼女は、そうすれば「救われる」（新共同訳では「いやしていただける」）とかねがね「思っていた」と言われます。私たちはここから、この女性の「生きようとする力」とイエスの「生かす力」の、触れ合いを媒介とする相互性を読み取ることができます。

二九、三〇節　実際、女が「苦しみから癒されたことを体で悟った」とき、「イエスは、自分から力が出ていったことを自らの中（体）ですぐ知った」。ここで「悟った」と訳されている動詞と「知った」と訳されている動詞は、原語ではほぼ同一の動詞（「ギノースコー」、「エピギノースコー」）で、元来「感じ取る」「感知する」を意味します。私たちはここに、「体」を介する「感覚の相互性」を確認できるでしょう。

もう一つ、ここで注目すべきは、女がイエスから「力」を引き出していることです。能力を「引き出すこと」（ラテン語の educare）が「教育」（英語の education）の語源と言われます。しかし、ここでは関係が逆になっている。教師（牧師）が学生（信徒）によって自らの中から力を引き出される姿勢なしに真の教育（牧会）はありえない、ということでしょうか。

三三節　この女は、自分史を語ることによって、イエスの言葉を促しています。ここには「言葉の相互性」を見出すことができるでしょう。

三四節a　ここで「信〔頼〕」と訳されているギリシャ語の「ピスティス」は、通常（たとえば新共同訳）「信仰」と訳されますが、元来は「信頼」を意味します。イエスの超能力ではなく、イエスに対する女の信頼が彼女を癒したのです。癒し（教育・牧会）の基盤には、医師（教師・牧師）と患者（学生・信徒）の間の信頼関係が不可欠ということでありましょう。

さらにイエスは、「あなたの信があなたを救った」という言葉に次いで、「安らかに行きなさい」と促しています。イエスは女を救済の客体に閉じ込めるのではなく、解放の主体へと促しているのです。

三四節b　実際この物語は、「そしてあなたの苦しみから〔解かれて〕達者でいなさい」という、女に対するイエスの促しの言葉で終わっています。イエスの救済はまさに、「苦しみ」にある者に対する「解放の主体」への促しなのです。ちなみに、この箇所の新共同訳「もうその病気にかからず、元気に暮らしなさい」では、癒し（救い）の物語に盛られた元来のメッセージが伝えられないと思います。

二〇一〇年の一一月に私は妻・英子を亡くしました。死因は卵巣癌の再発・転移、享年五七でした。彼女は青山学院大学文学部神学科を卒業し、日本基督教団信濃町教会に一〇年間副牧師として、またハンセン病国立療養所多磨全生園内・秋津教会に五年間牧師として働いた後、恵泉女学園大学専任講師を経て、亡くなった時は準教授でした。彼女の没後一周年を記念して私は、彼女がその著書『ハンセン病とキリスト教』（岩波書店、一九九六年）以後に公にしたエッセー、礼拝説教、講演、論文などを編集して『弱さを絆に――ハンセン病に学び、がんを生きて』というタイトルで一書を公にしました（教文館、二〇一一年）。

この著書の中に「伝道者たちの言説における「被害者」の不在――熱河伝道の場合」というタイトルの論文が収められています。英子はこの中で、熱河伝道を担った伝道者たちが彼らの言説においてその成果を誇示してはいるが、まさに彼らの伝道地域（日本が傀儡国家として現在の中国の北東部に創った「満州国」の熱河省）で日本軍によって行われた略奪・殺人の被害者については一言も述べられていない、そしてこのことは、現地調査により、熱河に創設された教会の会員は主として日本軍に内通などによって協力した教師や官僚であり、しかも熱河伝道が日本政府の経済的援助によって支えられていた事実によって裏づけられる、と主張しています。この論文から、英子の伝道論の一部を引用してみましょう。

伝道は諸刃の剣、人々を「救済の客体」に閉じ込める方向性と「解放の主体」へと促す方向性、この二面を合わせ持つ。歴史的状況を無視して前者の道を突き進むとき、時として伝道それ自体が「犯罪性」を帯びることになる。（三六三頁）

このような英子の伝道論を活かして、「長血の女の癒し」物語を締めくくるイエスの言葉（三四節b）を敷衍訳することをゆるされるとすれば、次のようになるでしょう。

「あなたの苦しみから解かれ、あなたは解放の主体として健やかに生きてゆきなさい。」

ただ、残念ながら、英子の言う伝道が持つ第一の側面、すなわち、人々を「救済の客体」に閉じ込めて、「歴史的状況を無視する」方向性は、すでに同じ物語のルカ版、とりわけマタイ版から始まっている、と私には思えます。

第一に、マルコ版ではキーワードとなっている「苦しみ」がルカ版にもマルコ版にもない。したがって第二に、私たちが今朝そこからイエスのメッセージを聞き取ったマルコ版三四節bが、他の両版に欠けている。そして第三に、三四節aにあたるイエスの言葉は、ルカ版三四節bに保持されてはいるが、マタイ版には全く欠如している。最後に、女がイエスに触れて癒されたのは、マルコ版とルカ版ではイエスに対する彼女の「信」であるのに対して、マタイ版ではイエスの言葉である。

要するに、福音書の成立が後代になるにしたがって、癒しを希求する者（女）への視線が薄れ、「苦しみ」から解かれようとする彼女の主体性に代わって癒す者（イエス）の奇跡行為者としての偉大性が前景に出される。

日本では東北大震災と福島原発事故によって、韓国ではセウォル号の沈没によって、そして最近ではネパールの大地震によって被災された方々、とりわけ突然近親者の命を奪われた方々はもとよりのこと、私たちは大なり小なり、苦しみを担って生きております。

しかし、私たちに出会うイエスは、「苦しみから解かれて、健やかに生きてゆきなさい」と促しておられます。このような促しを与えることができたのは、イエス自身、苦しみのいわば究極である十字架上の死に向かって、苦しみながら歩み続けておられたからです。私たちには、このイエスを信じ、その十字架を担い、イエスの励ましに応えて、苦しみから解かれ、解放の主体として生きてゆくことがゆるされているのです。

（二〇一五年五月三一日、百人町教会での証詞）

47　隣《とな》る人《ひと》となる

はじめに

超高齢化社会を反映して、教会員も高齢化している。もちろん私も、高齢者の一人として、私が若かった時代の教会のように、今の教会に若者が来てほしいと思う。しかし同時に、高齢化した教会をマイナスにのみ評価してはならないのではないか。なぜなら、社会的弱者のいわば象徴的存在である高齢者が、社会的地位、家族、年齢差、性差、民族差を超えて、そこで隣り合う共同性を教会のなかに見出すことができるならば、教会は逆に積極的に評価されてもよいからである。

私は高齢者を社会的弱者の一つの典型的例として引き合いに出したのであって、社会的弱者はもちろん高齢者に限ったものではない。もしそれをケアされる存在と一般化できるとすれば、父権社会における女性、こども、失業者、しょうがい者、外国人、被災者など、広範囲に拡大していく。しかし、これらの人々をケアする、あるいはケアできると思っている人々も、いつかは、あるいは突然に、ケアされる側に入ることを、私たちは、特に三・一一以後思い知らされている。この意味で人間は生来弱者なのだ。その自覚をもって私たちは弱者として、お互いに弱者の隣《とな》る人《ひと》になる共同性を創り出すことを、イエスは促している。そしてそれは同時に、強者志向の時代に対する批判ともなろう。

このことを今朝私は、イエスの有名な「よきサマリア人の譬」を通して裏付けてみたい。なお、以下の私の話には、二つのことが前提されている。一つは、聖書のテキストとして岩波訳を用いること。新共同訳ではテキストの原意が的確に表し得ないからである。二つは、共観福音書（最初の三つの福音書）の成立に関する「二資料仮説」。すなわち、マタイ福音書とルカ福音書は、マルコ福音書とQ文書（マタイとルカが共通して用いたイエスの語録文書）を資料としてそれぞれの福音書を独自の視点から編集した、という仮説（これは現在ほぼ定説になっている）。

よきサマリア人の譬（ルカ福音書一〇章二五―三七節）

この譬はどの視点から読むかによって意味づけが違ってくる。
一般的には、「私の隣人《りんじん》とは誰ですか」と問いかける「ある律法の専門家」（二五、二九節）の視点からこの譬は読まれる。この視点からみると、サマリア人は「隣人愛」のモデルとして解釈される。すなわち、律法の専門家に対するイエスの勧め「あなたはそれ（二七節b＝レビ一九・一八の隣人愛）を行いなさい。そうすれば生きるだろう」（二八節）は、サマリア人の譬が語られた後、譬の最終句におけるイエスの問いかけ（三六節）に対する律法の専門家の応答（三七節a）を受けて、イエスが彼に与えた勧め「行って、あなたもまた（サマリア人と）同じようにそれ（憐れみ〔の業〕）を行いなさい」（三七節b）と対応しているからである。

しかし、譬そのもの（三〇後半―三六節）の前後に、それが語られる状況（二五―二九節、三七節）を設定したのはルカである。彼は、マルコ福音書の「最大の掟」（一二・二八―三四）を資料として、イエスが語った譬の前の文脈（二五―二九節）を編集した。また、譬の後の結論部分（三七節）もルカの編集句。譬におけるイエスの問いかけ（三六節）に対する律法の専門家の応答（三七a）の中で、サマリア人の振舞いが「憐れみの業」と表現されているが、この名詞はルカ福音書にしか用いられていない。譬そのものにおけるサマリア人の振舞いの動機は、「憐れに思って」（新共同訳）ではなく、「腸《はらわた》のちぎれる想いに駆られ」（岩波訳）なのである（マコ一・四一への傍注一二、岩波訳七―八頁参照）。

このように、譬を「最大の掟」物語と結びつけることによってルカは読者に、サマリア人を隣人愛のモデルとして解釈するように促している。これはルカの視点であって、譬そのものを語られたイエス自身の視点とは異なっている。（このような解釈を新共同訳も促している。三〇節と三七節で改行されておらず、二五―三七節までがベタになっていて、二五節の前に「善いサマリヤ人」という小見出しが付けられている。）

これに対して譬そのものは、強盗どもの手に落ちて半殺しの目にあったユダヤ人（三〇節）を中心に語られている（佐藤訳の傍注七を参照）。実際、この譬は、「誰が強盗どもの手に落ちた者の隣人になったと思うか」（三六節）というイエスの問いで終っている。

この譬との関わりで、五つの点を指摘しておきたい。

一　半殺しの目にあって路上に横たわっていた「ある人」は、ユダヤにおける社会的弱者であり、その人を見ながら道の向こう側を通って行った祭司とレビ人は宗教的・政治的・社会的強者である。

二　この人を見て、「腸のちぎれる想いに駆られ」（三三節。新共同訳では「憐れに思い」）手厚いケアをしたサマリア人は、ユダヤ人による「近親憎悪」の対象にあった。ユダヤ人からみればサマリア人は、民族的差別の対象、民族的弱者である（岩波訳、用語解説一八頁参照）。

三　イエスはユダヤ人の聴衆に対して問うている、「この三人のうち、誰が盗賊どもの手に落ちた者の隣人になったと思うか」と。イエスの譬話は元来問いで終っていた。ルカ一五・四「見失った羊の譬」、マタイ二〇・一五「ぶどう園の労働者の譬」も同様（荒井献『問いかけるイエス』ＮＨＫ出版。『イエス・キリストの言葉』岩波現代文庫に再録参照）。

四　イエスはこの譬によって、サマリア人を敵対視し彼らを自分たちの隣人から排除していたユダヤ人に対して、他ならぬそのサマリア人こそが「（あなたたちの）隣人になった」ことを批判的に示唆している。この譬は元来、イエスの愛敵の勧め（マタ五・四四）と通底していよう。

五　この譬に対するルカ福音書の枠付けは、イエスの問いかけへのルカの応答であり、私の今日の話は私自身の応答である。

まとめにかえて

イエスはこの譬をもって私たちに、私たちが現在置かれている社会的状況を踏まえて、私たちが弱者として社会的弱者の隣る人《となひと》になる関係性に入る、その意味における共同性を創り出すように、と促しているのではないか。教会はこの意味における共同性を教会内に留めるだけではなく、教会外に発信していくべきである。とりわけ強者志向の現代において、私たちは、イエスに倣い、弱者であり続けたい。平和は弱者によってこそ創り出されるもので、強者によって強制されるものではない。

最後に、今日の説教のタイトルに「隣る人」という表現を用いたことにコメントしておきたい。これは「お互いに隣人《りんじん》になり合う人」の意味であるが、「隣人」という表現はいわゆるキリスト教的隣人愛の対象に用いられることが多いので、「隣人」を、「隣人となる」という主体性をも込めて「隣る人」と言い換えた。

（二〇一五年一一月二二日、砧教会での説教）

48　子どもを癒し、祝福するイエス

戦争になると真っ先に犠牲になるのは女性と子ども、特に子どもです。子どもをいかに大切にするかによって「平和度」が量られます。世界の紛争地帯だけでなく、「子どもの権利条約」に批准したものの適切に対応しない日本政府の姿勢や現状からも明らかです。日本では、人種・皮膚の色・性・言語・宗教・出生・障がいによる差別を法的に禁止する手段は講じられていませんし、いじめや虐待など、子どもの人権は守られていません。

子どもの「人権」という概念は近現代の概念ですから、古代に成立した聖書に直接問うことには慎重でなければなりませんが、この問題を考える時、福音書におけるイエス・キリストのふるまいに、問題の根源的な所在と解決への示唆が示されていると思います。

ユダヤ教と原始キリスト教における子ども観は、両義的ではありますが消極的です。つまり、子どもは律法教育の対象とされながらも、成人男性には日ごとに唱えることが義務づけられていた「シェマ」（申命記六・四）の祈りの義務から除外されています。

マルコ一〇章一三節のギリシャ語原文からは、主語を特定できません。しかし主語は、「女たち」と見るほうが自然かと思います。女たちが連れてきたのは虐待を受けた幼児であり、イエスに触られ、癒していただくためかもしれません（現代のシェルター）。女たちを叱った弟子たちに対してイエスは憤り、まさに「激昂」されました。この語はマタイ・ルカ福音書では削除されています。マルコ福音書の著者は、当時の教会の指導的立場にある人々を批判的に記載し、弟子に重ね合わせています。「弟子」の理念化が「子ども」を排除してはならないからです。

一四節は「子どもたちを来るままにさせなさい」「私の所に来るように解き放ちなさい」とも訳せます。実はこの動詞は福音書で、男性の抑圧から「女・子ども」を「解き放つ」という意味で用いられるのですが、神学者もその点を見落としがちです。

一五節のイエスの言葉は、次のように要約することができます。「神の国は、成人男性から人権を認められていない「女・子ども」のような人々のものである。そのような人々を受け入れる者でなければ、そこには決して入ることはできない」。更に言うならば、女・子どもへの「保護」ではなく、人間として権利を行使する主人公として、来るまま、するままにさせておくという「支援」です。

マタイ・ルカ両福音書では、イエスによる「子ども」の人格・人権とそれを遮る「弟子」（成人男性）批判というマルコ福音書のテーマが退けられ、代わりに人間がどうしたら神の国へ入れるかというキリスト者の改悛が前面に押し出され、キリスト教倫理へとスライドしています。

一六節では、イエスが子どもの人格・人権を丸ごと承認していると思いますし、この場に障がい、病気、虐待を受けた子どもがいたならば、イエスは手で癒し、祝福されたに違いないと思います。

（二〇一五年八月一九日、全国キリスト教学校人権教育センターで。まとめ・比企敦子）

『ＮＣＣ教育部ネットワークニュース』四六号、二〇一五年

49　洗礼と聖餐　再考
――その聖書的根拠をめぐって

はじめに

二〇一三年三月一七日に私は、「洗礼と聖餐――その聖書的根拠をめぐって」と題して懇談礼拝で使信を担当したが、この度、小平慎一君の質問に答えるかたちで、同じ使信の内容を、よりわかりやすく敷衍しながら「再考」することになった。

とりわけ日本基督教団において聖餐式を受洗者に限る（クローズド）か否（オープン）かをめぐり深刻な対立をきたしていることもあって、私は新約聖書における聖餐をテーマに過去五回講演しており、そのうち四回の原稿は公刊されている。

①「新約聖書における聖餐――受洗者のみに閉ざすか否か」『イエスと出会う』岩波書店、

二〇〇五年所収。

②「新約聖書における「聖餐」再考――批判に応えて」『初期キリスト教の霊性――宣教・女性・異端』岩波書店、二〇〇九年所収。

③「「多くの人／すべての人のために」――滝沢克己の思想射程によせて」三島淑臣監修『滝沢克己を語る』春風社、二〇一〇年所収。

④「聖餐の成立をめぐって」『日本聖書学論集』四五、二〇一三年所収。

今回は、「未受洗者の陪餐問題を論じる場合は、聖餐と共に洗礼も問題としなければなりません」という、赤木善光（『イエスの洗礼・聖餐の起源』教文館、二〇一二年、二四〇頁）の①②に対する批判にも応えて、洗礼との関わりにおける聖餐の聖書的根拠について見解を述べたい。

1　洗礼の聖書的根拠

まず、「洗礼」（ギリシャ語で「バプティスマ」）とは「水に浸され切ること」の意味で、そうすることによって過去の罪を赦され、自ら起き上がることによって将来のいのちに与る、原始キリスト教の入信儀礼に由来する（後述のパウロの洗礼理解をも参照）。

ただし、イエスは「洗礼者」ヨハネから受洗したが（マコ一・九―一一／マタ三・一三―一七／ルカ三・二一―二二）、自ら授洗してはいない（ヨハ三・二二はヨハネの編集句。ヨハ四・二参照）。

顕現のイエスによる弟子派遣の記事（マタ二八・一六―二〇）はマタイの編集句。「父と子と聖霊の名による洗礼を授けなさい」（一九節）という文言はその中に出てくる（マコ一六・一六をも参照。ただし、一六・九―二〇はマルコ福音書への後世の補遺）。「編集句」とは、福音書記者がそれぞれの福音書を編集する際に加筆した句の意味。したがって、これらの句は、歴史のイエスまで遡らないと思われる。

ルカによれば、ペトロは聖霊降臨後に行った説教の中で、「イエス・キリストの名において洗礼を受けなさい。そうすれば聖霊の賜物を受けるであろう」と聴衆に勧め、それを受け入れた三千人ほどの人々が「洗礼を受けた」（使二・三八、四一）。この記事に、ペトロが洗礼を授けた事実（Ⅰコリント一・一二参照）が反映しているとは想定されるが、記事全体はルカ自身の構成である（詳しくは荒井献『使徒行伝』上巻、新教出版社、一九七七年、一七一頁以下参照）。

パウロの場合、彼が回心後に受洗したこと（使九・一八、二二・一六）は疑いえない。パウロ自身、「（受洗して）聖められた者たち」に向けて手紙を送っており（Ⅰコリント一・二。フィリ一・一、ロマ一・七をも参照）、コリント教会で授洗しており（Ⅰコリント一・一四）、イエスとの共死・共生の思想をその「死への洗礼と復活」として展開しているからである（ロマ六・三―四）。ただしパウロは、「キリストは私を、洗礼を授けるためにではなく、むしろ福音を告げ知らせるために、遣わされた」とも言っている（Ⅰコリント一・一七）。

なおパウロは、この言葉との関連で、ケファ（ペトロのアラム語標記）やアポロも授洗をしていたことを示唆しているので（同一・一二）、この時代（五〇年代）には成立しつつあるキリスト教会において洗礼が一般的に行われていたと想定される。三〇—五〇年代の間のいつ・いかなる理由で洗礼が行われるようになったのか、正確には資料がないので不明である。佐藤研（『はじまりのキリスト教』岩波書店、二〇一〇年、六一頁以下）によれば、それはイエスの死に対する弟子たちの「喪の作業」の一つとして開始され、原始キリスト教においてそれが教会への「加入式」として継承された。その際、イエスの受洗に対する原始教会の解釈（マコ一・一〇並行）が大きな影響を与えたと思われる。受洗による（聖）霊の贈与を含めて「キリストに倣う」儀礼的行為として洗礼式が成立したのではないか。赤木（前掲書、二四二頁）はこれを、クルマンに拠って、イエスの「総代洗礼」（イエスは弟子たちの「総代」として受洗）と呼んでいるが、これにはイエスの受洗とその解釈（聖霊の降下）が区別されていない。前述のように、イエスが洗礼者ヨハネから受洗したことは歴史的事実であるが、その時「聖霊が降った」というのは原始キリスト教の解釈である。史実とその解釈は切り離しえないが、区別はしなければならない。

2 聖餐の聖書的根拠

これは、「主の晩餐」の記事である。この記事に関する共観福音書の相互関係は、マタイ版（二六・二六—二九）がマルコ版（一四・二二—二五）に、ルカ版（二二・一四—二〇）がマルコ版とＩコリント版（一一・二三―二六）に、それぞれ拠っており、マルコ版とＩコリント版はお互いに独立しているので、この両版がマタイ版やルカ版より古いことは、ほぼ定説になっている。この両版のうちどちらにより古い形態が保持されているかについては意見が分かれているが、最近ではＩコリント版の方を優先させる見解に傾いている。時代的にも、Ｉコリントの方が（五〇年代）マルコ福音書（七〇年代はじめ）よりも古い。

パウロがＩコリントに聖餐設定辞を引用するに際し、それが語られた状況については、二三節の「彼（イエス）が引き渡される夜」以外には沈黙しており、イエスのパン裂きの言葉も「これはあなたがたのための私のからだである」（二四節）と言われているので、それは弟子たち、あるいはそれに重ねられたコリント教会の信徒（受洗者）たちに向けられている、と読むことができる。もっとも、パウロが聖餐設定辞を引用する前の文脈で戒めている、コリントにおける「主の晩餐」の実態（二〇―二二節）から判断すれば、ここでは聖餐と愛餐が区別されていなかった。したがって、二七節の「ふさわしくないままで」は、岩波版の傍注一三に明記されているように、「一八節以下の不当な振る舞いを指しており、しばしば解釈されるように、信者でない者は主の晩餐に与れないという考え方を支持する言葉ではない」（五三一頁）。

これに対してマルコの場合、設定辞はイエスと十二弟子たちとの最後の食事に状況が設定されており、この弟子たちは受洗しておらず、この後にユダはイエスを裏切り、イエス逮捕後に弟子たちは皆師を捨てて逃亡し、ペトロは師を否んでいる。いずれにしても、この「主の晩餐」の記事が聖餐の聖書的根拠となった。

ただ、マルコの場合注目すべきは、彼が、イエスの受難・復活物語伝承（一四―一六章）の前にイエス伝承（一―一三章）を配し、全体をイエス物語として編集し、「福音書」を創始したことである。その意図は、エルサレムを舞台とするイエスの受難復活物語をガリラヤで始まるイエス物語との関わりにおいて再読するように福音書の読者を促すことにあった。

私はこの視点から①と②において、マルコは「主の晩餐」物語をも、「五千人の供食」物語（六・三二―四四）、さらには「徴税人や罪人たちとの食事」物語（二・一五―一七）との関わりにおいて再読するように促しており、この促しには聖餐が元来受洗者のみに閉ざされていなかったことを示唆していると想定した。

これに対して赤木（前掲書、二四〇頁以下）は、マルコは当然受洗した信徒であり、聖餐を「主の晩餐」に基礎付けているのであるから、これを弟子たちとは異なる「五千人」や「徴税人や罪人」との「愛餐」物語に関わらせることはできなかったはずである、と私見を批判している。

赤木が福音書の編集史的研究に無理解であることは別としても、彼は「受洗」者としての自己に批判的に生きることのできない教条主義者であると断定せざるをえない。前述のように、マルコはパウロの手紙より後期に福音書を編んでおり、マルコ時代の教会では、パウロの場合のようにガリラヤにおけるイエスの振舞いと無関係に聖餐が守られていたのに対し、いわば自己批判的に福音書を編集している。

それはともかくとして、私は③で、マルコ版の聖餐設定辞における杯の言葉（二四節）に用いられている「多くの人のために」という句によせて、上記の私見を補強している。

この句が、イザ五三・一一―一二における「多くの人」を示唆しており、これは第二イザヤにおける「苦難の僕」に重ねたイエスの贖罪死を意味する表現であることはほぼ一般的に認められている。しかも、このギリシア語（ホイ　ポロイ）にあたるヘブライ語ないしはアラム語（ハラッビーム）は、「多くの個を包含している全体」すなわち「すべての人」を意味し、これはセム語的要素である。とすれば、マコ一四・二四の伝承においては、Ⅰコリ一一・二四「あなたがたのための」とは対照的にイエスの普遍的贖いを暗示していた可能性があろう。

このような「多くの人／すべての人」の用法を受難物語以前のマルコ本文の中に検証してみると、まず、ここでもイザ五三・一一―一二が示唆されている、マコ一〇・四五（「人の子は）自分の命を多くの人のための身代金として与えるために来たのだ」）が注目される。次に、明らかに一四・二二の「パン裂き」の視点から構成されている「五千人の供食」物語（六・三二―四三。特に四一節／一四・二二参照）においては、イエスが「腸《はらわた》のちぎれる想いに駆られ」て「供食」の奇蹟を行った対象は、彼のもとに集まって来た「多くの者」あるいは「多くの群衆」である（六・三三、三四）。そして最後に、イエスがファリサイ人たちの律法学者らによって非難されたのは、彼が「多くの徴税人や罪人たち」と共に食事をしていたからである（マルコ二・一五―一六。ここで「多くの」あるいは「大勢」が一五節で二度繰り返されている）。

要するにマルコは、「最後の晩餐」物語、とりわけイエスの「杯の言葉」の中の「多くの人」を、イエスがその命を与えるために来た「多くの人」、彼が供食をした「牧人のいない羊のような」「多くの人」、とりわけ彼が共に食事をとった「徴税人や罪人」を含む「多くの人」との関わりにおいて読み直すように読者に訴えているのである。

とすれば、ここから透けて見える「罪人との食事」を禁じるユダヤ教のタブーを破ったイエスの振舞いが、「聖餐」成立の基にあると想定できるであろう。そして、このようなイエスの振舞いは、「アーメン、私はあなたたちに言う、徴税人と売娼婦たちの方があなたたちよりも先に神の王国に入る」というイエスの言葉（マタ二一・三一b）に盛られている、彼の「神の王国」理解と相関している。

もっとも、高柳富夫「イザヤ書五三章「苦難の僕の歌」を読み直す」（『福音と社会』第三〇号、二〇一五年所収）は、先に言及したイザヤ五三・一一―一二の「多くの人のために」（代苦、贖罪）は、「多くの人と共に」（共苦）と読み直されなければならない、と主張している。私見では、少なくともマルコは一四・二四「多くの人のために」で、伝承に従い、イザヤ五三・一一―一二における苦難の僕の代苦的解釈を念頭に置いていたと思われるが（マルコ一〇・四五をも参照）、「五千人の供食」や「徴税人や罪人と共食」物語りにはむしろ「多くの人と共に」というイエスの姿勢が窺われる。

もし以上の想定が正当であるとすれば、イエスが語りかけている「弟子たち」の背後には、

「多くの人」、とりわけ十字架に至るまでイエスに従い仕えていたマグダラのマリアをはじめとする女たち、「そして、彼と共にガリラヤからエルサレムに上って来た他の多くの女たち」も、マルコの構想の中に考えられていたのではなかろうか（一五・四一参照）。

それに対してIコリント版は、次の言葉で締めくくられている。「実際あなたがたは、〔再臨の〕主が来られるまで、このパンを食べ杯を飲むたびに、彼の死を宣べ伝えるのである」（一一・二六）。この言葉は、パウロが受けた聖餐設定伝承（一一・二三b―二五）に対する彼の加筆であると想定されている。とすれば、「彼（イエス）の死」という用語には、伝承におけるパンと杯の贖罪論的解釈に対するパウロの配慮が反映されているであろう。なぜなら、パウロは贖罪行為としてのイエスの「死」という表現を伝承から受け継ぎながらも、彼自身がその「悲惨さ、弱さ」を表現する際には、「死」ではなく一貫して「十字架」という言葉を用いているからである（青野太潮『「十字架の神学」の展開』新教出版社、二〇〇六年参照）。

いずれにしても、「主の晩餐」において「愛餐」と「聖餐」は切り離されていない。これは、マルコ版における「多くの人のために」という表現から透けて見える、「罪人」を含む「多くの人」とのイエスの共食に通底していよう。

もっとも、谷口真幸「「多くの人／すべての人のために」の射程について」によれば、「イエスのそばに集まってくる多くの／すべての人（群衆）は、「イエスに従う途上」にある多くの／すべての人（群衆）を意味している（『不可解な結末の復活物語――マルコによる福音書一六章一―八節の文学的アプローチ試論』ヨベル、二〇一二年、一二九頁）。これは確かに、マルコ福音書の文学的アプローチによる妥当な結論であろう。しかし、少なくとも「五千人の供食」物語の伝承史的基層において、「多くの人」はやはり難民状態に置かれた群衆と思われる。

おわりに

聖餐を受洗者に限ったのは、二世紀初期に成立した『十二使徒の教訓』（ディダケー）において初めてである。しかし、この文書においてさえ、聖餐と愛餐は分離されていなかった。それらが分離され、聖餐がサクラメントの一つとなったのは、四世紀以後の教父時代においてである（以上詳しくは④参照）。

漸く制度的に成立しつつあった当時のキリスト教共同体が、対外的には異教や異端に対して自己を防御する必要に迫られ、対内的には自己のアイデンティティーを強化する手段として、統合儀礼としての聖餐を、入信儀礼としての洗礼を受けた者に限ったことについては、時代的・歴史的状況を考慮に入れれば、一定の評価をすることはできよう。しかし、それはあくまでキリスト教がアイデンティティーを確立する手段であって、それが共同体形成のために目的化されてしまったなら、キリスト教における入信儀礼としての洗礼は、ユダヤ教における割礼と本質的には異ならないことになろう。

カトリック教会においては、聖書よりも教会の教義（ドグマ）を優先するので、四、五世紀に成立した教義に即して、受洗を聖餐（ミサ）に与る条件としている。しかし、プロテスタント教会は、宗教改革者ルター以来聖書を教義に優先させている。そして新約聖書には聖餐を受洗者に限定するか未受洗者にも開くかをめぐっては、今日の「再考」で詳述したように、多様な立場があるのだから、それらを一方に限って絶対化することはゆるされない。私見では、イエスの振舞いを介して啓示された神の恵みは「すべての人」に及ぶのであるから、いわゆる「オープン」の方がイエス自身の「罪人と共に生きる」立場に近いであろう。

（二〇一五年八月二三日、まぶね教会証詞）

50 『新約聖書』
――新約聖書翻訳委員会訳／岩波書店

「敵を愛せよ」は普遍的隣人愛ではなく、イエスのユダヤ人への問いかけだった

「新約聖書翻訳委員会訳」と称しているが、実はこの「委員会」メンバーは、いずれもかつて筆者のゼミ生で、大学教授となった面々である。青野太潮（現在新約学会長）はじめ七名が分担して新約諸文書を翻訳し、佐藤研と筆者が「責任編集」して上梓したのが本書である。その意味で筆者には翻訳に「責任」があるので、これを「「反知性主義」に陥らないための必読書」の一冊として挙げた。

一九八七年に日本聖書協会からカトリック・プロテスタントの『聖書　新共同訳』が出版され、

現在では広くキリスト教界に流布されている。しかし、筆者をはじめ当時のゼミ生からみると、この「新共同訳」の新約聖書は必ずしもギリシャ語原典に忠実ではなく、重要な術語でカトリックに傾く傾向がある。私たちはこれを意識して、出来うる限り原典に忠実に、教派に傾くことなく、新約学の「歴史的・批判的」知見を活かして、二〇〇四年に新しい聖書翻訳を一本にして世に問うた。

おそらく福音書に見出されるイエスの言葉ほど、いわゆる「反知性主義」に批判的な言辞はないであろう。たとえば、「敵を愛せよ」という言葉である（マタイ五・四四／／ルカ六・二七、三五）。この「愛敵」の勧めを、イエスは有名な「よきサマリヤ人《びと》の譬《たとえ》」をもって説いている（ルカ一〇・三〇―三六）。

当時、ユダヤ人とサマリヤ人はお互いを敵対視していた。ところがイエスの譬によると、盗賊どもに襲われ半殺しにされて横たわっていたユダヤ人を助けたのは、相次いで通りかかったユダヤの祭司でもレビ人（下級祭司）でもなく、何とサマリヤ人であった。道端に倒れていたユダヤ人を見て「腸のちぎれる想いに駆られ」（新共同訳では「憐れに思い」）彼を手厚く介抱したのである。この譬は、次の問いかけで終わっている。「この三人のうち、誰が盗賊どもの手に落ちた者の隣人になったと思うか」。

イエスがこの譬話を語ったのは紀元後二〇年代末と想定されているが、七〇年代に入って最初に著わされたマルコ福音書にこの話は収録されていない。八〇年代にマルコ福音書を一つの資料として書き改めたルカは、それまで言い伝えられてきたイエスの言葉伝承のなかからこの譬話を彼自身の福音書に編み入れた。その際に彼は、この譬の前後にそれが語られた状況を設定し、前の文脈（二五―二九）には「最大の掟」をめぐるマルコ福音書の記事（一二・二八―三四）を改変して置き、後の文脈（三七節）には譬を締めくくるイエスの問いかけ（三六節）に対する律法の専門家の答え「彼に憐れみ〔の業〕を行った者（サマリヤ人）です」を受けたイエスの勧め「行って、あなたもまた同じようにしなさい」を置いた。こうしてルカは、「よきサマリヤ人の譬」を、民族を超えた普遍主義的「隣人愛」のモデルとして読者に提示したことになる。しかしこれは、イエスの問いかけに対するルカ（私見ではマケドニア出身のギリシャ人）の応答であって、愛敵の譬に対してユダヤ人の聴衆に主体的応答を求めたイエス自身の意図との間にはずれがある。特に「憐れみの業」には、ルカ文書に特徴的な「上からの目線」が透けて見えよう。「憐れに思い」（新共同訳）も同様である。

イエスは元来、社会的弱者を「敵」視して社会から切り捨てようとする律法学者と対峙して「愛敵」を説いた。しかしこれを、普遍的「隣人愛」のモデルとして福音書に編み込んでしまったら、キリスト教的偽善として「反知性主義」者による批判を免れないであろう。この点に関する限り、岩波版『新約聖書』の翻訳者たちにとっては共通する認識である。

『「反知性主義」に陥らないための必読書70冊』（文藝春秋社）、二〇一五年

51 「タツさん」に寄せて

「タツさん」とは、安藤タツヨさんの愛称である。彼女は、安藤仁一郎《にいちろう》さんの長女で、私が五歳頃まで我が家の「お手伝さん」として来てくださり、私たち兄弟は彼女のことを「タツさん」と呼んでいた。私の母は、私を産んだ後、産後のひだちが悪く、育児や家事を殆どできなかったため、タツさんはいわば「乳母」のような存在であった。今でも私は、タツさんの背中のぬくもりを憶えている。

タツさんの父・仁一郎さんは、大曲教会の創立に貢献した後、「満州開拓団」の指導者として開谷地の農民を率い、中国北東部に移民、敗戦後彼らと共に辛苦を経て帰国、柏林に入植・定住を果たした。柏林への入植者が彼の影響下、大曲教会・荒井源三郎牧師の指導で集団受洗をしてクリスチャン・コミュニティーを形成したことは、当時のマス・メディアでも大きく報道され、有名になった。

一九九九年の夏、私は亡妻・英子（当時・恵泉女学園大学講師）と同大学の学生・平田千晴さん

（当時、「日本の「満州」支配とキリスト者」のテーマで卒業論文を執筆中。その後結婚して諏訪姓）に同行して柏林にタツさんを訪ねている。その時私は、平田さんの聞き取り調査の「通訳」の役割を果たしたのだが、その結果明らかになったのは、仁一郎さんが「満人」（中国北東部の原住民）から慕われ、敗戦直後も彼らによってむしろ助けられたという事実である。彼が自覚的クリスチャンとして稀有な「人格者」であったことは、私の処女論文「安藤仁一郎」（『福音と世界』一九五八年七月号、本書一二頁以下）に詳述されている。

しかし、当時の日本の「満州開拓農業移民計画」は、「軍」の中国侵略の一貫として計画され、「その性格（本質）は「対ソ防衛予備軍（屯田兵）」の役割を課せられた棄民政策」であり、「開拓民は戦争の加害者であると同時に被害者でもあった二面性に気づいたのは戦後の事で」あった（高橋勉「柏林の歩みとその歴史」『柏林戦後開拓五十年記念誌　とこしえの徴』記念事業実行委員会編、精巧堂印刷所、一九九七年、二三頁）。

このことに、安藤仁一郎ともあろう人が、どうして満州への移民以前に気づかなかったのであろうか。それは安藤さんの責任というよりも、当時の日本の戦時体制に基づく侵略政策に抗うことなく、結果としてはそれにイデオロギー的に協力した、キリスト教界指導者の責任である。

大曲教会が創立百年を迎えようとする今日、このようなキリスト教界の「負の遺産」を無視することはできなかろう。歴史の将来は、負の遺産と向き合うことなしに、構築することはできないからである。

『これまでもこれからもキリストの恵みに満たされて』（日本基督教団大曲教会創立百周年記念文集、大曲教会創立百周年委員会）、二〇一六年

52 「受けるよりは与えるほうが幸いである」（使二〇・三五）再考

はじめに

講演のタイトルに「再考」とつけた理由について一言。去る五月九日、青山学院大学同窓会基督教学会の今年度春の研修会で、私は「「受けるよりは与えるほうが幸いである」（使二〇・三五）をめぐって」というタイトルで講演をした。その時、私の講演の前に、佐竹明氏がパウロの「献金」運動に関する講演をして、だいぶ時間を超過したために、私の持ち時間が短くなり、十分意を尽くすことができなかった。今日は、その時の佐竹氏の講演をも活かしながら、使二〇・三五に引用されている「主イエスご自身の言葉」について「再考」することとする。

東北大震災（二〇一一年三月一一日）の数日後、被災地の気仙沼・唐桑に住む未知の方から電話があって、次のような質問を受けた。――東京から来たクリスチャンとおぼしき団体が「受けるよりは与えるほうが幸いである（イエス）」と書いたのぼりを立ててボランティア活動をしている。しかし、いささか違和感があり、イエスはこの言葉をどういう文脈で話したのかを調べるために、かつて読んだことのある『イエスとその時代』（拙著、岩波書店、一九七四年）を再読してみたけれど、この言葉を見出すことができなかった。これは福音書のどこに記されているのか、と。私はこの質問に対して、次のように答えたと記憶している。――この言葉は福音書にはない。ただ、『ルカによる福音書』の著者と言われるルカが書いた『使徒言行録』の中で、パウロがミレトスでエフェソから呼び寄せた教会の長老たちに語った「別れの言葉」（二〇章一八―三五節）の最後（三五節）に「主イエスご自身の言葉」として引用されている。しかし私には、イエス自身の言葉とは思われない、と。

この度私は、『使徒行伝』下巻（一八章二三節―二八章三一節の注解）を新教出版社から上梓したので、二〇章三五節の釈義を踏まえ、以下に、この「主イエスご自身の言葉」をめぐる私見を述べることとする。

この言葉は、パウロが語った「別れの言葉」の最後の文節（三二―三五節）の最後（三五節）に引用されている[1]。

三二そして今、私はあなたたちを、神とその恵みの言葉とに委《ゆだ》ねます。この言葉は、〔あなたたちを〕建《た》て、すべての聖《きよ》められた者たちの間で、〔あなたたちに〕遺産《いさん》を与える力があるのです。三三私は誰《だれ》からも、金銀《きんぎん》や衣服《いふく》を欲《ほ》しがったことはありません。三四あなたたち自身が知っているように、〔私の〕この両手は、私の必要《ひつよう》のためにも、また、私と一緒《いっしょ》にいた人たちのためにも働《はたら》いたのです。三五あなたたちも同じように苦労して、弱《よわ》い人々を助け、主《しゅ》イエスご自身が言われた「受けるよりは与えるほうが幸《さいわ》いである」という言葉を、心に留《とど》めておくように、私はあらゆる点においてあなたたちに模範《もはん》を示したのです。

1　パウロの場合

パウロはエフェソ教会の長老たちに対する「別れの言葉」を締めくくるに当たり、彼らが「弱っている人々」（経済的弱者つまり貧者）[2]に採るべき振舞いの「模範」として当該の「イエスの言葉」を提示しているのであるから、それがどの程度、パウロ自身が著した手紙に対応するかを、問わなければならない。

まずパウロは、テサロニケ人への第一の手紙において、彼らに対し、誰かの助けを必要とすることがないために、自らの手でもって働くように（四・一二）、また、弱い人たちを支えるように（五・一四）勧めている。

次にパウロは、コリント人への第二の手紙において、同地の信徒たちに対し、マケドニア人のように、エルサレム教会の貧しい人々への募金を繰り返し勧めており（八―九章）、彼らに勧める「恵み（としての献金）」を「私たちの主イエス・キリストの恵み」に重ねている（八・九）。「すなわち彼は、富んでおられたのに、あなたがたのために貧しくなられた。それはあなたがたが、彼の貧しさによって富む者となるためである」。同時にパウロは、「喜んで与える人を神は愛してくださる」という箴言二二・八LXXを引用した後に（九・七）、「神は、……あなたがたがあらゆるよい業に満ち溢れるように、あらゆる恵みをあなたがたに満ちあふれさせることがおできになる」（九・八）、そして「この奉仕の働きは、（エルサレム教会の）聖なる者たちの不足を補うばかりでなく、神に対する多くの感謝を通してますます盛んになるからです」（九・一二）と言う。[3]

最後にパウロは、ローマ人への手紙を締めくくるにあって、前述のマケドニア州（テサロニケ教会）とアカイア州（コリント教会）によるエルサレム教会の聖徒たちのなかの貧しい人々への醵金をエルサレム教会へ持参する希望を述べながら、彼ら異邦人は貧しい人々の「霊的なもの」に与ったのだから、「肉的なもの」で彼らを助ける義務がある、と述べている（一五・二五―二七）。

以上要するに、パウロがその手紙において、異邦人に、貧しい者たちへの援助を恵みの業として勧めている限りにおいて、行伝におけるパウロによるエフェソ教会の長老たちへの経済的「弱者」に対する援助の勧めと重なってはいる。しかし、その意味づけには明らかに差異がある。行伝におけるパウロは、「与える」ことの勧めを「主イエス・キリストご自身」に遡らせているのに対し、書簡におけるパウロはそれを霊的に富んでいるのに肉的に貧しくなられた「主イエス・

キリストの恵み」に与るため、あるいは、「霊的なもの」と「肉的なもの」との相互授受のため、と意味づけている（この意味づけは、佐竹によれば、「双方向受益型」）。

元々パウロには、「受けるより与えるほうが幸い」という、「与える」を「受ける」に優先させる思想的余地はない。彼にとって、両者は「霊的なもの」と「肉的なもの」との相互授受という関係において「均等」（ἰσότης. Ⅱコリ八・一三―一四）、佐竹によれば「平等の強調」なのである。(4)

「与える」方を「受ける」方に優先させるのはむしろ、パウロの名によって書かれた『エフェソ人への手紙』における「新しい生活の戒め」に近いであろう。――「（あなたがたは）むしろ、苦労し、（自分の）の手で糧を稼ぐべきである。欠乏する者に分け与えるべき物を手にするため（である）」（四・二八）。この手紙はその成立年代において（八〇―九〇年代）パウロの真正な手紙（五〇年代）よりも行伝（九〇年代）に近いことを確認しておこう。しかもこの句は、形式的には「エフェソ人」に宛てられており、内容的にも使二〇・三四―三五に近い。

2　使徒教父文書の場合

実際、一世紀末以降の使徒教父文書には、使二〇・三五の「主イエスご自身の言葉」に類似する言葉が「主の教訓」として伝えられている。たとえば、

①「誡命に従って与える人は幸いだ。その人は罪なき者だからである。（ものを）貰う人は

わざわいだ」（『十二使徒の教訓』一・五）。

②「貰うために手を伸ばすが、与えるために手を引っ込める人になってはならない」（同四・五『バルナバの手紙』一九・九）。

③「（君たちは）受け取るよりもむしろ与えることのほうに喜びを抱いている」（『クレメンスの第一の手紙』二・一）。この言葉は九六年頃にローマの司教クレメンスによりアカイア州コリントの信徒たちへ賛辞として送られたものである。

④「善をなし、神がおまえに与える労働の収益から——だれに与えようか、だれに与えまいかなどと迷うことなしに——物惜しみせずに分け与えなさい。なぜなら神は、ご自分の賜物からすべての人々に分け与えることをお望みになっておられるからである」（『ヘルマスの牧者』第二のいましめ、四）。この文書は二世紀の中頃にローマで一信徒によって著されたものである。(5)

もちろん③④は、①②のように「主の教訓」ではない。しかし、③は文体的には使二〇・三五の「イエスご自身の言葉」に近く、この手紙の成立年代も行伝のそれと重なっていることに注目したい。つまりこの頃には、ヘレニズム・ローマのキリスト教界において、「与える人が幸いだ」という言葉は、あるいは「主の教訓」として、あるいは一般的美徳として流布されていたのである。

3　ヘレニズム・ローマ文学の場合

これに類する言葉は、ヘレニズム時代のディアスポラ・ユダヤ教文書にも「知恵の言葉」として見出される。パウロが前述したコリント人への第二の手紙九・七で引用している箴言二二・八LXXのほかにも、シラ書三・三〇―四・一九、とりわけ四・八に、「貧者への施し」が勧められている。――「貧しい人の訴えに耳を傾け、穏やかにそして柔和に、答えるがよい」。

この種の言葉は、いずれも富者に対する貧者救済の勧めで、ユダヤ・キリスト教界以外にも広く、おそらく格言として、ギリシア・ローマ世界に広く知られていた。

使二〇・三五の「イエスの言葉」すなわち「受けるよりも与えるほう（μᾶλλον διδόναι ἢ λαμβάνειν）が幸いである」に、少なくとも文体的に最も近いのは、ギリシアの歴史家トゥーキュディデース『戦記』Ⅱ、九七の場合である。この記事によれば、オドリュウサイ人は、トラーキア人と同様に、「ペルシア人の慣習とは逆に、与えるよりも受ける（διδόναι μᾶλλον ἢ λαμβάνειν）を徳とする風習があった」。ペルシア人（その王侯貴族）は、「受けるよりは与えるほう」（μᾶλλον διδόναι ἢ λαμβάνειν）を徳としていたのである。[6] ギリシアの哲学者アリストテレスも『ニコマコス倫理学』の中に次のように記している。――「恩恵を与える方が、……人の器量として相応しいことだ」（Ⅳ、一、七。プルータルコス『倫理論集』Ⅱ、一七三dをも参照）。これはローマ人にとっても美徳であった（セネカ『書簡集』八一、一七）。

4 イエスと福音書の場合

以上のように、当該「イエスの言葉」に類似する言葉はキリスト教と無関係にギリシア・ローマ世界に広く伝えられていたことを認めながらも、これを思想的あるいは歴史的にもイエス自身に遡らせようとする注解者が多い。(7) たとえば、ウィザリントンによれば、「われわれがここ（使二〇・三五）に見出すことのエッセンスはルカ六・三五―三八にも見出される」（六二六頁）。

しかし、ルカ福音書のこの箇所は、イエスによる「愛敵」の勧め（六・三五a／マタイ五・四四）を「無償の愛」ととるルカの解釈部分であることは、六・三五b以下から明らかである。なぜなら、この箇所、とりわけ愛敵の勧めに後続する三五節aの後半「また、〔彼らに〕良くせよ、また少しも失望することなく、金を貸せ」、三六節bの前半「そうすれば、あなたたちの報いは多くなるだろう」、三七節b―三八節a「また、罪に定めるな、〔あなたたちは〕罪に定められることもないだろう。赦せ、そうすれば〔あなたたちは〕赦してもらえるだろう。与え〔続け〕よ、そうすればあなたたちも与えられるだろう」にはマタイ福音書に並行句がないからである。つまり、ルカ六・三五―三八は「無償の愛」としての「愛敵」の勧めのルカによる「エッセンス」であって、イエスに遡るものではない。

もっとも、このような「無償の愛」としての「愛敵」の勧めが、マタイとルカが共通して拠ったイエスの語録伝承（いわゆるQ文書）に遡ることは、先に引用したルカ六・三五bの前の文脈（六・三二―三四）がマタイ福音書（五・四六―四七）と並行していることからみて確かである。

マタイ福音書五章

四六節

というのも、
あなたたちを愛している者たちを
愛したとしても、〔あなたたちは〕
何の報いを受けるというのか。
徴税人たちでも同じことをしている
ではないか。

四七節

また、あなたたちの兄弟たちだけに
挨拶したとて、〔あなたたちは〕何の
優れたことをしているというのか。

ルカ福音書六章

三二節

それに、もし
あなたたちを愛している者たちを
愛したとしても、あなたたちには
どのような恩恵が〔与えられる〕と
いうのか。まさに罪人でも、自分を
愛してくれる者を愛しているのだ。

三三節

また、〔実のところ〕あなたたちに
良くしてくれる者たちに良くしたとて
あなたたちにはどのような恩恵が

異邦人たちでも同じことをしているではないか。

〔与えられる〕というのか。

三四節 また、取り〔返す〕望みのある者たちに金を貸したとて、あなたたちにはどのような恩恵が〔与えられる〕というのか。罪人たちでも、同じ〔額〕を取り戻すつもりで、罪人たちに金を貸しているのだ。

しかし、この伝承において無償の愛に生き得ないマイナスの実例として「徴税人や異邦人」（マタイ）／「罪人」（ルカ）が挙げられている限りにおいて、これはイエス自身に遡るとは言えないであろう。「収税人や異邦人」という表現はQ（文書の編集者）に遡るとしても、マタイはこれを「悔い改めない者」と同等にとっている（一八・一七参照）。ルカはこれを同意にとって「罪人」と書き換えた（五・三二参照）。

イエスはむしろ、ファリサイ派の律法学者たちにより「律法を知らない」「不浄な民」として差別されていた「徴税人や罪人」と食事を共にし、そのことを非難されたとき、「私は『義人』どもを呼ぶためではなく、『罪人』どもを呼ぶために来たのだ」と宣言している（マルコ二・一三―一七）。それはイエスが、この世に実現されつつある「神の王国」（神の愛の支配領域）において、神の愛は「無資格者」「社会的弱者」にこそ注がれると説き、イエス自身に、そのような人々の一人になりきって、つまりユダヤ教の指導者からみると「呪われた者」として十字架上に処刑される用意があったからである。

こうしてみると、「敵を愛せ」というラディカルな要求も、この世に開始しつつある神の王国における「無資格者」に対する神のラディカルな愛に一致するのではなかろうか。この世の価値基準からみて愛するに値しない、あるいはむしろ憎しみの対象となる「無資格者」をこそ愛しなさい、ということである。そもそも「善人」と「悪人」を区別する人間の価値基準は、神の愛に直面して、相対化されなければならない。もともと、愛敵の勧めの根拠は、人間の価値基準を相対化する神の慈しみであった（マタイ五・四五「なぜなら父（神）は、悪人たちの上にも善人たちの上にも太陽を上らせ、義なる者たちの上にも不義なる者たちの上にも雨を降らせて下さるからである」参照）。神は人間をまるごと無条件に肯定する。「愛敵」は、このような人間に対する神の恵みへの自発的応答ということになるだろう。これを「無償の愛」にすり替えたのは、前述のようにQ文書の編集者なのである。

5　ルカ福音書・行伝の場合

ところが、先に引用したイエスの言葉（マルコ二・一七）のルカ福音書における並行箇所は、次のようになっている。「私が来たのは、義人たち呼ぶためではなく、罪人たち呼んで改心させるためである」（五・三二）。ルカにとって「罪人」は、マルコ福音書の場合におけるように「社会的弱者」ではなく、宗教的に「改心を必要とする人間」なのである（一五・七、八をも参照）。

他方、イエスの「幸いの詞」のルカ版では、「幸いだ、乞食たち。神の王国はそのあなたたちのものだから」と言われている。この言葉のマタイ福音書における並行箇所（五・三「幸いだ、乞食の心を持つ者。天の王国はその彼らのものであるから」）からみて、ルカ版の「あなたがた（弟子たち）のもの」は、元来「彼らのもの」、すなわち「乞食」など極貧者のものであったと想定されている。ルカにとって「あなたがた」とは、「一切を棄てて」イエスに従った弟子たちなのである（五・一一 diff. マルコ一・二〇／マタイ四・二二）。[8]

実際ルカは、Q資料に「施し」の一句を加筆している（ルカ一一・四一 diff. マタイ二三・二六、ルカ一二・三三 diff. マタイ六・二〇）。ルカにとって、貧民に対する慈善行為は最大の美徳だった（使九・三六、一〇・二、一一・二九、二四・一七をも参照）。

だからこそルカは、エフェソの長老たちに対するパウロの別れの言葉を締めくくる際に、「受けるよりは与えるほうが幸い」という言葉を「主イエスご自身の言葉」として引用できたのである。

ルカは、おそらくマケドニア出身のギリシア人で、元来ユダヤ教の「神を畏れる」異邦人であった。[9] 福音書・行伝の主たる読者にも彼と同種の富裕な異邦人を想定していたと思われる。ルカは福音書の献辞で同書（と行伝）を「テオフィロス閣下」に献呈している（一・三）。

それだけにルカは、ペトロと使徒たちに、エルサレムの最高法院における大祭司の尋問に対して、「人間に従うよりも、神に従うべきです」という、ソクラテスの弁明（二九D）を彷彿させる言葉を語らせることができたし（五・二九）、パウロには、アグリッパ王の前における弁明の中で、自らキリスト教徒迫害へ赴く途上、ギリシア悲劇作家エウリピデス『バッカイ』（七九五）などに見出されるギリシアの格言「とげのある棒を蹴るのは難しい」をイエスが天から語りかけた（二六・一四）、と彼に述べさせることができたのである。

従って、とりわけ上述の『戦記』Ⅱ、九七を典拠として、これに類する言葉はおそらくギリシアの格言として当時のヘレニズム・ローマ世界に広く知られており、それをルカが「主イエスご自身」の言葉としてパウロの口に入れた、と想定する注解者たちも多い。(10)

しかし、これも上述したように、ルカが行伝を執筆した時代の前後、すなわち一世紀末から二世紀にかけて、これに類する言葉が、行伝とは別に、エフェソ人への手紙や使徒教父文書に「主の教訓」として伝えられている。とすればルカが、当時地中海世界の諸教会にイエスの言葉として伝承されていた句を、ミレトスにおけるエフェソ教会の長老たちに語ったパウロの「別れの言葉」を締めくくるにあたり、彼らに対するパウロの教訓の裏づけとして引用したと想定する方に、(11)より蓋然性があると思われる。

おわりに

冒頭で言及した被災地の方が、この言葉に「違和感」を持ったのは、これから透けて見える「上からの目線」に気づかれたのではなかろうか。社会的弱者に立ち尽くしたイエスには彼らに対して少なくとも「上からの目線」は無かったと思われる。

もちろんイエスは聴衆に「与えよ」（ルカ六・三〇、三八、一一・四一、一二・三三、一八・二二）と命じてはいる。しかし、「与えるほうが受けるより幸い」とは言っていない。ここに、適用における「捩れ」（a twist）が見出される。そして、その原因には、適用対象の変化が想定されよう。

イエスとその弟子たちの宣教運動は、パレスチナの辺境ガリラヤの町々・村々をめぐり、主として社会的弱者を対象にして行われた。彼ら「巡回霊能者」を経済的に支えたのは、比較的に裕福な地域集団であったと想定される。この集団が、Q伝承におけるイエスの愛敵の勧めを、文書化して編集する際に、無償の愛として理由づけた可能性があろう。

パウロ（ユダヤ人ローマ市民）の宣教活動は、基本的にイエス運動を継承してはいたが、それはローマ帝国の地中海沿岸諸都市で行われ、彼の宣教目的は、各都市にキリスト者共同体（教会）を形成することにあった。[12]

おそらくルカは、前述のように、パウロによって創設されたマケドニア州のフィリピ出身のギリシア人信徒であったと思われる。このルカが、エフェソ教会の長老たちに向けてパウロの「別れの言葉」を編集し、その締めくくりに、パウロをして、彼らに対して「主イエスご自身の言葉」を適用せしめた。ここに「捩れ」の原因が想定されるであろう。(13)

要するにルカは、彼の時代に伝承されていたイエスの言葉をパウロの「別れの言葉」の締めくくりに編集した。この言葉から透けて見える「上からの目線」には、伝承者の、とりわけそれを編集したルカの社会層が反映しているのであって、この言葉は「下から目線」をもって社会的弱者に寄り沿ったイエスの振舞いに相応しくないのである。

注

(1) 以下、新約聖書からの引用は、新約聖書翻訳委員会訳『新約聖書』岩波書店、二〇〇四年より。

(2)「弱っている人々を助けること」(ἀντιλαμβάνεσθαι τῶν ἀσθενούντων) のなかの τῶν ἀσθενούντων (ἀσθενέω「無力である、弱い」の現在分詞複数属格で、分詞の名詞的用法) という表現を、ルカは「病人」の意味で用いる場合が多い (ルカ四・三〇 diff. マル一・三二/マタ八・一六、ルカ九・二、使一九・一二など)。しかし当節では、これに続く言葉からも、病人 (田川建三『新約聖書 訳と註 二下 使徒行伝』作品社、二〇一一年、五六〇頁) というよりは——後述のように——第二パウロ書簡 (エフェ四・二八) に特徴的な、経済的に欠乏している人々を意味している。Schneider, G., Die Apostelgeschichte, (Herders theologischer Kommentar zum Neuen Testament), II.Teil: Kommentar zu Kap. 9,1-28,31, Freiburg/Basel/Wien, 1982. S. 229, Anm. 73; Weiser, A., Die Apostelgeschichte, (Ökumenischer Taschenbuch-Kommentar zum Neuen Testament), Kapitel 13-28, Würzburg,1985, S. 580; Pesch, R., Die Apostelgeschichte,

I. (Evangelisch-Kathorischer Kommentar zum Neuen Testament), II.Tailband: Apg 13-28, Neukirchen-Vlyun, 1986, S. 206; Barret, C. K., The Acts of The Apostles, (A Critical and Exegetical Commentary), Vol. II: Introduction and Commentary on Acts XV-XXVIII, Edinburgh, 1998, p. 986; Jervell, J., Die Apostelgeschichte (Kritisch-exegetischer Kommentar über das Neue Testament), 17. Aufl., 1998, S. 514. Bauer-Aland, Griechisch-deutsches Wörterbuch zu den Schriften des Neuen Testaments und der frühchristlichen Literatur, 6. Aufl., Berlin-New York, 1988, S. 231,2; Zmievski, Z., in: Exegetisches Wörterbuch zum Neuen Testament, hrsg. von H. Balz u. G. Schneider, 3Bde, Stuttgart, 1980-1983（『ギリシア語 新約聖書釈義辞典』Ⅰ、日本語版監修荒井献、H・J・マルクス、教文館、一九九五年、二〇頁）: Prast, F., Presbyter und Evangelium in nachapostolischer Zeit. Die Abschiedsrede des Pauls in Milet (Apg 20, 17-38) im Rahmen der lukanischen Konzeption der Evangeliumsverkündigung, Stuttgart, 1979, p. 151; Hays, C. M., Luke's Wealth Ethics. A Study in Their Coherence and Character, Tübingen, pp. 257f.; Longenecker, B.W., Remember the Poor. Paul, Poverty, and the Greco-Roman World, Michigan/Cambridge, UK, 2010, p. 151f. も同様。

（3）佐竹明「恵みとしての献金——なぜパウロはエルサレム教会宛の献金を提案したか」『福音と世界』二〇一六年、五月号、一二—一七頁。特に一五頁以下参照。——「「献金」は使徒が自分のイニシアティブで集めるものではない。それはその意味で、信徒の業績に数えられるべきものではない。神が主導権を持ち、信徒たちをその支配下において、「献金」へと動かし、そのことにより彼ら自身に恩恵をもたらす、それが「献金」の本質だ、と彼は言おうとしている」。

（4）Holz, T. in：前掲『ギリシア語 新約聖書釈義辞典』Ⅱ、一九九四年、二四九頁参照。この意味で、当節のイエスの言葉が真正なパウロ書簡に一致するという、前掲 Longenecker, p.252 の主張には説得力がない。

（5）以上、使徒後教父文書からの引用は、『使徒教父文書』荒井献編、講談社、一九九八年より。

（6）トゥーキュディデース『戦記』（上）、久保正彰訳、岩波書店、一九六六年、二九〇頁から引用。四〇六頁、訳者註九参照。

（7）Rackham, R. B., The Acts of The Apostles (Westminster Commentaries), London, 1901, p.396; Williams, C. S. C., The Acts of The Apostles (Black's New Testament Commentaries), London, 1957, p. 235; Hanson, R. P. C., Acts in The Revised Standard Version, Oxford, 1967, p. 206; Packer, The Acts of The Apostles (The Cambridge Bible Commentary on The New English Bible), Cambridge, 1973, p. 173; Marshall, I. H., Acts. An Introduction and Commentary, (Tyndale New Testament Commentaries), Leicester, 1980, p. 336; Ben Witherington III, The Acts of The Apostles. A Socio-Rhetorical Commentary, Grand Rapids/Cambridge, 1998, p. 626; 土戸清『使徒言行録　現代へのメッセージ』日本キリスト教団出版局、二〇〇九年、二八五頁など。

（8）詳しくは、荒井献『イエス・キリストの言葉――福音書のメッセージを読み解く』岩波書店、二二―三五頁参照。

（9）詳しくは、拙著『使徒行伝』中巻、新教出版社、二〇一四年、三四五頁参照。

（10）Haenchen, E., Die Apostelgeschichte, (Kritisch-exegetischer Kommentar über das Neue Testament), 7. Aful., Berlin, 1977, S. 569f., Anm. 5; Schneider, op.cit., S. 299; Weiser, op. cit., S. 580; Pesch, op. cit., S. 206; Barret, op.cit.,p. 986; Jervell,op.cit., S.514; Lüdemann, G, Das frühe Chiristentum nach den Traditionen der Apostelgeschichte. Ein Kommentar, Göttingen, 1987, S.237; Zmijevski, Z., Die Apostelgeschichte, (Regensburger Neues Tesutamet), S.747; Pervo, R. I., Acts. A Commentary, (Hermeneia–A Critical and Historical Commentary on the Bible), Minneapolis, 2009, p. 529; 真山光弥「使徒言行録」（川島貞夫、橋本滋男編『新共同訳　新約聖書注解』I、日本基督教団出版局、一九九一年所収、六三八頁）。Jeremias, J., Unbekannte Jesusworte,

Gütersloh, 3. Aufl, 1963, S. 37; 前掲 Prast, op.cit., p. 155f.; Teißen, G. Die Jesusbewegeng. Sozialgeschichte einer Revolution der Werte, Gütersloh, 2004（タイセン、G、『イエス運動——ある価値革命の社会史』廣石望訳、新教出版社、二〇一〇年、三三九—三四〇頁）も同様。

（11）前掲 Lüdemann, ibid. や真山「使徒行伝」同頁も、ルカが伝承を採用した可能性をも示唆しているが、その論拠を挙げていない。

（12）詳しくは、前掲タイセン『イエス運動』を参照。

（13）「捩れ」（a twist）とその原因については、Tannehill, R.C., The Narrative Unity of Luke-Acts. A Literary Interpretation, Vol.2: The Acts of Apostles, Minneapolis, 1990, p.260 参照。前掲 Hays（Luke's Wealth Ethics, pp. 259f.）は、Tannehill の「捩れ」説を批判して、福音書出自のイエスの言葉伝承と当節の「主イエスご自身の言葉」との整合性を主張しているが、説得力がない。

（二〇一六年六月一一日、使徒行伝注解全三巻完結記念講演、教文館において）

『福音と世界』（新教出版社）、二〇一六年六月号

53 響

――大庭昭博君への想いに寄せて

大庭君への想いを四点語らせていただきたい。

①大庭君は、今から五年半ほど前に亡くなった私の妻・英子と青学神学科で同学年でした。この学年が四年生を終えた時、神学科が廃科となって、同窓生は大学院へ進学できなくなりました。英子は学部卒業後、ＮＣＣに勤めましたが、大庭君は他の数人と共に立教大学のキリスト教学科大学院に転入学しました。その数ヶ月前に立教の新約学担当教師から私に連絡があり、私は、青学神学科からの転入生が大学院を卒業するまで、立教の非常勤講師を依頼されました。私はその時点では青学から東大に移っていましたので、青学神学科が廃科になったおかげで、一年間だけでしたが、私と大庭君は師弟関係になりました。その時私は、ゼミ形式で、タイセン『イエス運動の社会学』のドイツ語原典をテキストにしました。大庭君は、クラスの中で抜群によくドイツ語を読み解いたことを憶えています。ゼミの後、クラスの学生とよく飲みに出ましたので、特に

大庭君とはそれ以来「飲み友達」になった次第です。

②大庭君は、立教大学大学院修士課程を修了後、教師試験にパスして、名古屋市の郊外・碧南教会に担任教師として赴任しました。その数年後、私は名古屋の御器所教会（ちなみに、当時の牧師が、その後教団から紅葉坂教会の牧師職を解任されて有名になった北村滋郎さんでした）から招かれて、礼拝のメッセージを担当しました。その日の午後、大庭君と共にお茶を一緒した席に、彼が連れてきたのが百合さんでした。彼が百合さんを私に紹介しようとしたのですが、彼女は恥ずかしがって、彼の背後に隠れ、中々顔を見せてくれませんでした。その振舞いがいかにも初々しく可愛らしくて、大庭君の碧南教会における唯一無比の成果が百合さんだな、という想いを今でもしています。

③その後大庭君は、主任担任牧師として佐世保教会に招かれました。この間に一度、私は佐世保教会で礼拝メッセージを担当しました。この頃になると、百合さんも、牧師の立派なパートナーとして、またオルガニストとして教会に奉仕しており、一児の母になっておりました。その大庭夫妻の長男が、今はお医者さんになっていると聞きました。その日の夕方、私は大庭君に誘われて、飲みに出たのですが、彼は学生時代のように深酒はできませんでした。肝臓が悪いとのことでしたが、これが結局は彼の死因となったのでした。

④大庭君が関田さんの後任として青山学院大学の宗教主任に移った後、一年間、私の所属するまぶね教会が無牧であったことがあり、その間関田さんに代務をお願いし、月に一回大庭君

にまぶね教会で説教をしていただきました。一連の説教の一つが、『まぶね四〇年誌』（二〇〇七年）に掲載されています。それは「響」という題で、「貧しいやもめの献金」の記事（マルコ一二章四一―四四節）をテキストとして話しています（二〇〇一年一二月一六日）。この説教の結論部分で、大庭君は次のように語っています。――「イエスとの出会いはこの世において、消えゆくような魂から発せられる音の響を、聖書を読む者が受けとめるようにと促しております。魂の響合いを待っているのでありましょう。イエスは聖書を読む者を様々な響、余韻に誘っています。その魂に心を開くことが、イエスの福音を受け入れる、静かな喜びへとつながるような、そのような招きを、貧しいやもめの献金の記事は語っているのでありましょう」（二〇―二一頁）。

大庭君は一〇年前からイエスと共に天国にあって「この世において、消えゆくような魂から発せられる音の響を受けとめるように」私たちに「促しております」。この促しに応えてゆくことが、彼の昇天一〇年の今日を期として、改めて私たちに与えられた使命ではないでしょうか。

（二〇一六年三月二一日、大庭昭博君の記念会、渋谷教会において）

54　愛をとおして働く信仰

――天皇の生前退位と代替りをめぐって

ガラテヤの信徒への手紙五章六節

先月の一五日に、私はまぶね教会の「天皇制を考える会」でテキスト『「憲法改正」の真実』（樋口陽一、小林節、集英社新書）の第九章（最終章）「憲法を奪還し、保守する闘い」を担当し、以下のような感想を述べた。

今回の本書第九章（最終章）を読んで、私はガラテヤ書五・一、一三を想起した。

「キリストはこの自由へと私たちを解き放って下さったのだ。それゆえに、あなたがたは堅く立って、再び奴隷状態の軛にはまってはならない」。

「実際、あなたがたは自由へと召されたのだ。兄弟たちよ、ただその自由を、肉へと向かう機会に用いず、むしろ、愛をとおしてあなたがたは互いに仕え合いなさい」。

日本国憲法は元来、敗戦により、国民の個々人が専制的・排外的な圧政から解放されて与えられた「自由」のいわば「証」として制定され、国民に受容されたものである。この憲法により、日本はその後七〇年以上にわたり、辛うじて平和を維持してきた。しかし現在日本国民は、自民党の掲げる「新自由主義」に基づく為政によって、戦後の自由の価値を否定して、東アジア的な専制をねらう「奴隷状態の軛」にはまりつつある。自民党は、その「日本国憲法改正草案」の「前文」に、日本国は「国民統合の象徴である天皇を戴く国家である」という文章を置き、天皇制による「東アジア的な専制」をねらっている。私たちはこれに抗して、「自由」という憲法の本来の価値を取り戻し、それを持続する手段としての「愛」をもって、互いに仕え合わなければならない。国民統合の絆はこの愛であろう。天皇が国民統合の象徴であるとすれば、互いに仕え合う愛の象徴として位置づけられよう。私には、今上天皇明仁の退位をほのめかす「お言葉」にこの愛の片鱗が透けて見える。この問題を考えるためには、私が天皇制を考える会の次回以降のテキストとして推薦した『近代天皇制論——「神聖」か「象徴」か』（片山杜秀、島薗進著、集英社新書）が参考になる。

ところで、最近政府は、現・明仁天皇の退位をほのめかす「お言葉」を忖度して二〇一九年春に明仁天皇から次の徳仁天皇への代替わりを想定している、と報道されている。間もなく、次期天皇の「即位の礼」、そして「大嘗祭」が行われ、元号が改元されるということである。「このような事態に対して、私たちはキリスト者としてどのように対すべきかが問われます」と、戒能信生・千代田教会師が最近発行された雑誌『時の徴』一四九号で問題提起をしている（「平成天皇の生前退位と代替わりについて　一九九〇年NCC大嘗祭問題署名運動センターの経験から」）。

戒能牧師が自分の経験に即して記しているように、一九八九年に昭和天皇が病没し平成天皇へ代替わりした時には、翌年日本基督教団に「天皇代替わりに関する情報センター」が設置され、NCCには「大嘗祭問題署名運動センター」が発足して、キリスト教界は、カトリック教会をも含めて、反天皇制の運動を大々的に展開した。その理由は主として、昭和天皇がアジア・太平洋戦争の責任をとらなかったこと、明仁親王が天皇即位に際し、慣例に従ってではあるが、大嘗祭における自己「神化」の秘儀に参入したことにある。もちろんまぶね教会もこの運動に参加すると同時に、礼拝後に「天皇制を考える会」を発足し（一九九〇年）、細々ながらも、今日に至っている。

それなのに、どうしてこの度の代替わりに関連しては、キリスト教界から批判の声が上がらないのであろうか。これは、私見では、二つほどの理由がある。

第一は、日本基督教団をはじめキリスト教界が最近、政治の動向を反映するかのように、保守化して、信仰告白や教憲教規などの遵守を強調し、社会問題には無関心になっていること。第二には、明仁天皇が昭和天皇と異なって、即位の礼に際し自らの意志で「国民と共に」「憲法を護り」と表明し、それを「慰霊の旅」などによって実行していること。この「慰霊の旅」を戒能牧師は、昭和天皇に代わって明仁天皇が戦争責任を果たそうとしているのではないか、とまで想定している。私にはそこまでは推定できない。しかし、いずれにしても、明仁天皇が美智子皇后と共に、象徴天皇としての責務を出来うる限り果たそうとして振舞っていることに、私は好感を抱いている。高齢のため退位をほのめかした「お言葉」にもそのことが透けて見えよう。

昨年から今年にかけて私は二度、宮内庁から招待を受け、天皇・皇后と宮中でランチを共にする機会をもった。その席で天皇が私に向かって、「最近頻発する民族紛争は、イエス・キリストの愛敵の勧めによってのみ解決するのではないか」と語りかけた。天皇には幼少時代の家庭教師・フレンド派のヴァイニング夫人によるキリスト教教育の影響がかなり強く残っているのではないか、と思われた。また、美智子皇后は聖心女子大学の出身だけあって、私の著書をよく読んでおり、マグダラのマリアについての私の見解を高く評価するほどであった。夫妻の言動の背後に、パウロのいわゆる「愛によって働く信仰」(ガラテヤの信徒への手紙五章六節)を想定したくなるほどである。「信仰」の原語 pistis は元来「信頼」の意味で、狭義のキリスト教「信仰」とる必要がないだけに。

しかし、現天皇夫妻に好意をもつことと、象徴天皇制そのものとは、区別しなければならない。私は、彼らに好意をもてばもつほど、象徴天皇制には疑問を抱かざるをえない。先に言及した、退位をほのめかす「お言葉」には高齢のため象徴天皇としての「愛」の責任を果たせなくなったという感慨が述べられている。これを私は、明仁天皇が自ら「人間としての権利」つまり人権を暗に訴えた、ととった（ちなみに戒能牧師はこれを明仁天皇による「人間宣言」ととっている）。この私見の可否を私が、日本学士院の例会の際、たまたまランチで同席した憲法学者・樋口陽一さんに聞いたところ、「荒井さんの見解に個人的には同意するが、憲法学界では天皇の権利を論じる際に「人権」という言葉は禁句です」と答えた。つまり、天皇には法的に人権が認められていないということである。

実際、明仁天皇の生前退位の意志表明に対して、神権天皇制を求める「日本会議」などから、猛然と反対論が起った。神権天皇に人権はないのである。もちろん私は、戒能牧師と共に、このような見解に組みしない。ただ、少なくとも私には、日本国憲法そのものに象徴天皇と人間天皇との関係についての規定がないと思えるのである。憲法第一条に「天皇は、日本国の象徴であり日本国民統合の象徴であって、この地位は、主権の存する日本国民にある」と謳いながら、他方第一四条で「すべて国民は、法の下に平等であって、人権、信条、性別、社会的身分又は門地により、政治的、経済的又は社会的関係において、差別されない」と規定されている。しかし天皇には事実上、たとえば離婚の自由、信教の自由などの基本的人権は認められていない。

人間・明仁が天皇に即位するに際して、たとえそれが「慣習」であっても、自己「神化」の秘儀を伴う大嘗祭に参加し、それが次の徳仁天皇への代替わりにも繰り返されるという事態に私たちは直面している。こうして神権天皇制の芽は象徴天皇制にも引き継がれているのである。しかも、日本会議のメンバーに支持されて神権天皇制の復活を目指し、改憲を政治的プログラムに載せつつある安倍政権に、私たちは今キリスト者として対峙する勇気と気概をもたなければならないのではないか。

祈祷

神様、私たちはこれから天皇の生前退位と代替わりについて、懇談の時をもとうとしております。私たちは、イエスをキリストと信じる者として、鳩のように素直でありながらも、蛇のように賢くありたいと願っています。どうぞ私たちに、「時の徴」を見極め、それに勇気をもって対峙する力を与えてください。イエス・キリストの名によってお祈りいたします。アーメン

（二〇一七年一一月一九日　まぶね教会　懇談礼拝にて）

『時の徴』第一五〇号、二〇一八年

55　米寿を迎えて

今日は、畏友・佐竹明さんと一緒に私たちの米寿を祝う会を開いていただいて、恐縮かつ感謝です。実は、私の誕生日は一九三〇年五月六日ですので、来年が米寿なのです。佐竹さんは一九二九年一月一日生まれで、まさに今年が米寿にあたります。ただ、日本ではこの種の祝いは数え齢で行うのが習慣だそうで、現に去る五月八日に、青学「荒井アドヴァイザーグループ」が私の米寿を祝ってくれました。

その時、アドグルの一人・神学科卒業生の山川文敏君（他のメンバーは英文・仏文・教育各一名＋私に付き添ってくれた神学科出身の常盤陽子さん）が、「寿」という金文字が印刷されている色紙を持参して、私に、「先生の愛読聖句はどの箇所ですか」と聞くので、「フィリピの信徒への手紙三章一二節」と答えたら、色紙にこの聖句を書いて、その周りに皆さんがそれぞれ文章を添えて署名してくれました。この聖句は、以下の通りです。

わたしは、既にそれを得たというわけではなく、既に完全な者となっているわけでもありません。何とかして捕らえようとしているのです。自分がキリスト・イエスに捕らえられているからです。（新共同訳）

この聖句の中の「それを」という目的語は、実はギリシャ語原文にはないのです。実際、岩波版『新約聖書』の青野訳でも、佐竹さんの注解書『ピリピ人への手紙』（新教出版社）でも、「それを」にあたる目的語は訳出されていません。それはおそらく、この文章は元来パウロの敵対者に遡る定型句であったから、と想定されています。それにしても、パウロが肯定的に引用しているのですから、この句の文脈から判断して、パウロ自身は何を示唆しているのかを推定せざるを得ません。私はそれを前の文脈で言及されている「復活」と考えていました。佐竹さんは、その可能性を認めながらも、それを「救いにとって不可欠な賜物」と注解しております。だから、この箇所の佐竹訳では、次のようになっています。

自分はすでに得た、すでに完全にされたというのではない。しかし、どうにかして捉えたいと、わたしは追い求めている。それは、キリスト・イエスによって捉えられているからである。

いずにしても、私の場合、「キリスト・イエスによって捉えられ」、洗礼を受けたのは、高校二年生の時、終戦と病気を介してでありました。このことに関しては、小著『イエス・キリスト』上巻（講談社）の冒頭に詳述しましたので、ここでは繰り返しません。要するに、終戦体験による価値感の断絶と不治と言われた結核性の病気との狭間にあって、生きることの意味を喪失した少年を立ち上がらせ、復活させたのは、そのような社会的弱者の傍らに立ち尽くし、十字架に架かってまで弱者をそのままで受け入れたキリスト・イエスの「信」でありました。結果私は、私の「救いにとって不可欠な賜物」を歴史に遡って捉えようとする、原始キリスト教研究の道に入り込むことになったのです。

ところで今年は、宗教改革五〇〇年にあたり、それを記念する講演会や礼拝が数多くもたれました。私はそのうち、二つの講演を聴きました。①ハンス＝マルティン・バルト（マールブルク大学名誉教授）「現代世界における宗教改革の意義」、②小田部進一（玉川大学教授）「宗教改革のはじまりの〈はじまり〉」です。実は私も、大学（東京大学教養学部教養学科ドイツ分科）の卒論を、大学院・西洋古典学科へ進学することを前提に、「ルターの『ガラテヤ書注解』における信仰と愛」というテーマで書いております。その中で私は、パウロが勧める「愛の実践を伴う信仰」（ガラテヤ五章六節）の「愛」の射程が、ルターの注解書では農民戦争批判との関連で短縮されていることを批判的に指摘しました。

このような信仰と人権の二元的乖離は、たとえば大学紛争の時に展開された学生たちによる大学教授会批判に対する教授会側の応答にも露呈されていました。これに対して私は、ほぼ一貫して、社会的弱者である学生たちの側に立って、彼らの問題提起を機動隊の導入によって圧殺しようとする大学の理事会やそれを黙認しようとする教授会を批判し続けました。結果、青学でも学院長による辞職勧告を三度も受けましたが、先に言及した私の敗戦体験基づく受洗の初心を貫くことができました。

これには、私の窮状を支えてくれた二人の妻がいたことに感謝しています。初婚の英津子は、脳腫瘍のため何度も入退院を繰り返し、自ら視力をほとんど失いながらも、点字の奉仕などによって障がい者の傍らに立ちつくしました。再婚した英子は、ハンセン病者あるいは回復者の傍らに生涯寄り添い続けました。ただ、二人の妻は、残念ながら共に比較的に若くして病没しました。これは神の摂理だから耐えよ、と言ってくれる人もいますが、私には納得できません。悲しみを超え、諦めの境地で生きざるを得ない、というのが私の本音です。幸い、英子時代から二〇数年も現在まで続いている、恵泉の卒業生が中心の聖書研究会のメンバー有志が、私の生活をも支え続けてくれていますので、楽しく余生を生かされております。

来年早々に、過去三〇年ほどにわたって私が公にした論文・講演・エッセイを集めた『キリスト教の再定義のために』が新教出版社から、私の伝記『信と知と情と――自伝的に』（仮題）がぷねうま舎から、二冊出版される予定です。出版されましたら、今日の会に参集くださった皆さんに感謝のしるしとして贈呈しますので、あとしばらくお待ちください。有難うございました。

（二〇一七年一一月一九日、渋谷教会にて）

あとがき

本書には、一九八八年以降に発表された、未公刊の五五編の論文、講演、説教、エッセイ、スピーチなどが、発表年順に収録されている。

ただし、第1編「安藤仁一郎」だけは例外で、これは一九五八年に発表された私の処女論文で、『荒井献著作集』第10巻（岩波書店）に既に収録されている。この論文を本書の巻頭に置いたのは、安藤仁一郎氏が、第51編に配列した「タツさん」の父親だからである。私たち兄弟の代母をしてくださったタツさんの父親が、私の父（源三郎）が主任教師試補として赴任して間もない日本基督教会大曲伝道所で洗礼を受け、初代長老となって、父と伝道所を支えた仁一郎氏であったことを、改めて読者に伝えたかったのである。

本書には、過去三〇年間に発表された研究論文のほかに、筆者が属する日本基督教団まぶね教会における懇談礼拝（原則として第三聖日礼拝に信徒の「使信」の後に出席者一同で懇談の時をもつ礼拝）における使信、他教会での礼拝説教、無教会での集会メッセージ、大学での講演、各種講座での発題などが含まれている。これらが発表年順に配列された結果、本書から、筆者が過去三〇年にわたって、キリスト教信仰者・教育者・研究者の一人として同時代に向けて発信し続けた問題提起を読み取っていただければ幸いである。

本書のタイトル『キリスト教の再定義のために』は、直接的には第21編「キリスト教の「再定義」に寄せて」から採られたものであるが、この問題提起は、本書に収められた他の論考にほぼ通底している。キリスト教とは「イエスははじめから神の子キリストである」と信じる宗教である、という教会における従来の定義から、「社会的弱者の一人になり切ってその生涯を貫徹した人間イエスは神の子キリストである」と信じる宗教へと「再定義」しなければならない、というのが筆者の年来の主張である。

このような論文集を、出版事情の厳しい今日、敢えて公刊してくださった新教出版社の社長・小林望さんはじめスタッフの皆さんに心から感謝の意を表す。

二〇一八年二月

荒井 献

日本音楽著作権協会（出）許諾1802200031―01

著者　荒井　献（あらい・ささぐ）
1930年秋田県に生まれる。東京大学教養学部卒業，同大学院人文科学研究科西洋古典学専攻博士課程満期退学。ドイツ・エルランゲン大学神学部留学。Dr. theol.（神学博士）。青山学院大学助教授，東京大学教授，恵泉女学園大学学長を経て，現在，東京大学・恵泉女学園大学名誉教授，日本学士院会員。
著書　*Die Christologie des Evangelium Veritatis*（1964），『使徒行伝』上巻（1977），同中巻（2014），同下巻（2016），『トマスによる福音書』（1994年），『荒井献著作集』全10巻，別巻1（2001-02年），『イエスと出会う』（2005年），『「強さ」の時代に抗して』（2005年），『ユダとは誰か』（2007年），『ユダのいる風景』（2007年），『初期キリスト教の霊性』（2009）等。訳書　クルマン『ペテロ』（1965），シュタウファー『エルサレムとローマ』（1965）等。共訳書　『ナグ・ハマディ文書』I-IV（1977-1978），『新約聖書』（2004），『ナグ・ハマディ文書・チャコス文書』（2010）等

荒井 献著
キリスト教の再定義のために

●

2018年3月1日　発行

発行者……小林　望
発行所……株式会社新教出版社
〒162-0814 東京都新宿区新小川町 9-1
電話（代表）03 (3260) 6148
http://www.shinkyo-pb.com
印刷・製本……モリモト印刷株式会社

ISBN 978-4-400-52151-8　C0016